国家社会科学基金西部项目（批准号：**13XFX003**）

英美法律解释中隐喻的说服功能研究

Ying-Mei FaLü Jieshi zhong Yinyu de
Shuofu Gongneng Yanjiu

杨德祥 / 著

中国财经出版传媒集团
经济科学出版社
Economic Science Press

图书在版编目（CIP）数据

英美法律解释中隐喻的说服功能研究／杨德祥著．
—北京：经济科学出版社，2020.12
ISBN 978 - 7 - 5218 - 2156 - 7

Ⅰ.①英… Ⅱ.①杨… Ⅲ.①英美法系 - 法律解释 -
隐喻 - 研究 Ⅳ.①D904.6 ②D910.5

中国版本图书馆 CIP 数据核字（2020）第 241947 号

责任编辑：孙怡虹　李　宝
责任校对：刘　昕
责任印制：范　艳

英美法律解释中隐喻的说服功能研究
杨德祥　著
经济科学出版社出版、发行　新华书店经销
社址：北京市海淀区阜成路甲 28 号　邮编：100142
总编部电话：010 - 88191217　发行部电话：010 - 88191522
网址：www.esp.com.cn
电子邮件：esp@esp.com.cn
天猫网店：经济科学出版社旗舰店
网址：http://jjkxcbs.tmall.com
北京季蜂印刷有限公司印装
710×1000　16 开　16 印张　270000 字
2020 年 12 月第 1 版　2020 年 12 月第 1 次印刷
ISBN 978 - 7 - 5218 - 2156 - 7　定价：75.00 元
（图书出现印装问题，本社负责调换。电话：010 - 88191510）
（版权所有　侵权必究　打击盗版　举报热线：010 - 88191661
QQ：2242791300　营销中心电话：010 - 88191537
电子邮箱：dbts@esp.com.cn）

序

　　隐喻研究从传统的修辞学研究发展到当代认知心理学、哲学、语用学、符号学、现象学、阐释学等学科的研究，成为一门独立的"隐喻学"。更重要的是，隐喻学的学者们借鉴其他相关学科的研究方法和成果，把隐喻放到更为广阔的社会文化背景中去，用新的视角来考察这一特殊的语言和认知现象对人类社会不同领域的影响和作用。本书的作者正是从这一角度出发，比较系统地研究了一个新的也更能体现隐喻社会实践性的领域——法律隐喻在英美法系实践中的应用。

　　本书的一个重要特点是将隐喻理论与法院案例的分析紧密结合，充分揭示了隐喻在英美法律制度中的应用价值，体现了司法语言就是权力的特征。同时，作者的研究视角也比较多元，对法律隐喻说服功能的研究从语用学、认知语言学、叙事和意识形态、哲学等多方面展开，层层剖析，研究透彻。

　　作者的研究发现，法律解释中，法官通过从熟悉到不熟悉、具体到抽象、抽象到抽象的隐喻映射方式，利用连接、部分—整体、来源—目的—路径和平衡等意象图式，实现了"保证人类经验统一"的作用，对抽象的法律实体和活动进行推理，把概念化和理论性的法律现象与普通现象做类比，从而实现解释前者，解决法律问题与纠纷的目的。

　　叙事是人类的认知手段，而隐喻是微叙述，暗含着叙事要素。英美判例中许多关于抵制的隐喻发展历史清晰地证明法律案件就是一种特定种类的故事，法律隐喻是一种简洁的微型叙事，它浓缩了主要故事（法律事实）、原型、过去的经历，以及特定时期法律人的信仰，以完全不同的方式解释不完整和片面的法律故事，构建法律事实，完成法律推理。

　　作者还尝试性地研究了中国传统法律文化中具有隐喻特点的法律观念、法律术语、法律解释原则和理论，探究了中国当代立法技术、法律、行政法规、司法解释和判决中法律隐喻的使用现象，阐述了法律隐喻在中国法治建设进程中的理论和实践意义。这部分研究虽然篇幅较短，不够全面、系统，但具有创新精神，拓展了中国法律隐喻的研究范围，对于从隐喻角度去研究中国的法律传统和法律制度具有一定的启发意义。

期待作者或有志于法律或法律语言研究的读者在这个领域继续耕耘，做出更深入的研究。

是为序。

束定芳

2020年12月8日

前　言

　　法律与修辞的紧密关系历史非常悠久，最早可以追溯到古希腊时期智者学派的法庭论辩活动，在中世纪经院哲学的辩证法中也曾经有过一段时间的复兴。进入20世纪以后，修辞学与哲学、心理学、政治学、法学等学科结盟，成为在实践哲学领域研究中占有显著地位的一大学科。20世纪兴起的新修辞学在修辞方法上强调论辩命题的内容和听众的可接受性，成为西方现代修辞学发展的代表性理论之一。

一、法律修辞的历史渊源

　　修辞在西方历史上是一种以说服听众为目的的论辩技艺，修辞学在教育史上地位特殊，备受重视，从古代到近代一直存在并保持影响，即使是在政治辩论机会很少的时候也是如此。[1] 西方法律与法学传统一开始就与修辞学有着极为密切的联系，法律与修辞、法学与修辞学、法学教育与修辞学教育这几对范畴一直有着密切的对应关系。在卡西奥多看来，文法学习、修辞学习与法律学习之间的联系是不言而喻的；伊西多尔把修辞学直接称为通律者的学问。[2] 与柏拉图同时代的伊索克拉底长期从事修辞学教育，他讲授的雄辩术主要涉及政治和司法领域，被称为古希腊最有影响力的修辞学家，奠定了修辞在西方教育传统中长期享有的中心地位，对后世影响深远。[3]

　　亚里士多德在《修辞学》中，把修辞学与辩证法（论辩术）、伦理学

---

[1] ［英］理查德·詹金斯著，晏绍祥、吴舒屏译：《罗马的遗产》，上海人民出版社2002年版，第331页。

[2] ［德］菲韦格著，舒国滢译：《论题学与法学：论法学的基础研究》，法律出版社2012年版，第67页。

[3] ［法］菲利普·内莫著，张立译：《民主与城邦的衰落》，华东师范大学出版社2011年版，第301页。

(或政治学)紧密结合在一起,认为修辞学是"辩证法的对应物"或辩证法的"分枝",也强调它是"伦理学的分枝"①,修辞学不同于逻辑,修辞是在讨论中说服对手,而不是建立真理的手段。②

修辞学由古希腊传入古罗马,对法律实践产生了重大影响。古罗马的修辞学校在一定程度上承担了培养法律职业者的任务,具体可分为三类:以修辞为主者、以哲学为主者、以法律为主者。修辞学校学习修辞学、辩论术等。哲学学校则讲授哲学、论理学、数学、物理学等。法律学校除讲义之外,还进行讨论。③ 公元425年,狄奥多西帝在君士坦丁堡创设了世界历史上第一所法律大学。④ 后来的罗马法律学校普遍开设演说学、辩论学等课程,突出体现了修辞学在法学教育中的重要性。"在古罗马,'法律'事务是由三部分人来分担的:法学家、雄辩家以及实务的政客、政治家和帝国后期的官僚。"⑤ 这也说明古罗马时期的雄辩家、修辞学家在法律活动中承担了特殊的使命。

古罗马时期演说术与法学的这种密切关联奠定了修辞学与法学在教育中结合的基础。例如,西塞罗特别强调雄辩家应该具有多方面的知识,广泛学习文法、修辞、算术、几何、天文、音乐、政治、军事、哲学等学科知识,是法律、历史、风俗方面的专家,尤其应受到哲学的训练,具有智慧,养成审慎的行动习惯。⑥ 从法律史的角度考察,大约公元前2~公元前1世纪,罗马法通过辩论而产生,法学界认为至少有关私法的诉讼中,演说术在一定程度上具有替代法学的作用。⑦

西塞罗和昆提良是法律实践和辩护艺术结合的典范,对古罗马以后的修辞学者和法学教师产生了深远影响。他们认为法科学生不仅应该学习雄辩理论与技巧,而且还应掌握相关法律知识。昆提良是古罗马时期被官方任命的第一个法学教授,连续20年传授辩论艺术,有自己的修辞学研究与教学理

---

① 舒国滢:《论题学:从亚里士多德到西塞罗》,载于《研究生法学》2011年第6期,第8页。
② Jerzy Stelmach, Bartosz Brozek, *Methods of legal reasoning*, Dordrecht: Springer, 2006: 114.
③ 雷通群:《西洋教育通史》,东方出版社2007年版,第51页。
④ [美]哈斯金斯著,王建妮译:《大学的兴起》,上海人民出版社2007年版,第1页。
⑤ [美]杰罗姆·弗兰克著,赵承寿译:《初审法院》,中国政法大学出版社2007年版,第266页。
⑥ 胡传胜:《公民的技艺:西塞罗修辞学思想的政治解读》,上海三联书店2012年版,第112页。
⑦ [古罗马]西塞罗著,王焕生译:《论演说家》,中国政法大学出版社2003年版,第10~11页。

论,许多观点迄今仍然影响着英美法律界。①

但是,希腊—罗马文明的古典时代,雅典人的法律辩论主要是一种修辞技巧的比赛,允许辩论人使用任何可能想到的说服策略,有时难以区分法律辩论与谩骂比赛②,致使有人认为修辞就是一种游戏,法律人使用修辞的目的是如何赢得案件,或给出说服性的意见来将某种政治立场正当化,并不关注法律的正义性或正确性。③ 这种观点将法律修辞活动的不确定性极端化、技术片面化,没有看到修辞学的另一面。

中世纪时期,法学从修辞学中分离出去,法学及法学教育成为一个独立的领域。17世纪、18世纪,西方近代的哲学传统被科学主义的理性观念所主宰——无法用形式逻辑推论、无法如数学方程式一般确定的知识便是非理性、武断和主观的知识。因此,近代修辞学研究及教学随着理性主义的兴起而趋于没落,而法学教育也在不断理性化,法学从古代的修辞学知识范式逐渐被形式逻辑的知识范式所遮蔽,甚至被取代④,以追求确定性为特征的逻辑学对西方法律传统的形成提供了至关重要的方法支持,成为塑造西方法律传统的一种重要力量,逻辑性成为西方法律的一个基本属性。

但是,随着20世纪修辞学研究的复兴,这一整体趋向发生变化,借助于思想家与法学家的共同努力,人们开始重新关注修辞学对法学的方法论意义,发现长期以来被形式逻辑迷雾所遮蔽的修辞学思维与方法,在法律领域大有用武之地。20世纪后半期,新修辞学派的出现激发人们对西方启蒙时期以来的绝对真理观、现代性问题的一系列理念和制度、普遍性价值观念等提出质疑,以论辩为主要研究对象的古典修辞学重新进入人们的视野,并焕发了新的活力。新修辞学派的代表人物佩雷尔曼认为科学思维以形式逻辑的使用为基础,它的使用应限于数学这样的自然科学之中,而人文科学,甚至整个社会科学中的思维方法以非形式逻辑的使用和充分说服为原则,是一种说服性的论辩思维。⑤在这种思潮影响下,西方现代修辞学与其他学科相互交叉,并吸取其他学科的理论涵养,得以快速发展。法律方法论研究的一个新领

---

① [美]约翰·H.威格摩尔著,何勤华、李秀清、郭光东等译:《世界法系概览(上)》,上海人民出版社2004年版,第353页。
② [荷]胡伊青加著,成穷译:《人:游戏者》,贵州人民出版社1998年版,第110页。
③ James E. Herget, *Contemporary German Legal Philosophy*, Pennsylvania: University of Pennsylvania Press, 1996: 70.
④ 舒国滢:《走近论题学》,载于《现代法学》2011年第1期,第3页。
⑤ Chaim Perelman, *Formal Logic and Informal Logic* in *Metaphysics to Rhetoric*, edited by Michel Meyer. Boston: Kluwer Academic Publishers, 1989: 13–14.

域——法律修辞学逐渐形成了。

二、法律修辞的主要功能

"修辞学"一词最早出现在柏拉图的"高尔吉亚篇"中，源自希腊文"hrtorike"。① 柏拉图认为，修辞是对人的灵魂进行说服的技巧，修辞学家是说服听众灵魂的人，因此，"修辞术的定义可以这样下：一种能在任何一个问题上找到可能的说服方式的功能"。② 在亚里士多德的理论中，人类的推理技术包括逻辑、辩证法和修辞学，逻辑学是从必然性的前提推导出必然性的结论，但修辞学只是从或然性的前提推导出或然性的结论，"修辞推理根据的是或然的事物或表征，而或然的事物是指经常会发生之事，并非就是所有人所说的是在绝对意义上，而是允许有另一种可能的事物"。③ 因此，相对于逻辑而言，在严格意义上，辩证法和修辞学不能被称为逻辑，最多只是一种准逻辑，修辞学是逻辑学的一个分支。

但是，一方面，亚里士多德甚至把修辞学看作类似于古希腊智者学派的诡辩术的一种修辞术，这种逻辑观与近代建立在科学主义证明思维模式基础之上的形式逻辑观遥相呼应，成为西方逻辑论的一条主线，也构成了西方形式逻辑学发展的基本线索。④ 另一方面，亚里士多德早就认识到了分析推理和辩证推理的不同，前者借助于有效命题和逻辑三段论、其他演绎推理模式推导出必然性的结论，而后者基于一个可接受性的命题为前提，以此来促使他人接受另一个具有争议性的命题，所以辩证推理的目的也是说服人。⑤

亚里士多德解释修辞是"在每个具体情况下发现可利用的说服手段的能力"，而当代修辞学家认为"修辞学"研究人类使用符号进行交际的所有方法。因此，有学者依然认为，法律人使用的许多常见辩论策略和技巧就源于亚里士多德的修辞学。这种观点来自对亚里士多德三种说服性论证模式的分析：人品诉求—喻德、情感诉求—喻情和理性诉求—喻理，而这需要一个修

---

① 参见［古希腊］柏拉图著，王晓朝译："高尔吉亚篇"，载于《柏拉图全集（第一卷）》，人民出版社2002年版，第326页。
② ［古希腊］亚里斯多德著，罗念生译：《修辞学》，上海人民出版社2005年版，第23页。
③④ ［古希腊］亚里士多德著，颜一、崔延强译：《修辞术·亚历山大修辞学·论诗》，中国人民大学出版社2003年版，第12页。
⑤ ［比利时］海姆·佩雷尔曼著，杨贝译："旧修辞学与新修辞学"，载于郑永流主编：《法哲学与法社会学论丛》（第八期），北京大学出版社2005年版，第34~41页。

辞的时机。① 作为创新论证的方式，人品诉求——喻德指辩护人依据说话人的知识、经验、公信力、正直或可信度等考虑、组织自己的论点，这可以出自辩护人自身的性格、辩论中另一个行为人的性格或论据中使用的各种原始资料。情感诉求——喻理建议辩论应以观众和演讲者之间、听者和第三方行为人之间建立共同立场为基础。这种共同立场可以出自各方共有的情感、价值观、信仰、意识形态或任何其他实质内容。理性诉求——喻情意味着辩论以三段论或三段论的形式，包括例证和类似案例的论据为基础。以隐喻、类比和故事为基础的更加灵活的论证框架利用了组合的说服力，使受众容易接受用一个熟悉和可识别的组织包中传递的论点。修辞时机认为如果辩论人构建论点，应考虑到辩论时间和场景的适当性。

现代英语语言中，修辞是关于说话和辩论的活动，修辞学是一种概括性地运用"说话"和"议论"获得知识的方法。因此，人们对修辞有两个基本的认识：首先，修辞是一种关于如何说话、说服人的技巧，例如文学、语文学和历史学中的修辞学。其次，修辞是一种主体间"合目的性"的实践理性。②

这种修辞学观点对新修辞学派影响很大。例如，亚里士多德的听众理论也启发了佩雷尔曼的新修辞学思想③，佩雷尔曼以亚里士多德的修辞理论为基础，将听众分为三类，认为"听众就是说话者在论辩过程中想通过其论辩来影响的人的总称"④，他的新修辞学理论通过某些商讨技术，使用语言对所有类型的听众进行充分说服，借此建构非形式推理，即价值判断的理论框架，意在说明某种类型的论辩或推理是强或是弱的。⑤按照这种观点，论辩是一种只能采取非形式逻辑的过程进行说服的艺术，这与大多数实践理性理论家的观点一样，但他同时更相信论辩是一种以理性说服听众的活动，论辩的目的是引导或增强听众从内心遵从和认可某一论题，"对于新修辞学而言，论辩

---

① Linda L. Berger and Kathryn M. Stanchi, *Legal Persuasion: A Rhetorical Approach to the Science*, London and New York: Routledge, 2018: 5 – 14.
② 王国龙："佩雷尔曼新修辞学与法律论辩思想"，载于葛洪义主编：《法律方法与法律思维》（第5辑），法律出版社2010年版，第137页。
③ 参见［比利时］海姆·佩雷尔曼著，杨贝译："旧修辞学与新修辞学"，载于郑永流主编：《法哲学与法社会学论丛》（第八期），北京大学出版社2005年版。
④ Chaim Perelman, L. Olbrechts Tyteca, *The New Rhetoric: A treatise on Argumentation*, Notre Dame and London: University of Notre Dame Press, 1969: 19.
⑤ Chaim Perelman, *The New Rhetoric and the Humanities*, London: D. Reidel Publishing Company, 1979.

是一种非形式逻辑的推理，旨在实现或加强听众对论题的确信。在商谈和论辩过程，论辩并不关注对事实的认定、对因果论的证明等"。①

但是，佩雷尔曼对亚里士多德的修辞逻辑观既有批判，又有继承。他一方面高度评价亚里士多德的辩证法，认为修辞学可以和辩证法结盟；另一方面，他称黑格尔的辩证法思想为新修辞学，而他的新修辞学又包括了逻辑学和辩证法。所以，他的新修辞学逻辑观是一种非形式逻辑观，而非形式逻辑实际就是一种有关价值判断的逻辑，只能借助于修辞学，论辩只能以说服而非证明为目的，"在某种意义上，佩雷尔曼的哲学诉求是一种价值判断的逻辑，即一种研究在充满争议和相互冲突的观念之中寻找判断真理的理性基础的逻辑"。②

因此，现代的修辞理论以某个普遍接受的命题或常识为出发点，说服他人接受另一个具有争议的命题或观点。法律实践中，法律论证修辞方法以有效适用法律解决纠纷为目的，运用各种语言技巧，先论证判决结论的正当性，进而说服当事人和社会公众接受法院的判决结果。在这个过程中，法律论证修辞主要应用于两个场合：一方面，在逻辑推理大前提的论证阶段，各个诉讼参与人竭尽全力说服法官采纳自己的主张和观点，法官也应依据法律规定解释判决理由；另一方面，判决作出后，法官应当使用恰当合理的修辞方法，说服当事人、法律职业共同体以及社会公众接受结论，使判决产生相应的社会实效。

学理上，法律修辞研究属于法律方法论的范畴。西方法律方法论的研究从法律解释开始，吸收和借鉴了20世纪中后期语言哲学、解释学、逻辑学、修辞学等许多学科的研究成果，是语言学转向在法学领域中产生深刻影响的产物和表现。在国内对法律方法论的研究过程中，法律解释首当其冲，各种具体方法已经构成复杂的体系，而法律论证方兴未艾，还没有形成多少可供直接借鉴的、操作性较强的方法，有学者认为可以把法律论证理解为法律解释发展的新阶段。③

就法律解释与法律论证的关系而言，法律论证是法律解释合理性原则和可接受性原则的具体实践方法④，二者在法律方法属性方面的关联是分析哲

---

① Chaim Perelman, *The New Rhetoric and the Humanities*, London: D. Reidel Publishing Company, 1979.
② Alan G. Gross, Ray D. Dearin, *Chaim Perelman*, New York: State University of New York, 2003: 17.
③ 孙光宁：《可接受性：法律方法的一个分析视角》，山东大学2010年博士学位论文，第179页。
④ 张弘、张刚：《行政解释论：作为行政法之适用方法意义探究》，中国法制出版社2007年版，第277页。

学与解释学在法律领域趋于融合的某种表现①,法律解释构成对话论证内在的、重要的方面,为法律论证提供了命题,命题本身的正确与否只能通过法律论证的方法来证明。法官通过法律论证进行比较与鉴别,从各种解释结果中找出最好的答案。②因此,无论英美法系还是大陆法系的相关研究都认为,法律解释与法律论证有许多共性内容,可以相互吸收和借鉴,都没有对法律解释与法律论证进行严格区分。

从法律方法论的视角来说,新旧修辞学都可以在司法过程中发挥重要作用。历史上,古典修辞学提供了提高可接受性的大量实践技巧,而现代的新修辞学则提醒法律人从听众可接受性的角度采取不同的论证策略和方法。在修辞过程中,"修辞者和受众归根结底都只不过是'修辞话语'造就和确定的两个所谓的'主体位置'或'主体职能'。话语共同体成员按照具体'修辞形势'的要求分别在这两个位置就座,或者说各自承担了'修辞形势'分配给自己的角色并着手履行各自的职能,从而开始了他们之间的一段修辞关系……在修辞者积极干预受众的自我定位的同时,受众成员当然也不是袖手听任摆布。他们跟修辞者一样积极主动地对形成修辞关系的两个'主体位置'进行界定和修正"。③

"主体位置"不断界定和修正的过程中,"说服意味着,既不收买也不强迫,要让某人在某个问题上接受你的看法……说服既可以通过交流令人相信的和欲求的、或真或假的信息为行动提供理由,或者也可以完全绕开理性而基本诉诸情感"。④新修辞学重视传统修辞学中的说服,并非完全抛弃传统,同样包含了大量具体的论证技巧。

进一步讲,修辞不只是说服的策略和技巧。认知科学的发展证明,人们使用修辞不仅仅是为了劝说他人接受自己的观点和思想,更多时候是为了用言辞加强人类彼此之间的沟通和理解,因为修辞具有缓和社会矛盾、解决社会问题的功能。因此,修辞不仅是使演说更吸引人、文章更生动的手段,更是人们沟通彼此思想的通道、消除人类隔绝状态的桥梁、通向社会和谐的道路、民主自由平等的体现。"修辞诞生于社会实践,它的主要研究对象是与

---

① 焦宝乾:《法律论证导论》,山东人民出版社2006年版,第365页。
② 参见刘晓兵:《法哲学思考》,知识产权出版社2005年版,第335页。
③ 刘亚猛:《西方修辞学史:关于西方修辞思想的思考》,三联书店2004年版,第152~153页。
④ 参见[美]波斯纳著,苏力译:《超越法律》,中国政法大学出版社2001年版,第571~572页。

涉及的实质问题和听众不可分割的、用于说服的法律辩论。在这种情况下，它的对象对它而言是外部的，它的方法（技巧）是功能性的，它的结果是对话语实践的分析和整理，它被视为实践而不是真理（静止）。"①

从可接受性的理论来源——修辞学的角度来说，"任何修辞诉求的第一个条件是共享的经验和文化。修辞技巧在一个一切都被视为理所当然的世界中起作用，那是一个'平凡'的世界。修辞中的'平凡'既指完全熟知和理解了的那些事情，又是创造性的基础，是创新和发明的来源。'平凡'是记忆和发明的场所……因此，共享的环境是有效的修辞适用的前提条件，但是有效的修辞使用也创造着共享的环境"。②这预示着法律修辞的研究必须关注特定的文化传统和法律制度。

三、法律隐喻的适用范围

传统上，隐喻被定义为包括隐性比较的修辞，与直接类推不同，它是一种浓缩的类推，以较为隐蔽的方式从侧面使受众接受施喻者的观点。"以喻体为出发点进行类推并产生一定效果，并通过此种方式来得出与本体有关的结论，其论证力量就会增强，因为基于喻体和本体之间的融合，喻体先前已经依据本体被充分地描述了"。③因此，隐喻对思想和行为有巨大影响④，某些心理学家和语言学家甚至断言所有的知识和理解本质上都是隐喻的。⑤隐喻的创造、确证和理解三个层面都具有非形式逻辑推理的特点，源领域（解释项）与目标领域（被解释项）之间的关系体现为一种"近似符合"的关系，超越了法律逻辑传统意义上的归纳—演绎关系，必须通过社会语境系统的其余部分、解释项和被解释项所蕴含的一般经验的可接受性以及许多其他变量因素综合作用形成。这种近似符合的隐喻作用不仅在法学领域，即使是对理性和严密逻辑推理最为注重的科学领域也同样具有影响。⑥

---

① ［美］古德里奇著，赵洪芳、毛凤凡译：《法律话语》，法律出版社2007年版，第93页。
② ［英］罗杰·西尔弗斯通："电视与日常生活：关于电视观众的人类学研究"，载于［英］迪金森等编，单波译：《受众研究读本》，华夏出版社2006年版，第268页。
③ C. H. Perelman and L. Olbrechts Tyteca, *The New Rhetoric: A Treatise on Argumentation*, University of Notre, Dams Press, 1969: 400.
④ George Lakoff, *The Contemporary Theory of Metaphor*, Andrew Ortony (eds.), *Metaphor and Thought*, NewYork: Cambridge University Press, 1993: 202-203.
⑤ George Lakoff & Mark Johnson, *Metaphors We Live By*, Chicago: University of Chicago Press, 1980: 3.
⑥ 参见郭贵春：《隐喻、修辞与科学解释：一种语境论的科学哲学研究视角》，科学出版社2007年版，第67~68页。

从认知角度分析，隐喻通过间接类比和人物塑造或特征化（一个用来代表主要人物或主角的隐喻），调用人们大脑中嵌入的知识框架或图式时，就会产生事物之间的直觉联系。建立联系的意义在于普遍的文化理解以及个人的经验形成了人们头脑中的联系，人们对文化的理解和个人经验长期相互共存，在思想中根深蒂固。很多情况下，人们从记忆中存储的多种可能的联系中进行选择。如果人们要顺利加强更有利的联系，阻断那些不太有利的联系，必须以生动、令人难忘的方式进行辩论，以取代现存的经验。因此，建立联系就把修辞理论和说服的现实生活实践统一起来。①

认知科学的这种思维观使人们能够通过已经构建的过滤器和框架来理解、解释和谈论新的信息和概念，经历了将新事物与已知事物进行比较的过程。借助于说服的修辞方法，人们将认知科学的研究成果与古典和当代修辞学理论结合起来，然后将其应用于法律论证的分析和组合，就产生了一种看待和理解法律说服的新方法，这种方法具有理论和实践的价值。

另外，说服科学和修辞理论都表明，某一事件实际上将引发另一事件：各项前提的一致将产生结论的一致；每一个小步骤的一致促成了后来较大步骤的一致。如果初始联系是一个共同认可的普遍经验，将带来后续的一系列联系：个体和范畴之间的联系、问题和它们的场景之间的联系、辩论时机和时间之间的联系、最初的论据和后续论证之间的联系、转折点和解决办法之间的联系，那么最终的说服必然极为有效。断开联系也取决于各种联系。为了切断联系，行为人可以指引观众们发现可供选择的线索，这些线索把当前情形与各种视角下的各种意象、故事或类比联系起来。

法律话语中隐喻的使用就具有这样的特点。有人描述英美法律界是一个魔法般的行业：留置权可以浮动，法人有居所，思想开会，允诺随土地流转。②法律中的隐喻构造话语结构，决定了各种社会和法律疑难问题的合理疑问及其答案。法院和法律评论人士把隐喻作为启发式工具来设定关于法律适用于新颖和未知领域的各种假设，于是隐喻有意无意地渗透到法律话语中，形成法官和律师关于法律事实概念的理解方式。按照普通法系形式法学派把类推作为演绎方法的经典观点，源于先例的类推式推理起始于某个案件或某些类似案件之后建立的规则。此后，法官相对机械地将规则适用于手头审理的案件来获得一个以先例为理解背景的判决结果。与修辞中的文学隐喻相比，

---

① Linda L. Berger and Kathryn M. Stanchi, *Legal Persuasion: A Rhetorical Approach to the Science*, London and New York: Routledge, 2018: 3 - 4.

② Thomas Ross, *Metaphor and Paradox*, 23 GA. L. REV. 1053, 1053 (1989).

结构严谨的法律类推式隐喻映射可以用来形成富有说服性和逻辑性的论据。但是，法律隐喻像所有的隐喻一样，具有矛盾的性质，这种特性嵌入在法律隐喻字面的不和谐和隐喻与现实的一致之间的持续张力之中。①那些与现实一致的隐喻被认为是主导性的，例如，美国宪法第一修正案（以下简称"第一修正案"）的"思想市场"隐喻和法律中财产权利是"一捆木棍"的隐喻将继续具有类比的价值，借助司法判决书和学者的评述而永远存在。相反，那些在字面意义上被认为与现实严重不符的法律隐喻，如非裔美国人是财产的奴隶制隐喻，将失去存在的价值而被抛弃。

虽然隐喻有助于法律人理解抽象的概念和法律原则，但也可以选择性地突出问题的不同方面，甚至具有消极和否定的意义，从而压制或边缘化其他方面，限制人的理解。评论家们提醒，不加区别地使用隐喻会使法律职业人士把隐喻创设的"现实"视为理所当然②，不好的隐喻也只能产生错误的判决，如凯斯·桑斯顿认为隐喻"思想市场"就把表达自由的权利演变为一种低级的商业形式。③人们没有意识到语言中隐喻的暗示性影响时，如果使用过去的隐喻意象，或预见性地在当下为将来选择某种意象，就可能限制人们的想象力。

许多情况下，法院遭遇法律未曾预料到的新技术时，依赖类比推理正确适用法律规则就具有非常重要的作用。但是，对英美法律审判实践的历史考察发现，法院为这些新技术使用恰当的类推和隐喻时，其表现却很不好。奥尔姆斯蒂德诉美国案中，联邦调查局使用电话窃听方式来获得证据，证明大约有70人共同参与运输和销售酒类，违反了美国宪法第十八修正案。法院认定电话窃听方式并不必然实际侵犯了私人财产，因为电话线不属于奥尔姆斯蒂德的住宅或办公室的组成部分，判决这种方式没有违反美国宪法第四修正案，因为并没有实际的非法侵入行为。新技术进入市场时，法院同样苦于把它们和原有的技术做类比，如果规范新技术时没有采用合适的隐喻，法院就可能创设错误的法律，尽管这些错误后来被纠正，但在此之前，它们会造成损害。但是，法院因此完全拒绝类比推理证明同样是有害的，因为历史上规范新技术的特殊制度都未能保护既有的根本权利和自由，或者根本没有这一类的法律规则。

---

① Paul Ricouer, *Rule of Metaphor*, London: Routledge & Kegan Paul, 1978: 148.
② Steven L. Winter, *Death is the Mother of Metaphor*, 105 HARV. L. REV. 745, 764 (1992).
③ Cass R. Sunstein, *Democracy and The Problem of Free Speech*, New York: The Free Press, 1995: 17–18.

四、本书的研究内容

隐喻的定义有广义和狭义两种。①亚里士多德把一切修辞现象称为隐喻性语言,认为隐喻和明喻一样,都是一种用修辞性语言对不同事物进行对比的语言使用现象。②认知语言学派的莱克夫等人的隐喻观也比较宽泛,把明喻、提喻和反语都当作隐喻,认为隐喻不仅是一种语言现象,更是一种认知现象,是人类认识事物、构建概念体系的必要方法。甚至还有人认为谚语、寓言、拟人也属于隐喻。③

鉴于此种原因,笔者认为对法律隐喻的研究不必拘泥于严格意义上的修辞学定义,有两个原因:一方面,法律职业人士不是修辞学家或者语言学家,隐喻在法律话语中的根本任务是构建法律概念,解释法律现象,帮助解决法律问题,促进法律发展。在此意义上,隐喻的表现形式也不仅仅是一个词,可以是词组、句子,甚至是篇章。另一方面,词典中找不到隐喻。作为一种语言使用现象,单个词语不可能成为隐喻,隐喻只有在具体的语境中才有意义。就法律隐喻的使用而言,英美法律制度中具有重要意义的隐喻都不会出现在普通语言学者的著述中,而是弥漫于法律学者数量庞大的论著、司法判例和规范性法律文件中。英美法律学者对隐喻范畴的理解比较开放,除严格意义上的隐喻外,还包括明喻、提喻、转喻、拟制、拟人等修辞格,因为它们在本质上都是用一个事物来说明另一个事物。这为研究法律隐喻增添了很大难度,但也因如此,更能显示其研究意义之所在。

另外,从英美法律隐喻的具体使用场域来看,法律隐喻可能出现在法律解释、法律论证和法律推理中,而从三者的关联性来说,有时很难截然分开。从概念上看,三者都有自己的明确意义:广义的法律解释,既包括法官在待决案件已有法律规定的情况下,在法律文义的可能范围之内进行的解释,还包括在没有明确法律条文可以适用的案件中所进行的漏洞填补,主要目的在于通过对相对模糊法律文本的阐明,从而使法律可以适用于具体的案件事实;法律推理通常是指在具体的案件中,以一个或数个已知的法律规范和事实为出发点,推导出一个未知的法律结论的过程;法律论证是通过提出一定的根

---

① 束定芳主编:《隐喻和转喻研究》,上海外语教育出版社2011年版,第10页。
② Aristotle, et al., *Rhetoric and Poetic*, New York: Modern Library, 1954.
③ David M. Zlotnick, *The Buddha's Parable and Legal Rhetoric*, 58 Wash. & Lee L. Rev. 957, 957 – 1016.

据和理由来证明某种立法意见、法律表述、法律陈述、法律学说和法律决定的正确性与正当性。然而，从相互的关联性上分析，三者有密切联系：作为典型的法律证论方法，司法审判实践过程中，法官的法律论证中不可避免地要适用法律规范或法律原则，而适用法律规范或法律原则又必须要对法律文本进行解释，对法律的解释寓于法律论证的过程之中，而法律论证方法在一定程度上吸收、融合了法律解释方法；法律推理和法律论证是司法裁判过程中法律思维不同阶段的体现，在做出司法判决的过程中，法官要先通过法律推理得出初步的结论，然后再通过法律论证对这一结论进行检验，法律推理和法律论证在判决说理的过程中是并行交替的。从宏观上看，两者又是相互融合的，即整体意义上的法律论证包括了法律推理的过程和对推理结论的证成。因此，本书中除个别章节需要之外，对此不做详细明确的区分，都统称为法律解释。

本书共分为九章，主要内容如下：

第一章　法律隐喻研究的传统观点及其新趋势：主要介绍英美法律界传统的隐喻观点、普通法系历史上隐喻在法律解释和司法判决中的大量使用，以及20世纪80年代之后法律人对隐喻研究的新趋向。

第二章　法律隐喻分类研究：简要介绍隐喻推理的说服性文体特点，拟制、拟人、转喻三种最常见的修辞类型，从法律功能的角度详细讨论了法律中的四种隐喻：法律原则隐喻、法律方法隐喻、法律文体隐喻和法律的内在隐喻。

第三章　法律隐喻的内在说服特性：本章在探究修辞说服功能理论的基础上，阐述法律修辞说服的主要特征，揭示司法话语中隐喻如何以隐性方式实现劝说法律话语内部人和外部人的目的。

第四章　法律隐喻的语用分析：本章阐述法学的语言学转向使法学家以行为主体之间的相互理解为取向进行语用分析，重视法律语言的语用功能和法律概念的情景化解释意义，法律解释分歧的解决依赖于法官通过隐喻推理对符合当前疑难案件实际语境的理论重构过程和法律推理过程。

第五章　法律隐喻的认知语言学研究：本章从认知语言学的理论出发，系统梳理法律解释中，法官通过从熟悉到不熟悉、具体到具体、具体到抽象、抽象到具体、抽象到抽象的隐喻映射方式，借助于连接、部分—整体、来源—目的—路径和平衡等意向图式，利用人们不断重复出现的感知和身体活动，对抽象实体和活动进行推理，就可以完成类推，具有"保证人类经验统一"的作用，把最概念化和理论性的思想与普通现象做类比就可以解释前者，揭示了隐喻推理是特殊的类比方式，类比的说服性价值源于它通过利用人们的知识储备帮助人们理解经验、思考问题的能力。

第六章　法律隐喻的叙事研究：本章用认知科学的研究结果来论证，叙事是人类的认知手段，而隐喻是微叙述，暗含着叙事要素。对英美判例中抵制隐喻的案例研究清晰地证明法律案件就是一种特定种类的故事，法律隐喻是一种简洁的微型叙事，它浓缩了主要故事（法律事实）、原型、过去的经历以及特定时期法律人的信仰，以完全不同的方式解释不完整和片面的法律故事。

第七章　法律隐喻的话语意识形态分析：本章从认知科学的视野对概念进行分析，认为意识形态是个体无意识联想、隐含动机和情感反应的一种表现形式，研究法律概念的来源有助于揭示法律语言意识形态的内在根源，有助于消除法官没有个人意识形态的神话。审判中，法官进行法律和政策分析时，隐喻使法官实现意识形态功能，为创造新原则而设计和生成新观念。

第八章　法律隐喻的哲学研究：从法哲学的视角分析，法律解释不仅是法律权威的意见体现，也是维护法制合法性、说服社会成员的手段，而法律隐喻既能补充形式逻辑推理的缺陷，又能以隐蔽的方式实现多种说服目的，更能在传统中实现诠释学意义上解释者和文本视域的融合，通过选择性映射实现法律人的正义价值取舍，完成法律解释与推理的正当化过程。

第九章　法律隐喻的本土化研究及借鉴意义：中国人的思维重视直观联想、类比关系，就像所使用的象形文字一样，充满着讽喻、比拟和暗喻。这种特点深刻体现在中国传统法律制度的法律观念、法律术语、法律解释的比附类推原则，以及中国化的法律隐喻解释理论——"引经据典"之中。当代中国的法律界虽然对法律隐喻的研究与认识不足，但在立法技术、法律、行政法规、司法解释和判决中并不缺乏使用法律隐喻的实践经验。因此，综合考虑和借鉴中外法律隐喻的历史与发展趋向，对中国特色社会主义法治建设具有一定的理论和实践意义。

目　录

第一章　法律隐喻研究的传统观点及其新趋势 ……………… 1
第一节　法律隐喻研究的传统观点 ……………………………… 1
第二节　英美判例中的隐喻历史研究 …………………………… 5
第三节　法律隐喻研究的新趋向 ………………………………… 10

第二章　法律隐喻分类研究 ………………………………………… 19
第一节　法律隐喻的文体意义 …………………………………… 19
第二节　法律隐喻的修辞分类 …………………………………… 20
第三节　法律隐喻的功能类型 …………………………………… 29

第三章　法律隐喻的内在说服特性 ………………………………… 37
第一节　法律论证的说服理论源流 ……………………………… 37
第二节　法律修辞说服的认知理论 ……………………………… 44
第三节　法律隐喻的说服方式 …………………………………… 49

第四章　法律隐喻的语用分析 ……………………………………… 56
第一节　法律语言的语用意义 …………………………………… 57
第二节　法律解释的深度分歧理论 ……………………………… 62
第三节　法律隐喻的语境建构功能 ……………………………… 66

第五章　法律隐喻的认知语言学研究 ……………………………… 71
第一节　法律隐喻的认知功能 …………………………………… 71
第二节　法律隐喻的映射模式研究 ……………………………… 75
第三节　法律隐喻的认知图式 …………………………………… 88
第四节　法律隐喻的理性基础 …………………………………… 99

第六章　法律隐喻的叙事研究 … 107

- 第一节　隐喻与叙事的认知关系研究 … 107
- 第二节　法律叙事的理论研究 … 112
- 第三节　司法判决中的隐喻叙事和叙事隐喻 … 117

第七章　法律隐喻的话语意识形态分析 … 132

- 第一节　意识形态概述 … 132
- 第二节　法律语言的意识形态认知研究 … 134
- 第三节　法官意识形态的隐喻表达 … 140
- 第四节　法律隐喻的批评话语分析 … 147
- 第五节　法律隐喻意识形态的特点和意义 … 152

第八章　法律隐喻的哲学研究 … 160

- 第一节　法治视野中的法律隐喻意义分析 … 160
- 第二节　法律形式逻辑的不足 … 167
- 第三节　诠释学视域中的法律隐喻 … 172
- 第四节　法律隐喻的新修辞学意义 … 181

第九章　法律隐喻的本土化研究及借鉴意义 … 185

- 第一节　中国古代法律中的隐喻研究 … 185
- 第二节　当代中国的法律隐喻问题研究 … 195
- 第三节　法律隐喻在中国法治进程中的借鉴意义 … 200

参考文献 … 213
后记 … 232

第一章

法律隐喻研究的传统观点及其新趋势

基督教对西方文明的影响无处不在，深入骨髓，浸入肌理。就西方法律制度而言，基督教不仅奠定了西方法律的神学基础，而且造就了以教会法为代表的西方第一个近代意义上的法律，甚至直接影响了西方当代世俗法律的品格。伯尔曼对宗教、法律概念和法律隐喻的关系有非常准确的认识："……可以说 11 世纪的法律隐喻便是 12 世纪的法律类推和 13 世纪的法律概念。为法律类推和法律概念奠定基础的法律隐喻首先是宗教性质的。"[①]

虽然英美法律界长期以来一直具有使用隐喻来论证说理的文化传统，而且法律隐喻数量巨大，但他们对法律隐喻的态度，恰如西方对隐喻的认知一样，主流学者至今仍旧态度暧昧，不愿正视隐喻的积极作用。本章将从简要介绍隐喻的研究过程入手，详细讨论美国法律史上的重要隐喻，为下文的研究奠定基础。

第一节 法律隐喻研究的传统观点

长期以来，西方对隐喻的研究一直存在两种截然不同的观点[②]：一种是布莱克所称的以柏拉图为鼻祖的"贬斥派"，认为隐喻对人思维的发展作用很小，有时甚至有害；另一种即所谓的"赞赏派"，包括亚里士多德、昆提良、方达尼尔、理查兹·雅各布森、布莱克、利科和莱可夫等，认为人类的

[①] 参见［美］伯尔曼著，贺卫方等译：《法律与革命：西方法律传统的形成》，中国大百科全书出版社 1993 年版，第 200~201 页。

[②] 参见束定芳：《隐喻学研究》，上海外语教育出版社 2011 年版，第 1~2 页。

语言和思维过程中充满了隐喻,人类思维在本质上是隐喻性的。

从研究的范围看,西方对隐喻的研究从最初的修辞学、语义学领域扩展到现在的认知心理学、哲学、语用学、符号学、现象学、阐释学等学科,呈现多角度、多层次的研究态势,出现了一个"隐喻狂热"的时代。① 安德鲁·奥特尼1979年编辑出版《隐喻和思维》一书,是隐喻研究领域的标志性著作,收集了哲学、语言学、心理学和政治学领域著名学者的众多研究成果,其中的许多观点至今仍被经常引用。

1993年之后隐喻研究发生了很大的变化,学术界大量的实证研究清楚地说明了日常语言和特殊语言中隐喻无所不在的特点,有一些重要的研究揭示了在抽象思维、人们感情和美学经验中隐喻非常重要,隐喻不仅仅是语言的装饰成分,而且是人们用概念思考世界和自己行为的重要方法。②

这一时期的隐喻研究出现了一些新的特点。第一,隐喻研究摆脱了主要依据对少数孤立的语言实例进行分析的基础上单纯描述隐喻的运作方式和理解方式的模式,开始更多地关注语境限制隐喻使用和理解的方式,更为普遍的方法是有关隐喻的大量文献采用各种分析技术从经验方面调查人类生活中范围广泛的隐喻。第二,更加强调把隐喻置于人类认知、交流和文化的广泛而综合的模式中进行研究。第三,隐喻研究的焦点关注思维和交际中隐喻的产生方式,研究范围在近年来拓展很快,涵盖了从大脑到文化,从语言和手势到艺术和音乐的广泛领域。第四,不同学科领域的隐喻研究成果数量增长惊人,说明了人们对隐喻研究的敏感性不断提高。因此,隐喻研究呈现多学科、跨学科发展的态势,是当代学术界研究的共同主题。第五,隐喻研究的跨学科特点使人们更加认可隐喻是来自大脑、身体、语言和文化相互影响的复杂方式。

英美法律专业人士对法律隐喻的认知、理解和研究过程与此如出一辙,惊人相似。历史上,隐喻在法律中的地位并不确定,英美法系的许多著名法学家们对法律语篇(包括规范性法律文件和学者著述)中隐喻的作用持一种怀疑的观点③,与其他学科的"隐喻狂热"相比,法学领域的隐喻研究一直饱受非议,一般认为虽然隐喻在日常会话中是可以忍受的,但由于隐喻不精

---

① 参见束定芳著:《隐喻学研究》,上海外语教育出版社2011年版,第2页。
② Raymond W. Gibbs, Jr., *The Cambridge Handbook of Metaphor and Thought*, Cambridge: Cambridge University Press, 2008: 4.
③ David T. Ritchie, *Who is on the Outside Looking in, and What do They See? Metaphors of Exclusion in Legal Education*, 58 MERCER L. REV. 991, 995 (2007).

确的特点，在法院判决中使用隐喻是误导人的。① 例如，英国的曼斯菲尔德爵士告诫道：法律中没有像隐喻更容易误导人的②；杰里米·边沁的反应最为极端，把拟制视为法律中有害的事物，是法律中的梅毒，在法制的血管中流动，将腐烂的成分输送到每一个角落，并且认为：隐喻不是理性的，而是法律的对立面。③

因此，在英美法系的传统观念中，法律学者们所理解的隐喻最差是误入歧途，最好也不过是为充分展开说理而需要的临时占位符。就此观点而言，隐喻是不明确的，本质上可以人为控制，对人的基本天性有吸引力，但明确的法律论证需要阐述法律精确而可靠的核心内容。这就很容易理解为什么隐喻难以与法律形式主义者或法律现实主义者的计划一致。对形式主义者而言，隐喻似乎不可能确切地描述问题，完全无法预测，而现实主义者关注把一切规则或先例施加于重力场的社会政策，在普通的方向推动法律发展，于是隐喻就好像只是一种干扰。就如卡多佐预言性的警告一样：谨慎对待法律分析和交际中的隐喻，因为隐喻开始时是作为解放思想的工具，但最终经常束缚了思想。④

美国学者隆·富勒的著作是法律人对隐喻深感不安的情绪的例证。富勒关心形式问题，但他也对法律持目的主义的态度，认为法律经常是法律现实主义者认为的结果，只是思想陪衬物的反映。在他的代表作《法的拟制》一书中，不仅反思了典型的法律拟制，而且也反思了拟制中更为精妙和不太明显的部分，包括法律隐喻。虽然富勒比其前辈对隐喻的敌意稍少一点，但他宁可把隐喻作为"一旦完成自己使命就被开除的佣人"来对待，因为当一切运转正常，现有的法律规则包括了法律意图规制的社会生活时，法律拟制就几乎毫无可用之处了⑤。隐喻是法律病症的表征。⑥ 因此，传统上，英美法学家们认为隐喻往坏处说是对法律的误用，往好处讲也不过是详细论述观点的一种必须但临时的手段。⑦

对隐喻不加掩饰的鄙视甚至折磨着现代的法律学者。斯蒂芬·卡特把

---

① Robert L. Tsai, *Fire, Metaphor, and Constitutional Myth-making*, 93 Geo. L. J. 181, 189 (2004).
② 参见 Thomas Ross, *Metaphor and Paradox*, 23 Ga. L Review. 1053, 1057 (1989).
③ Jeremy Bentham, *The Theory of Legislation*, C. K. Ogden ed., 1931: 69.
④ 参见 *Berkey v. Third Ave. R. R. Co.*, 155 N. E. 58, 61 (N. Y. 1926).
⑤ Lon L. Fuller, *Legal Fictions*, California: Stanford University Press, 1967: 121.
⑥ 同上，第8页。
⑦ Robert L. Tsai, *Fire, Metaphor, and Constitutional Myth-Making*, 93 Geo. L. J. 181. 186 (2004).

政教分离之墙描述为：只是隐喻，我们虽然有时假装它是我们宪法的一部分。① 他的言外之意很明显：隐喻与法的功能不一致。法律知识分子对隐喻的敌意中充满着精英主义的意识形态。在他们看来，无论隐喻如何富有想象力，它都源于普通人的经历，而学术分析因其是法律专家倾尽心血守护和实践的、有教育意义的成果而应备受珍惜。但这种简单化的职业警惕和对学理形式的钟爱并没有阻止某些学者对法律文化中隐喻重要地位的认可与支持。

此外，还有一部分学者对隐喻褒贬各一。美国学者奥德法若描绘了隐喻在法律话语中发挥作用的几种方式：第一，隐喻具有修饰功能，使判决书更有说服力或至少更愉悦人；第二，隐喻使抽象、复杂的原则或概念变得更容易理解；第三，隐喻有助于类比式推理，是普通律师开展工作的具体方式。隐喻和类比一样，用一个概念与另一个概念做比较来指出理解概念时有用的相似性。最后，隐喻通过把某些概念与似乎无关的观点相联系，可以成为理解概念的新视角。② 但是，奥德法若对司法判决书中的隐喻式推理提出警告，提醒人们替代法律概念的隐喻可以使法律概念变得模糊，容易使没有使用与作者同样的方式解释隐喻所指客体的读者困惑不已，同样，根本没有理解隐喻所指客体的读者也会因此迷惑③，例如，用"政教分离之墙"这个短语来解释美国宪法第一修正案的"政教分离"的规定。

奥德法若甚至挑出棒球比赛隐喻的使用做特别的批评，因为他感受到了指挥棒球的规则与法律的规则在本质上的重大区别。他认为把司法判决中的法官和裁判做比较不恰当，认为法官不同于裁判，在多数案件中有权在必要时改变规则，如果没有规则就创造规则，并且，他认为法官应当经过深思熟虑之后来解释自己的判决，而裁判用权威的方式就可以很快作出决定，无需解释。最后，法官处理诉讼必须比裁判处理棒球比赛要更认真，棒球只是游戏。奥德法若认为把法官比作裁判时，这些重大的区别就模糊了。因此，他批评司法判决书中隐喻的使用，认为粗心大意地引用隐喻可能削弱法治，应当负责任地使用隐喻，合理地质疑特定隐喻的使用是否恰当。④

大法官里德批判隐喻，依据是法治不应当来自修辞。大法官斯图亚特更

---

① Stephen L. Carter, *Religious Freedom as if Religion Matters*: *A Tribute to Justice Brennan*, 87 CAL. L. REV. 1059, 1063 (1999).

② Chad M. Oldfather, *The Hidden Ball*: *A Substantive Critique of Baseball Metaphors in Judicial Opinions*, 27 CONN. L. REV. 17, 17–23 (1994).

③④ 同上，第25~29页。

是明确警告最高法院不应当不加鉴别地引用分离之墙的隐喻，因为这种说法在宪法中找不到出处。

这种争论的共同之处在于贬低者虽然通常认为隐喻在日常对话中可以容忍，但其不精确的特性在法律判决中误导人。但是，学术论证并非没有任何明白无误之处，虽然力求公开、审慎，但经常仍旧晦涩、粗糙。强调和掩饰都是学术分析和隐喻说服的特点，隐喻和法律论证一样，能够吸引或转移注意力，激发或阻止对话，支持法律冲突的某个方面。

第二节　英美判例中的隐喻历史研究

隐喻式交流作为法学家必须抛弃的一个根深蒂固的有害习惯，这种观点源自英美法系法律职业者的精英主义意识。他们认为隐喻来自普通人的经验，而学理分析却是法律专业人士细心守护和不断实践的有指导意义的成果。但是一个奇怪的现象是，无论英美法系的法学家们对隐喻持何种观点，一个不容忽视的客观事实是英美判例中充斥着大量的法律隐喻。

1889 年，在哥伦比亚大学的毕业演讲中，后来成为最高法院大法官的本杰明·内森·卡多佐提醒听众关注政治和宗教中比喻的重要性：爱默生的箴言——教堂不是依据宗教信条，而是依据比喻建立的，这句话在宗教领域是正确的，在政治领域也是真实的。① 成为法官后的卡多佐承认并重视形式和内容的关联，将爱默生的这句名言适用于法律领域，并且认为这样做是恰当的，因为在法律领域和政治宗教领域，比喻都发挥着重要作用。美国宗教、政治和法律领域中许多重要而且有影响的原则通常都是借助比喻表述，法院的判决书中也经常出现数量庞大的隐喻、明喻、拟人和其他比喻，而且长期存在，已经制度化，在做出司法判决时以原则、标准、学说和命题的形式被使用。

1963 年，在阿宾顿学区诉斯科姆普案的同意意见中，威廉姆·卜睿南大法官赞同最高法院的意见，认为公立学校的圣经阅读和宗教祷告违反了第一修正案，选择使用了法律不认识异端邪说的拟人修辞作为原则，这个原则最近在基洛夫诉圣尼古拉斯大教堂案中重新得到确认。② 1966 年，联邦地区法

---

① Margaret Hall, eds., *Selected Writings of Benjamin Cardozo*. New York：Albany, 1947：51.
② *Abington school Dist. v. Schempp*, 374 U. S. 203, 343－44（1963）.

院法官丹尼尔·托马斯在判决有关宗教自由的案件时，坚定地认为被称为"杜马斯法案"的《阿肯色法典》违反了杰斐逊所称的"政教分离之墙"……在我们的传统中没有任何一个宪法原则比这个原则更根深蒂固。① 因此，不难理解，隐喻"分离之墙"已经成为司法原则。

1972年，在一个有关集会权和申诉权的案件中，麦高恩法官借助拟人的修辞手段断定：很难想象有禁止在国会山游行和集会的法律，这可能明显违背第一修正案规定的各项自由需要生存的呼吸空间和政府只在非常具体的范围才可以管制的原则。② 1977年，瑟古德·马歇尔借鉴了1896年普雷西案的判决，在贝克案的判决书中宣布：但是，我们必须记住"宪法是没有种族偏见的"这个原则仅仅出现在孤独的反对者的意见中，……联邦最高法院的多数法官反对色盲原则，从普雷西到布朗诉教育委员会案的60年中，美国是一个个人按照肤色依法获得"特别"待遇的国家。③

还有许多其他的比喻"原则"促进了法院判决的产生。1963年，卜睿南大法官执笔了联邦最高法院对班特姆图书公司诉萨利文案的判决意见，利用隐喻进行论证：我们强调对隐晦下流的管制，这郑重体现了最严格的程序保障措施……因此这只是表达自由必须辅之以合理保障措施这一较大原则的特例。④ 23年后，哈利·布拉克曼大法官在另一个关于审查制度的米斯诉柯尼案的判决书中写道：在本案中，最高法院没有适用"表达自由必须辅之以合理保障措施"这个确立已久的原则。⑤ 卜睿南隐喻式论证的影响清晰可见。

司法实践中，如果司法隐喻不是"原则"，就可能是"法律规则"。1969年，在一个有关推迟服役和战争抗议者的案子中，贝兹伦法官使用了一个比喻式"规则"：当然，米切尔确实提前发现和发展了寒蝉原则。⑥ 1987年，洛杉矶机场委员会做出决定，禁止洛杉矶国际机场中心航站楼区域的所有第一修正案保护的活动。联邦最高法院宣布该决定违宪，宣布判决时，几次借用了比喻的"过宽限制原则"：

按照第一修正案的过宽限制原则，法律允许言论或行为被禁止的个人对法律的字面意义提出异议，因为这也威胁到法庭之外的其他人，他们想做出

---

① *Goodson v. Northside Bible Church*, 261 F. Supp. 99, 103 (1966).
② *Jeannette Rankin Brigade v. Chief of Capital Police*, 342 F. Supp. 575, 585 (1972).
③ *University of California Regents v. Bakke*, 438 U. S. 265, 401 (1977).
④ *Bantam Books, Inc. v. Sullivan*, 357 U. S. 58, 66 (1963).
⑤ *Meese v. Keene*, 481 U. S. 465, 485 (1986).
⑥ *National Students Association v. Hershey*, 412 F. 2d 1103, 1114 (1969).

受到法律保护的表达行为，但会控制自己这样做而不是冒着被控诉的风险或企图使法律被宣布部分无效……巴格特案的法院裁定如果缺乏任何限制性解释，这种弃权将没有任何意义，而且认为按照第一修正案的过宽限制原则，这些法律在文意上违宪。①

司法判决书中的有些比喻出现一两次后不再为人所闻，但是其他比喻却有持久的影响力，成为司法推理和判决形成中被接受的固有内容。除演变为原则和规则的比喻之外，一部分使用时间较长的比喻已经成为"主要宗旨"和"标准"。1978 年，约翰·鲍尔·斯蒂文思大法官宣布了联邦通讯委员会诉帕西菲卡基金会案的判决意见：社会发现言论唐突的事实不足以成为压制言论的理由。实际上，如果引起冒犯的是说话人的意见，后果是赋予这种冒犯行为宪法保护措施的理由。因为政府在思想市场中保持中立是第一修正案的主要宗旨。② 这种宪法"宗旨"的依据不只是字面意义的思想市场，而且也成为司法论证的有机组成部分。

1943 年，勒恩德·汉德法官在一个关于新闻采访和独占垄断的案件中讨论了来源众多、层面不同和肤色有别的新闻传播中的公共利益：如果那种利益确实不是第一修正案保护的同一种利益，也是非常近似的；它假设正确的结论更可能来自众人之口，而不是任何权威的选择。对许多人而言，这是，而且将一直是蠢事，但我们已经以自己的身家性命为此担保。③ "我们已经以自己的身家性命"为转喻"正确的结论更可能来自众人之口"做担保，这个明喻后来在法院有关言论自由和新闻自由的判决意见中被反复引用，已经成了法律修辞中使用最多的辞格之一。

1967 年，最高法院宣布纽约市教师效忠誓言违宪时，卜睿南大法官宣读了判决书，其中引用了 1963 年他执笔的美国全国有色人种协进会诉巴腾案中的修辞陈述：由于第一修正案需要生存的呼吸空间，所以政府只会对变通余地不大的具体领域做出规定；纽约难懂复杂的（宣誓要求）计划明显违反那个准则。④ "呼吸空间"这个不是字面意义、后来被反复引用的拟人辞格，演变为一个"准则"，成为引发凯西安案中判决论证前提的组成部分。

在美国全国有色人种协进会诉巴腾案中，约翰·哈兰大法官持反对意见，在论述中影射了卜睿南的"呼吸空间"：真实情况是，模糊的概念已经被用

---

① *Airport Commr's v. Jews for Jesus, Inc.*, 482 U.S. 569, 574 (1987).
② *F.C.C. v. Pacifica Foundation*, 438 U.S. 726, 745 (1978).
③ *United States v. Associated Press*, 52 F. Supp. 362, 372 (1943).
④ *Keyishian v. Board of Regents*, 385 U.S. 589, 604 (1967).

来赋予"第一修正案规定的各项自由"以"呼吸空间",但同样真实的是,正如同一个评论人已经陈述的那样,"模糊不是外来的说辞手段或司法的解围之神"。① 哈兰大法官参照的 1960 年的法律评论文章中并没有拟人化的"呼吸空间",使用了阿姆斯特丹"个人自由的间隙空间",认为最高法院几乎始终如一地用不确定的违宪原则在权利法案几项自由的外缘来创设附加保护的绝缘缓冲地带。就那些有可能侵犯第一修正案权利的同类案件而言,这个缓冲地带规则一直在最高法院的判决书中被明确承认,并且被法律评论家认可。② 虽然作者本人谈论的是"间隙空间"和"缓冲地带原则",但卜睿南大法官钟爱"呼吸空间"的拟人修辞。第一修正案的自由需要设立缓冲带来保护是一回事,第一修正案的自由需要生存的呼吸空间是另一回事。"呼吸空间"带有呼吸和窒息、生与死的含义与影响。借助于卜睿南的拟人辞格而不是隐喻式的"缓冲带",第一修正案的各项自由变得更为重要。

其他比喻同样具有持久的影响力。唐突无理的言语受宪法保护,因为没有"被动的听众"③;因为压制言论产生寒蝉效应④,所以言论受到宪法的保护;因为有"延伸的权利"⑤,美国有了使堕胎合法化的隐私权。这些都是比喻式的论证,它们建立在通过隐喻化语言表达的前提之上。

有趣的是,法官们对判决中出现的隐喻认识并不统一,经常争论使用它们是否正确。如果某个法官说"政教分离之墙"这个隐喻是宪法原则,另一名法官会详细论证那是误导人的隐喻。⑥ 把学校这个思想市场中的学生界定为"被动的听众"的同时却视公立学校为思想市场,也有学生被动参与思想的自由贸易的反常现象。如果某个法官说康涅狄格州的《反电话骚扰法》对言论自由可能的抑制效应在我们看来就像未成年人,另一名法官认为该法对愤怒的市民有"抑制效应",他们或许想给自己的国会议员打电话,就像客户打电话给卖方表示对商品或服务交易不满。⑦

此外,隐喻化的讨论已经蔓延到法律解释的各种层面。宪法自身已经被隐喻化为一台机器,然后拟人化为一部活的、有组织结构的文件。正如劳伦斯指出的那样:1888 年,詹姆斯·拉塞尔·洛威尔感觉必须提醒,或许许多

---

① *NAACP v. Button*, 371 U.S. 415, 466 (1963).
② Anthony Amsterdam, *The Void-for Vagueness Doctrine in the Supreme Court*, University of Pennsylvania Law Review, 109 (1960), 75.
③ *Cohen v. California*, 403 U.S. 15, 21 – 22 (1971).
④⑤ *Roe v. Wade*, 410 U.S. 113, 129 (1973).
⑥ *Wallace v. Jaffree*, 472 U.S. 38, 92 (1985).
⑦ *Gormley v. Director*, Conn. State Dept. of Prob., 632 F. 2d 938, 942 – 944 (1980).

人已经逐渐明白宪法是一台自己运转的机器。后来，在20世纪初期的几十年，这个隐喻主要被充满活力、生机勃勃的另一个隐喻代替：1908年伍德罗·威尔逊写道：宪法不是机器而是一个有生命的生物，宪法对达尔文负责，而不是对牛顿负责。霍姆斯对这种情绪做出响应，说：宪法的规定不是数学公式……而是有机的、充满活力的社会制度。① 19世纪，约翰·哈兰大法官在普莱西诉佛格森案的反对意见中宣称宪法没有肤色歧视之时，宪法的拟人化已经启动了。② 在1989年黑泽尔伍德案的反对意见中，卜睿南大法官重申了高登博格法官在尚利案中的一段判决意见：我们的年轻一代开始相信美国的宪法是充满活力的现实，而不是玻璃柜中保存的羊皮纸手稿，这很重要。③ 宪法不仅是没有肤色歧视、充满活力的现实，而且按照霍姆斯的观点，是一个试验，正如所有生活是一场试验。④

宪法的隐喻化和拟人化伴随着法律、司法判决书自身的拟人化过程，而司法判决有"子孙后代"，一个判决可以影响到后来的许多判例。1989年，布兰克曼大法官在韦伯斯特案的反对意见中说：罗伊案或它的任何后续判决认为因为在评估怀孕时间时本来就缺乏精确性，政府通过设法确保没有活体胎儿被错误流产，可以实现它对活体胎儿未来生命的强烈关注。⑤ 得克萨斯高中的部分高年级学生因为在学校附近散发自己撰写和出版的地下报纸被暂停学业。在针对他们的判决中，高登博格法官认为：甚至普雷西诉佛格森案……有教育意义的后续判决都认为某州管理自己的公立学校制度的方式必须接受司法审查。⑥ 一个具有里程碑意义的判决——纽约时报诉萨利文案已经有了"后代"，就像丁克诉德梅因学区案一样。⑦ 另一个里程碑式的判决——布朗诉教育委员会案也有"后代"。这些重大案件好像具有很强大的"生育能力"。

美国司法制度中的许多判例都证明，长期以来，比喻在法律论证和裁决中发挥重要作用，最终像政治、科学、文学和宗教话语中的比喻一样，影响了美国人的法律生活。从目的来看，司法话语中的"思想市场"对于美国人

---

① Lawrence Tribe, *The Idea of the Constitution: A Metaphor-morphosis*, Journal of Legal Education 37 (1987), 170 - 71.
② Plessy v. Ferguson, 163 U. S. 537, 559 (1869).
③ Hazelwood School Dist. V. Kuhlmeier, 484 U. S. 260, 290 (1988).
④ Abrams v. U. S., 250 U. S. 616, 630 (1919).
⑤ Webster v. Reproductive Health Services, 109 S. Ct. 3040, 3071 (1989).
⑥ Shanley v. Northeast Ind. Sch, Dist., 462 F. 2d 968, 969 (1972).
⑦ Trachtman v. Anker, 563 F. 2d 512, 517 (1977).

认知社会比政治话语中的"铁幕"更重要,"政教分离之墙"对美国宗教行为的重要性和圣经中"上帝是我的牧羊人"一样意义重大,"寒蝉效应"和文学中"我们是空心人"一样能影响他们的生活。

虽然比喻已经成为判决书中法律论证依赖的原则、标准和规则,但很少有法官和法律学者认真、系统地研究过法院判决书中比喻的功能和意义,正如波斯纳在《法律和文学》一书中的结论:法律修辞的题材既丰富又研究得很少。① 罗伯特·普伦蒂斯在1983年的文章《最高法院的修辞》中确认了没有正确研究司法判决中的修辞这一事实:尽管在最高法院判决的形成中修辞非常重要,但这个主题很少受到学者关注。② 在缺乏司法判决修辞文献的背景下,专门研究隐喻对司法裁决过程影响的学术成果就显得很少。

第三节　法律隐喻研究的新趋向

法学家们必须放弃隐喻式交流令人反感的习惯性理解。这种认识近年来受到理论家和经验主义者的有力质疑,他们承认法律语言是普通语言的近亲。在法律思想家认为隐喻只不过是概念结构完整时被拆除的脚手架时,语言学家和人类学家却认为隐喻是交际过程中的建筑模块③,在某些重要方面,隐喻使人类可以理解彼此关系中的某种现象,解释事物某些明显的细节,隐藏了其他一些特征。于是,隐喻通过将新的事件改编为普通的场景和日常出现的事情,进而安排社会秩序。

像宗教、科学、小说、哲学和历史话语一样,法律话语非常依赖比喻这类修辞。在20世纪初期,对修辞的这种倚重已被认可,但还没有深入研究。韦斯利·霍费尔德在1913年11月的《耶鲁法律评论》中写道:关于法律术语的许多困难起因于我们的词汇最初只在物质世界使用的这一事实,因此它们与法律有关的用法,严格来讲,是修辞意义的或虚构的。④ 直到20世纪末,法律学者才对法律中的隐喻表现出兴趣。

---

① Richard Posner, *Law and Literature*, Mass: Cambridge, 1988: 296.
② Robert Prentice, *Supreme Court Rhetoric*, Arizona Law Review 25 (1983), 86.
③ Robert L. Tsai, *Fire, Metaphor, and Constitutional Myth-Making*, 93 Geo. L. J. 181. 186 (2004).
④ Wesley Hohfeld, *Some Fundamental Legal Conceptions as Applies in Judicial Reasoning*, Yale Law Review 40 (November 1913), 24.

20世纪80年代，一部分法律学者开始关注和探究法律话语中隐喻的重要性。大卫·科尔考察了从霍姆斯的"思想的自由交易"到卜睿南"思想的市场"这种隐喻的演变过程，对市场隐喻做了如下论述：

"思想的市场"成为使用过多的短语。它在司法判决书和法律文章中的意义部分被明显归因于对霍姆斯的致谢，但卜睿南的修正至关重要。他使这个隐喻具有了地方色彩，使市场有了地点的意义。思想的市场从霍姆斯的法律天空落下，使"自由交易"扎根于具体的地点和场景……思想的市场暗示着底层的差异性和多元性，无需依赖抽象的、生成真理的无形之手的各种理论。①

一年之后，布尔·亨利在《明暗交界：法律隐喻的根源》中考究了一个不同的隐喻。他跟踪研究了司法判决中隐喻的历史之后，推断并且警告说：

霍姆斯开始使用"明暗交界边缘地带"之后，这个隐喻已经模糊不清……在阴影地带，法官在一定程度上不受法律文本、先例以及理性的影响。但他们绝不会没有责任，包括企图穿透卡多佐称为"隐喻迷雾"的责任。"边缘地带"这样的隐喻有用，而且在某些方面甚至无法避免。但是长期看，它们不会代替理论。②

1988年，斯蒂文·温特在《主体资格的隐喻和自治问题》一文中研究了主体资格这个法律概念，他写道：理解以及解决关于主体资格法律障碍的关键在于明白"主体资格"这个术语是隐喻。它的起源无疑来自法庭的实际惯例：法庭只审理站在法庭上的诉讼参加人的案件。因为当法院商酌当事人的主张时，"站在法庭上"就是一个自然而然的隐喻。它来自人们的经验。③ 温特对主体资格的分析使他推断："主体资格"这个隐喻是一个谜，它已经成为"按字面意义解释的真相"，引导或破坏我们对审判的见解。它引导我们对审判的见解符合隐喻中体现的两个独立的"真相"，把它们作为一个整体考虑。第一个是个人主义的"真相"：一个人独自站着、起立、站开、站出来。④

1989年，斯蒂文·温特在《超凡的胡闹、隐喻式的推理和法律认知的利

---

① David Cole, *Agon at Agora: Creative Misreadings in the First Amendment Tradition*, *Yale Law Review* (April 1986), 894.

② Burr Henly, *Penumbra: The Roots of a Legal Metaphor*, *Hastings Constitutional Law Quarterly* (Autumn 1987), 100.

③ Steven Winter, *The Metaphor of Standing and the Problem of Self-Governance*, *Stanford Law Review* (July 1988), 1382.

④ 同上，第1387页。

害关系》一文中再次研究了"市场"隐喻:我们对第一修正案现在的理解依赖于市场隐喻的使用。这个隐喻把经济学经验源域中某些有关自治和自由贸易的效用和价值的规范性文化假设映射到目标域言论自由中并加以应用。①

在法律方法领域,有人尝试用视觉化的方式,利用视觉隐喻来分析和组织法律问题②,认为律师通过跟踪案件,从符号的角度忽略许多语词,学习用眼睛看法律而获益匪浅。这种用肉眼看法律风景的方式提供了一种记忆法律、学习法律甚至对案例法进行综合分析的方法,把法律视觉化的目的是使律师更有效地理解法律问题,与当事人交流。这既不是田园风景式的闲情逸致,也不是理论研究,只是希望帮助律师和当事人做出更有见识的抉择。这种观点是以英美法的内在特点为依据的。美国法充斥着视觉隐喻和符号体系。事实上,在第一次遇到法律的"无缝之网"、证券交易受"蓝天"法的监管、财产的"一捆木棒"、宪法原则的"固定的星球"、"黄狗"合同、"简洁"或"黑体字"规则、"表面上的所有权""法律与先例相符的永久努力"这类表述时,一个外行可能有理由期望学习法律要比学习那些隐藏在法律图书馆中的单调黑白出版物有趣得多。但是,这些视觉符号和隐喻远不是简明而又富有技术性的法律部门艳丽的外在装饰物,它们是组织工具,使任意连接在一起的普通法有了主题序列。但是视觉隐喻超越了单纯的工具作用,它们经常富有规范性,不仅是简单地传递现有的思想,而是决定或创造思想。

马修·迈克·克劳斯凯认为隐喻形象化的能力就是把法律形象化的能力,这些隐喻是构造性的,决定人们如何理解法律。③ 例如,桥的隐喻创造了提供证据证明案件过程的视觉画面,这成为基本证据规则的一个简单而又有效的提示。知道证据规则就像知道如何建造一座横跨峡谷的大桥,峡谷两侧之间的距离相当于证明责任。因此,峡谷宽度显示的证明责任规定了某人必须建造桥梁所需要的逻辑精确程度。如果要建造一座很长的桥梁,建桥的材料必须坚固,连接紧密。更好的做法是,你有跨越峡谷(直接证据)的结实的横梁,无须把小的部件(间接证据)一个一个拼接在一起。无论各个部件的大小如何,所有的部件需要结构完整。证人证言、专家证人、司法证据、展示证据和物证以及警方的报告都是建造证据大桥的部件,就像大梁、铆钉、

---

① Steven Winter, *Transcendental Nonsense*: *Metaphoric Reasoning and the Cognitive Stakes for law*, *University of Pennsylvania Law Review* (April 1989), 1190.

② Matthew J. McCloskey, *Visualizing The Law*: *Methods for Mapping the Legal Landscape and Drawing Analogies*, 73 *Wash. L. Review*. 163, 1998.

③ 同上,第167页。

沥青、钢缆以及木材是建造物质桥梁的部件一样。证据规则保证了法庭所出示的证据的真实性和准确性，就像说明建筑人员实际如何从结构方面保障坚固的施工说明书一样，确保每一个证据必须是可信的。这种形象化的方式能帮助律师想起证据法的重要因素，以及这些因素之间的关联性。[①]

这种方法还有一个优点是有助于学习复杂的法律原则。通过说明有条理性的隐喻并且详细解释它的意义，能够发现法律原则中逻辑的非连贯性或逻辑连贯的更多方式。天平这个简单而又普通的隐喻减少了理解隐喻具有条理性的疑问，使人们关注被权衡的对象，由此聚焦于大量的细节而不是大场景。例如，在美国诉卡洛儿·塔文公司案中，勒尼德·汉德法官提出了著名的公式 $B < PL$ 来决定过失。该案是一个海事案件，主要的争议是驳船遇到危险而沉船时，负责驳船的工人正在岸上，他是否存在过失，因而驳船公司也具有共同过失。勒尼德·汉德法官开始分析，过失责任可能没有一般的黑体字规则，但是由于事故确实发生了，必须有某种方法来决定特定情形中某人的过失。于是，他提出了一种计算方法：因为每艘船只都有脱离锚地的可能……那么所有人……提供预防相关损害的责任……就有三个函数变量：（1）船舶离开锚地的可能性；（2）相关损害的严重性；（3）合理预防的义务。这个函数用代数术语突出这个观点来说明一个法律问题：如果可能性是 P，损害是 L，义务是 B，责任取决于 B 是否小于 L 乘以 P，也就是 B 是否小于 PL。

《侵权法重述》第二版第291条~第293条体现了权衡风险可能性和大小与防止风险义务的观点，并且发展了这种观点。第291条中，成本/利益分析取决于风险大小是否超过了行为的效用。第292条列举了决定行为人行为效用要考虑的因素：判断行为人是否有过失，在决定法律认为什么是行为人行为的效用时，下列因素至关重要：（1）行为促进或保护的、法律使之与利益连接的社会价值；（2）特定的行为过程促进或保护这种利益的可能性程度；（3）另一种危险性较小的行为过程能合理促进或保护这种利益的可能性程度。

第293条列举了决定风险大小的因素：判断行为人是否有过失，在决定风险大小时，下列因素至关重要：（1）法律赋予处于危险中的利益的社会价值；（2）行为人的行为侵犯他人或该人为成员的某一阶层的任何人利益的可能性；（3）受到威胁的利益可能遭受损害的大小；（4）如果风险造成损害，

---

① Matthew J. McCloskey, *Visualizing The Law: Methods for Mapping the Legal Landscape and Drawing Analogies*, 73 Wash. L. Review. 168–175, 1998.

利益可能被侵害的人数。

　　这种以数学公式的简要形式说明隐喻具有条理性的衡量方法,以形象化方式思考这种权衡过程,就阐明了这种法律风景的各个方面。决定法律责任要考虑多种因素,就像传统的天平衡量的每一边都有一个托盘,能足以精细到合理调解这些因素。①

　　呼吸、寒冷、色盲、星座、火、市场、阴影、子孙、迷宫、捷径、不流动、站立、墙,法律是一个充满生气和实实在在的世界,这是一个能看见、感受到和体验到的世界。然而,这些词语和许多其他词语一起,在法官和大法官们把它们融入自己的逻辑推理,做出涉及抽象的宪法概念的判决时,成为法律词汇的重要部分。正如巴尔·亨利的观点一样,法律语言充斥着隐喻。法官们和评论家们创造了一个法律地貌,除了其他之外,有打滑的陡坡,明暗交替的线条,宪法的山麓小丘,正义的天平,平坦的运动场和政教分离的高墙。隐喻不仅仅是用生动形象的图解说明或叙述具体的法律概念。它们是原型,突出或排除某些方面,进而直奔要点的现实简述。②

　　尽管法律隐喻无处不在,但法律人对法律隐喻意义的研究一直有所保留,甚至警惕。法院仰仗的有些隐喻"令人烦恼",有怀旧情怀的隐喻"思想的市场"在今天是否依然可以使用?政教之间的"界线"和"纠缠"是否比杰弗逊讲过的"分离之墙"更好?"受制的听众"能否被非常精确地解释,成为司法判决过程的原则?隐喻式的"模糊"权利受到质疑,"寒蝉效应"原则被大法官哈兰批评为"无所不在""靠不住"且"不规则"。③

　　很长一段时期内,法官依然仅仅把隐喻视为一种修辞方式,从文体的角度理解它的作用,虽然一个无法忽视的问题是隐喻性的司法话语,特别是在那些判决中具有里程碑意义的段落,其中的积极隐喻被经常引用来支持后来判决的推理。这种认识得到了许多法官的认可。法官格里夫·贝尔认为文体可以决定判决书在其他案件中将被引用的频率,并因此决定判决书最终具有的影响力,杰克森在巴内特案的判决书中非常恰当地证明了这个观点。杰克森的判决书证明了理查德·维斯伯格的评论,大法官卡多佐也意识到了这一点:判决书的形式有效地促进了它的正确性;这样理解的文体是评价判决正

---

　　① Matthew J. McCloskey, *Visualizing The Law: Methods for Mapping the Legal Landscape and Drawing Analogies*, 73 Wash. L. Review. 175 – 177, 1998.

　　② Burr Henly, *Penumbra: The Roots of a Legal Metaphor*, Hastings Constitutional Law Quarterly (Autumn, 1987), 81.

　　③ *Zwickler v. Koota*, 389 U. S. 241, 256 (1967).

确性的一个因素，不是从属或仅仅是装饰元素。①

大法官杰克森在巴内特案的判决书中最令人难以忘记和最有影响的比喻段落是：如果我们宪法的星空有恒星，那就是任何官员（无论大小）在政治、民族主义、宗教或其他方面都不能规定什么应当是正统的，或强迫公民以语言或行为坦白对此的信仰。② 这个隐喻曾经被作为法律文体的典范而被各级法院反复引用。

事实上，杰克森的这个比喻句是一个三段论省略式，可以用完整的三段论表述为：大前提：所有规定政治和宗教方面什么应当是正统的和强迫公民以语言或行为坦白对此的信仰的官员行为违宪。小前提：西弗吉尼亚州教育委员会规定了正统内容并且强迫学生坦白与此有关的信念。结论：西弗吉尼亚州教育委员会的行为违宪。一旦这些前提被读者接受，结论就产生了。

作为推理的一部分，隐喻式的"宪法星座的恒星"增加了论证的说服性。1972 年，美国联邦第二巡回上诉法院判决一名高中艺术教师胜诉。这名教师拒绝在学校年级集合时向国旗敬礼，被学校解聘。法官考夫曼把隐喻式的"宪法星座的恒星"融入了法院的推理中，在引用巴内特案的内容之前，他写道：迫使一个人讲违心的话违反宽容和理解的原则，这些原则长久以来是我们伟大祖国的根基。③ 然后，在引用了"恒星"语篇之后，考夫曼评论道：我们相信那是对第一修正案基本精神的准确和有创见的陈述，我们在本案中服从它。

巴内特案的其他修辞性篇章在司法判决过程中也已经具有重要地位，被经常引用。大法官杰克森认为某些政治主题超越多数人的能力范围：《权利法案》的真正目的是使某些主题远离政治争端的变化无常，使它们超越大多数人和官员的影响范围，把它们作为法院适用的原则确定下来。人民的生命权、自由权、财产权、言论自由权、新闻自由权、宗教信仰权利、集会权和其他基本权利不可以交由投票决定；它们不依赖于任何选举结果。杰克森主张在不重要的方面允许各种不同观点，认为这只是"自由的阴影"：有差别的自由不限于不太重要的方面，那将只是"自由的阴影"。在关于触及现有秩序的核心方面，其实质的标准是有权产生差异。④

---

① Richard Weisberg, *Law, Literature and Cardozo's Judicial Poetics*, Cardozo Law Review 1（Spring, 1979）, 309 – 310.
② *West Virginia State Bd. of Education v. Barnette*, 319 U. S. 624, 637（1943）.
③ *Russo v. Central School Dist. No. 1*, 469 F. 2d 623, 634（1972）.
④ *Russo v. Central School Dist. No. 1*, 637 – 642.

杰克森在巴内特案判决书中使用了非字面意义的、修辞性的语言，如"我们宪法星座的恒星""扼杀自由的思想""自由的阴影""公墓的全体一致""原则成长于土壤中""把这些权利移植到土壤"。这些修辞实例证明了海登·怀特在讨论历史话语的修辞学问题时论及的"诗和散文理念的合并"。怀特提出：每一种话语通过那些"辞格"手段调解语言行为中隐喻和转喻的两极关系，那些"辞格"最初是由古典修辞学家研究的。接着，怀特引用了罗曼·雅各布森的观点：

按照雅各布森的观点，文体学必须努力分析每一个假定存在的散文话语的诗学内容，就像它必须努力揭示每一个明白无误的诗性言语中散文"寓意"的要点一样。普通话语理论中，散文和诗歌的合并对我们理解这些研究领域涉及什么内容有重大意义。这些研究和历史学家的工作一样，在展现自己的研究内容时，尽可能客观和现实，但是，由于它们话语中未被承认的诗学因素，它们的展示掩盖了客观性和自身的文化属性。①

许多司法判决书接近于杰克森对巴内特案判决书的特点，表面上好像展现自己的研究内容时客观和现实，但由于它们未被承认的诗学因素，掩盖了自己的主观性和文化属性。从这个角度阅读司法判决书，对大法官霍姆斯"法律不是艺术家或诗人的领地"② 这个观点的准确性会产生许多疑问。

皮埃罗·克莱曼德雷曾经解释：自从大法官从天堂坠落人间，法官是普通人、不是超自然的、永不犯错的、令人崇拜的圣贤这个思想为世人接受以来，法官的权威性依然不容置疑，但人们觉得需要对法官的语言效力做出理性的解释。通过公开出版的司法判决书，我们得到了"理性的解释"。

在一定程度上，用有影响的非字面意义的语言表述理性的解释，很容易让人理解。研究司法判决书的推理过程而不承认或忽视它的修辞功能，是不完整地研究法律话语。在某些法律人看来，通过非字面意义的语言进行理性的法律解释，这好像有点异常。但是，克尼斯·波克解释隐喻的作用时并无这种看法：

由于我们经历过各种观点的转变，习惯性地认为客观现实被词语的相关性消解了（用许多不同的观点来认知某一个特点）。但是，相反，正是用许多不同角度的方法，我们确定了某个特点的真实性。例如，如果我们对一个物体有什么疑问，我们就有意用尽可能多的词语来理解它：举起，闻一闻，

---

① Hayden White, *Tropics of Discourse*, Baltimore: Johns University Press, 1986: 104.
② Oliver Wendell Holmes, *Collected Legal Papers*, New York: Harcourt, Brace and Howe, 1920: 29.

品尝，拍一拍，用不同的光线表现它，让它承受不同的压力、分解、配对、比较，等等。①

认知语言学的发展促进了法律人对隐喻认识水平的转变，对隐喻的理解从修辞和文体工具的角度提升到了认知和逻辑思维的层面。1988年，斯蒂文·温特评论道：对人类认知不断增加的研究工作揭示，人类的思想以物质体验为基础，通过理想化的认知模型和隐喻的映射而发展。② 对不熟悉这个新的学术成就的读者来说，一篇文章讨论法律的主体资格，这可能要么有点陌生，要么离题太远了。但是，如果把那些使标准的法律思维变得生气勃勃的模型和隐喻显露出来，我们将能够用有启发意义的新方法理解和讨论主体资格问题的历史和这个规则令人棘手的方面。③

在对隐喻式的主体资格的研究中，温特警告：隐喻……误导的可能性和启发的可能性一样大。④ 貌似客观的法律原则用非字面意义的语言来表述，但自从这些原则用比喻表述之后，表面上好像客观的意义变得相当主观，因为一个隐喻可以用另一个不同的隐喻代替。法官通过选择这个隐喻而不是另一个隐喻，就像诗人、小说家或政治家一样，做出了一个主观性的选择。既然这个世界没有事实上的思想市场，法官或许最好倚重思想的隐喻式表达，如"探求""战争""森林""银河系"或"彩虹"。假如大法官霍姆斯不是自由社会的一分子，他的"市场竞争"中的"思想的自由交易"或许永远不会进入美国人的司法用语。借助霍姆斯的隐喻，法官们选择了强调思想买卖中的竞争性。虽然司法判决书中的隐喻不应当是理论的替代物，但是，隐喻可以具体体现一种理论⑤，而且，虽然法院能够避免被隐喻误导，但几乎都无法忽视隐喻和其他比喻，而且那些曾经警告法律推理中滥用隐喻的法官们自己也大量使用比喻。

在过去的二十几年中，英美法学界对法律隐喻现象展开了广泛的探究，罗伯特·蔡、伯纳德·希比茨、乔纳森·布莱文、格勒·考亨、克莱·坎沃特、亚当·阿姆斯、伊丽莎白·索伯格、米歇尔·史密斯等从不同视角对法

---

① Kenneth Burke, *A Grammar of Motives and a Rhetoric of Motives*, Berkeley and Los Angeles: University of California Press, 1962: 504.
② Steven Winter, *The Metaphor of Standing and the Problem of Self-Governance*, Stanford Law Review (July, 1988), 1384.
③ 同上，第1386页。
④ 同上，第1387页。
⑤ Haig Bosmajian, *Metaphor and Reason in Judicial Opinions*, Illinois: Southern Illinois University Press, 1992: 201.

律隐喻进行了研究，发表了相当数量的研究成果，法律界对隐喻重要性的认识不断提高，认为在法律分析和推理方面以及律师、法官、法律学者交际方面隐喻都具有重要作用，促进了法律论证和法律解释的理解与接受。①

从英美法系的历史看，在法律领域回避和排斥隐喻的使用和研究，这种态度是不科学的、非理性的，法律人对法律隐喻小心翼翼的态度和对学理分析形式的偏爱也不可能妨碍学者们对法律隐喻的深入研究，更无法阻止法官使用法律隐喻。比喻帮助人们理解可能无法理解的世界，帮助人们发现新的"真理"，澄清和创造新的现实情况，但是，也总有误导、隐藏某种思想和观念的可能。人类思维和认识的本质就是如此。法院在判决书的推理中是否确实而且将继续依赖修辞语言？这一点毋庸置疑。法律隐喻研究的任务是承认法律中的比喻，并且保持一定的警惕性，因为虽然比喻能帮助人们理解抽象的法律概念和新的观点，但是，比喻也能钳制思想，带来过时和危险的法律语言和先例。承认和研究司法隐喻的理论和现实意义就在于此，接受还是拒绝法律中的隐喻、转喻和拟人将决定指导和支配法律职业人士的法律原则和规则。

---

① 杨德祥：《英美法律隐喻研究述评》，载于《四川大学学报（哲学社会科学版）》2012 年第 2 期，第 126～127 页。

第二章

法律隐喻分类研究

莱可夫认为，从认知和思维的角度，隐喻可以分为实体隐喻、方位隐喻、结构隐喻。按照语义或语用差异，隐喻可分为常规隐喻和非常规隐喻。这种类型在法律隐喻中依然存在，但并不能完全概括法律隐喻的重要意义。本章将简要论述法律隐喻的文体作用，并对英美法中法律隐喻的类型进行总结和分析，以期全面了解法律隐喻的本质特征。

第一节 法律隐喻的文体意义

从辞源上讲，文体与写作有密切联系。格里芬·贝尔认为"文体（style）"这个词源自拉丁语"Stylus"，是古代的一种书写工具，一头用来在蜡中写字，另一头抹平蜡来擦除字迹。因此，人们就有了一个实用的类推，文风与写作和修改有关，即起草和修改。[①]他认识到了司法判决书文体的重要性：司法作品的文体是法律发展中的一个重要因素。判决书的风格会影响读者的解读方式，也会决定在其他案件中判决意见被引用的频率，并且最终决定判决书的影响力。他主张必须把文风视为法院的主要工具之一，而且这一点值得详细关注和不断强调。[②]

许多法官同意并承认司法判决书的文体具有说服力的重要意义，讨论过内容和文体之间的联系。卡多佐大法官重视判决书中文体的重要性，主张：判决书需要说服力，或使人获得真诚和火的深刻印象，或是头韵和对偶的记忆能力，或是谚语和格言的简洁和独特。如果忽视这些说服手段的帮助，判

[①②] Griffin Bell, *Style in Judicial Writing*, Journal of Public Law 15 (1966), 214.

决书不会有赢得信任的一天。①

判决书的文体不可避免地决定而且经常制约了上诉法院判决书在现在和将来具有的意义。卡多佐意识到了法律文体的基本作用，他判决的案件清楚地证明了有效地使用文体往往和逻辑一样，能成功地组织上诉时的辩护和裁判……卡多佐也意识到判决书的形式有效地促进了它的正确性，这样的法律文本文体形式是评估判决内容正确性的要素，不是辅助性的或只是装饰性的要素。②

认知理论的支持者坚持认为隐喻对人们理解和体验世界的方式至关重要。乔治·莱可夫和马克·约翰逊说过，人们的概念系统本质上是隐喻的。③ 从本质上而言，人类的思想方式依赖于隐喻，人类的认知在很大程度上取决于认识、理解和使用隐喻的能力。隐喻式推理不只是一种语言的手段，而且是最高层级的形而上学原则④。另外，人类感知和理解世界的方式受概念系统的驱动，概念系统是现实的范畴。隐喻式推理似乎是人类推理的重要方面，人们如何分析和使用概念和隐喻式推理的能力似乎是与生俱来的。本质上，没有对其他范畴的参照，人们无法理解世界上发生的事物。这个参照域使人们面对各种现象时，用一种使自己富有成效地思考的方式理解那些现象⑤。因此，隐喻不仅是说明论点的一种便捷和巧妙的文体方法，而且事实上它们构成了人们如何理解这些论点的方式。很多情况下，法律专业人士需要用语言的非字面意义来有效并且有说服力地表达和解释哲学或法学的抽象理论，法律隐喻使这类深奥晦涩的理论变得具体，使人容易理解。这已超出文体所能实现的功能，上升为一种隐喻思维方式。

第二节　法律隐喻的修辞分类

从英美法系的历史来看，传统的法律隐喻研究不仅只讨论严格意义上的

---

① Benjamin Cardozo, *Law and Literature*, New York: Harcourt, Brace and Company, 1931: 9.
② Richard Weisberg, *Law, Literature and Cardozo's Judicial Poetics*, *Cardozo Law Review* (Spring 1979), 309–310.
③ George Lakoff and Mark Johnson, *Metaphors We Live By*, Chicago: University of Chicago Press, 1980: 4.
④ Jacques Derrida, *White Mythology: Metaphor in the Text of Philosophy*, in Alan Bass trans., *Margins of Philosophy*, 1982: 212.
⑤ David T. Ritchie, *Who Is on The Outside Looking in, And What Do They See?: Metaphors of Exclusion in Legal Education*, 58 Mercer L. Rev. 991, 2007: 999.

隐喻，也涉及拟制、转喻、拟人等修辞手段。例如，通过拟人的手段，无生命的法律有了人的特点，使人们更容易理解和认识；借助转喻，因为预设的关系，人们把一个词或短语替换为另一个，创造了新的法律观点。因此，本书将遵循英美法系学者的惯例，在广义上讨论隐喻，也就是包括拟制、转喻、拟人等修辞手段。在此对这三种法律隐喻的具体形式作简要介绍，后文统一以隐喻称呼，不再区分。

一、拟 制

隆·富勒认为拟制是经常表达真相的隐喻方式。[①] 拟制是对人们知道的不真实现象的陈述，是一种虚构，一种把并不存在的某事物描写为另一个现实事物的修辞手法。因此，拟制和隐喻有共同的类似假象，要求读者把实际上不真实的事物看作真实的存在之物。理论上，法律不应该牵涉假象，而应解决"现实的"事实。但是，令人吃惊的是，法律也是虚构之物，要求人们假设虚幻的原则和学理是真实的，并且许多这种虚构的原则和理论都以隐喻为根据。换言之，法学家和律师思考这些假设的原则和学理，用来自现实领域的词汇讨论这些假设，创设了许多极其重要的法律概念和原则。

美国法中经由拟制产生的法律原则很多。1873年，发生在内布拉斯加州的苏城和宾夕法尼亚铁路公司诉斯托特案中[②]，三个男孩沿着铁路线玩，进入了一个铁路工场，发现了一个机车转盘、一个旋转平台，下面有轨道，用来使机车转向，周围也没有铁路公司的人来把他们赶走。转盘看上去很诱人，一个男孩建议上去玩一下。他们高兴地发现转盘既没有用螺栓固定也没有上锁。其中两人开始转动它。最小的孩子大约只有6岁，试图爬上时，脚被夹在了转盘和轨道之间，造成了永久性的重伤。

法院面临以下难题：从法律技术角度看，儿童是非法侵入者，未经所有人许可进入了私有领地。传统上，所有人对非法闯入者的唯一责任是一旦发现了非法闯入者，不得故意造成伤害，但无须考虑非法闯入者的利益和安全。

但是，法院并不愿意如此无情地对待受伤的儿童。它一方面把这种有限责任与提供给受邀请者的较高注意标准做比较。例如，如果你邀请客人到家里，有义务保证客人在家中时不会遭遇危险情况（如湿滑的步行道或者破损

---

① Lon Fuller, *Legal Fictions*, Stanford, California: Stanford University Press, 1967: 10.
② *Sioux City & Pennsylvania Railroad Co. V. Stout*, 84 US 657 (1873).

的台阶）而造成伤害。另一方面，法院不想蓄意不顾非法侵入的传统法律原则，因此，需要找到这些孩子"应邀"进入的某种方法。最终想出的原则被称为"诱惑性的不法侵害"。按照这个理论，如果伤害是由于儿童可能闯入的场地上的某些情形或物体造成的，并且所有人没有采取合理措施防止孩子受到伤害，所有人要对儿童承担责任。该原则依据的法律拟制是"诱惑"或"引诱"。转盘、游泳池、露天水井或矿道，或其他任何吸引儿童的同样危险的情形都成为诱惑儿童面临危险的邀请，所有人对儿童负有对受邀人同样的责任和义务。法院在其中一个有说服力的案件中说明了这种观点：明确的邀请对成年人是什么，诱人的玩具对不谙世事的儿童就是什么。①

"诱惑性的不法侵害"这个拟制依据的是"引诱"或"诱惑"的概念。换言之，某些危险状态对儿童有诱惑性，引诱他或她走进某个场地，并且，这个拟制因另一个完全不同的关于"代理"的拟制而得到进一步巩固。因为"引诱的妨害"位于并属于某个场地，有理由认为是非人的"手段"做出了"邀请"。

这两个拟制的词语"引诱"和"邀请"当然不是严格的法律术语，它们是普通词语，意思几乎不同于法律中的含意。《韦伯斯特新通用词典》中"attractive"的解释是：有吸引力的，引起兴趣的，诱人的。动词"invite"的第一个解释是：请求某人到某地，同时列举了其他含义：引诱，吸引，诱惑。《牛津美国同义词典》中有这些词的同义词：（1）attractive：有吸引力的，诱人的和引起兴趣的；（2）inviting：有吸引力的，引诱的，诱惑的，诱人的；（3）entice：诱惑，引诱，吸引；（4）allure：引诱，吸引。这四个词之间有无法分开的联系。不仅在法律中，而且在日常用语中，"有吸引力的"东西具有"引诱的"语言意义。

这个原则中体现法律原则本质的概念隐喻是：引诱的妨害是邀请人。虽然单个的词语"有吸引力的""妨害""邀请（人）"是普通意义，但"有引力的妨害"是法律术语。《布莱克法律词典》解释引诱的妨害是：对儿童有危险的一种情形、工具、机器或其他物品，儿童因为无行为能力不理解它们的危险，有理由相信他们会被吸引到某些场所。"有吸引力的危险物品"对法律而言是一个奇特的概念隐喻。

法律拟制的目的是什么？正如隆·富勒所言：隐喻经常是表述事实的方式。皮埃尔·欧利维尔在讨论法律拟制时持这个观点：

---

① *Keff v. Milwaukee & St. Paul Railroad Co.*, 21 Minn. 207 (1875).

第二章 法律隐喻分类研究

法律和几乎所有科学中使用拟制的重要原因是它们促进思维过程……拟制的基础是两种客体或情形之间的类比或相似性，使我们把二者等同，同样对待……但同时提醒我们类比在各个方面不是真实的。①

法律拟制确实是不真实的陈述。就像可以证明不实的陈述有真实的外观一样，富勒描绘了一个法官面临的一个困境，他遇到了"保护儿童免受危险物品伤害原则"。真实情况是，镇上工业区的一名儿童在无人看守的铁路场转车盘玩耍时受到严重伤害，原告儿童对被告铁路公司提出诉讼。法律争议的问题是：铁路公司对伤害有责任吗？在努力寻找答案时，富勒想象了法官可能想到的各种解决办法。他知道当时的法律规定所有人对受邀人负有注意义务，而不是"非法闯入者"。但在内心深处，法官认为这个不幸的孩子应被视为受邀者，而不是通常的闯入者。法官不愿意把判决建立在个人感情的基础之上，毕竟孩子实际闯入了。或许法官认为闯入规则不适用于孩子，但这种裁决会引发下一个问题：哪一类孩子可以被免除责任，与他们的年龄还是孩子闯入工场时是否意识到了危险有关？或者所有人应当对任何闯入自己土地的人所遭受的伤害都承担责任？但是法官认识到这种建议过于宽泛，本质上将完全忽略非法闯入的相关法律。最后他可能判决原告胜诉，没有具体的理由，但是对这种前景非常不满意，就像这不会让寻求判决理由的那些人满意一样。

法官面临一个进退两难的处境，找不到真正切实可行的解决办法，感到不得不回到最初的想法，把儿童作为受邀人看待，而不是普通的侵入者。法官当庭宣布被告铁路公司必须被视为曾经邀请儿童进入工场。可以设想，法官的这个大胆主张使案件归属到现有的原则之内，结束了不厌其烦地阐述新原则的尝试。由于它的实用性，法律采取了拟制的表现方式。虽然这种声明是虚假的，但是陈述了一个真相：儿童的法律地位更像一个受邀人而不是侵入者，陈述"真相"的唯一方式是用隐喻，主张所有人或其代理人必须被视为曾经邀请儿童进入工场。一旦被"邀请"，那么所有人必须对儿童承担对其他任何客人将负有的同样的注意义务。这个设想提供了构成"保护儿童免受危险物品伤害原则"的思想，虽然有点空想色彩，但按照富勒的观点，很可能是现代法律中最勇敢的拟制。

在法律的其他领域，人们发现了所有人之外的某人或某物引诱的拟制。

---

① Pierre J. Oliver, *Legal Fictions in Practice and Legal Science*, Rotterdam：Rotterdam University Press, 1975：91.

在商业领域，企业的客户被认为是受邀人，他们应所有人的请求或"受到诱惑"进入企业的相关场所，作为商人的所有者用来"引诱"客户的方法可以包括小贩在人行道上的叫卖声、报纸上的广告或者诱人的橱窗展示。无论借助人或者物，意图都是邀请公众入内。

法律拟制不是谎言，这一点对法律人很重要。尽管它是虚构的，但其意图不是欺骗或愚弄任何人。没有人相信诱人的侵入确实扩展了造访某人财产的邀请。那么，法律拟制的目的是什么？它是旧规则适用于新用途的方法，是理解法律产生变化，同时维护旧规则权威的方式。拟制是法律语言"成长中的阵痛"。① 法律拟制的优点是维护法律的完整性，无须制定例外规则或更多的规则。由于拟制的存在，因为诱人的妨害引诱儿童进入工场，他们被自动排除在闯入者之外。因此，所有人现在对这些孩子负有他对任何客人必须尽到的同样的注意义务。

这个原则延伸到了其他法律领域。在代理法中，委托人对代理人的行为承担责任，例如雇主和雇员之间的关系，依据源自拉丁语的格言"代理人的行为由委托人负责"，委托人通过他人做出的行为即为自己的行为。责任转移的观念无疑是以法律虚构的方式开始的。责任转移原则依据的观念是本人应被"视为过失地"雇用了粗心大意的员工。这种观念后来发展为公司作为法人只能通过代理人做出行为，由于几乎不可能区别公司法人和自己的员工，代理人的行为即为公司的行为。

法人是法律制度中通过拟制建立的另一个重要概念，基本的法律关系产生于人与人之间的关系，自然人是解释和衡量各种法人的晴雨表。法人是人的理论把法人作为独立的组织对待，就像类比为自然人。法律允许法人从事某些自然人的某些活动，它们可以签订合同，买卖土地，实施侵权行为，起诉和应诉，但没有其他的权利和责任，如法人不得担任公职，不得在选举中投票或者坐牢。尽管法人和血肉之躯的人之间有明显不同，但是有充分的相似点使法律把法人作为自然人对待。法律中使用的"人"这个词通常被理解为包括法人和自然人，只要这种解释符合法律的一般宗旨和意图。法人获得自然人的法律地位是法律中一个最为持久的制度，一个普遍接受的法律拟制。

二、拟人

19世纪的英国修辞学家理查德·维特利在《修辞学原理》中讨论隐喻的

---

① Lon Fuller, *Legal Fictions*, California：Stanford University Press, 1967：20.

拟人化时,写道:

  隐喻中,通过能感知的物体说明与智力有关的事物,通常最有助于创造我们正在谈论的文体的活力和生动,是最早熟悉思想的途径,并且通常使思想留下最深刻的印象。因此,我们提到"难以控制的愤怒""根深蒂固的偏见"……但是,最高程度的活力(亚里士多德首先限制这个术语)是由把生命和行为归属于无生命的物体的隐喻产生的。①

  拟人是法律中使用的非常有效的比喻。布朗森说:拟人打开了范围最广的概念视野,同时把它们与紧密熟悉的临近概念并置。它使陌生的东西变为习惯的事物,无生命的事物充满生机。就人类表达范围内的每一个方面而言,莎士比亚是最伟大的、最不知疲倦的大师,他作品的每一页都随时证明放荡牵着司法的鼻子走,时间……背负着一只湮没了善举的旅行袋。②

  法律拟人的典型莫过于正义女神。正义女神是一位蒙着双眼的女性,一手拿天平,一手持剑。前者传递公平的判断,后者指权力和保护。弗兰克福特的拟人在两个方面赋予正义生命。首先,正义有了头脑;其次,正义蒙着双眼。萨缪尔·巴特勒说:正义女神,虽被画成瞎眼,但总是倾向弱者。斯温伯恩说:她以慈悲的名义呼唤正义,为所有相同处境的人主张公正的同情。③

  在美国,拟人赋予宪法人的性格。1896 年,"美国宪法没有种族成见"这个拟人辞格在司法语篇中第一次被采用,之后,这个拟人虽然并不总是被人接受,但在数十个司法判决书中还是被引用。美国宪法没有种族成见,既没有见过也不容忍公民中的阶层制度。就公民权利而言,所有公民法律面前人人平等。地位最低下的人与最有权势的人都是平等的人。④

  无论宪法是完全没有种族成见、一定程度上没有种族成见或看不到任何种族,但它必须有生命,拥有这些特点中的任何一种。1920 年,大法官霍姆斯提交了密苏里诉荷兰案的最高法院判决书,写到了"生父"和"有机体"的产生:我们处理像美国宪法中此类构成行为的词汇时,必须认识到这些词汇以许多最有天赋的词汇生产者可能完全没有预见到的发展过程创造了生命。

---

  ① Richard Whately, *Elements of Rhetoric*, Carbondale: Southern Illinois University Press, 1963: 275.

  ② Bertrand Bronson, *Personification Reconsidered*, Journal of English Literary History (September 1947), 173.

  ③ 参见 Haig Bosmajian, *Metaphor and Reason in Judicial Opinions*, Illinois: Southern Illinois University Press, 1992: 170.

  ④ *Plessy v. Ferguson*, 163 U. S. 537, 554 (1996).

他们认识到或希望自己创造了有机体，这就足够了。他们用了一个世纪，而且继任者付出了血汗，创造了一个国家。我们面临的案件必须根据我们的全部经历，而不仅仅是过去一百年的体验来权衡。①

霍姆斯的这些语言暗示着一部"活的宪法"，而这个隐喻被法官采用。我们的宪法是活着的现实，不是保存在玻璃罩下的羊皮纸。② 这句话来自法官厄文·高德博格 1972 年在尚利案的判决书，他写道：我们时代重要的问题之一是我们的年轻人对政治过程不再着迷，脱离了政治参与。最重要的是，年轻人开始相信我们的宪法是活着的现实，不是保存在玻璃罩下的羊皮纸。③

法院不仅拟人化了正义和宪法，也把其他法律拟人化了。1872 年，大法官萨缪尔·米勒执笔的联邦最高法院判决书中出现了一个法律中很有影响的拟人：法律不认识异端，致力于不支持任何教义，不建立任何教派。④

康涅狄格州最高法院法官帕斯凯拟人化了正义，说它不"预测"，"我们的宪法是被蒙住双眼的"，司法判决有"子孙后代"。借助司法判决书中出现的这些拟人辞格，"死的"变"活"，模糊变得熟悉，抽象有了人性。正如莱可夫和约翰逊的解释，拟人使我们用人类的动机、特性和活动来理解大量的非人类实体的经历。

为正义、宪法和法律注入活力之后，法院又拟人化了自己的判决和司法标准，于是判决"生产"判决，判决有"子孙后代"⑤，"从'现实危险'标准中产生了其他后代"。⑥ 判决中某一个拟人被人接受，变得流行，都不可避免地影响了法院的逻辑推理和判决过程。第一修正案需要生存的"呼吸空间"，认识这一点使法官明白这种抽象概念绝不是无生命的内容。通过拟人化，无生命的、抽象的第一修正案成为一个生命体，带来了窒息、生存、生与死的感知。通过拟人，"玻璃罩下的羊皮纸"，无论是第一修正案或是宪法，具有了人的特性，需要细心呵护，因为后来的法官要解决普通人的普遍问题。

---

① *Missouri v. Holand*, 252 U. S. 416, 433 (1920).
② *Hazelwood School Dist. v. Kuhlmeier*, 484 U. S. 260, 290 (1988).
③ *Shanley v. Northeast Ind. School Dist.*, 426 F. 2d 960, 972 (1972).
④ *Watson v. Arkansas*, 13 wall 679, 728 (1872).
⑤ *Shanley v. Northeast Ind. School Dist.*, 426 F. 2d 960, 967 - 968 (1972).
⑥ *Brandenburg v. Ohio*, 395 U. S. 444, 453 (1968); *Texas v. Johnson*, 109 S. Ct. 2533, 2540 (1989).

三、转　喻

很多学者讨论过转喻的重要性和作用，特别是政治语篇中的转喻。默里·埃德尔曼认识到了隐喻和转喻的用途：借助隐喻、转喻和句法，语言学的所指唤醒了人们思想中神秘的认知结构。这也许并不令人吃惊，因为通过关注事物的某一部分，或者用熟悉的事物与它们作比较，我们自然而然地解释了模糊的情况。① 肯尼斯·博格认为转喻是他的"四大比喻"之一。他认为转喻基本的策略是这样：用物质的或有形的事物来表达非物质的和无形的事物，例如，讨论"心情"而不是"感情"。当然，如果你研究语言足够深入，你会发现我们有关"精神"状态的术语在起源上都是转喻的。② 莱可夫和约翰逊对隐喻和转喻作了区分，指出：隐喻和转喻是不同的过程。一方面，隐喻主要是用一种事物来体验另一种事物，主要的用途是理解。另一方面，转喻主要是所指功能，它使我们用本体来代表喻体。但是，转喻不只是所指的工具，也有帮助理解的用途。③

虽然隐喻和转喻有所不同，但莱可夫和约翰逊认为：像隐喻一样，转喻的概念不仅构建语言，而且构建思想、态度和行为。并且，像隐喻的概念一样，转喻概念源于我们的经验。实际上，转喻概念的基础一般比隐喻概念更明显，因为它经常与直接的物质或因果联系有关联。④ 因此，认知语言学认为，转喻不仅是语言现象，而且是人们普遍的思维和行为方式，头脑中的概念和概念结构本质上具有转喻的性质。用转喻比用"普通的词语"和字面意义的语言更能表达有影响力的思想。⑤ 例如，称呼一个暴君为尼禄，一个诗人是荷马，一个哲学家为伊萨克·牛顿爵士，都有同样的效果。

美国法院判决中，引用最多、影响最大的转喻来自1969年最高法院判决的丁克案。15岁的约翰·丁克、16岁的克里斯托弗·埃克哈特、13岁的玛

---

① Murray Edelman, *Political Language*, New York: Academic Press, 1977: 16.
② Kenneth Burke, *A Grammar of Motives and a Rhetoric of Motives*, Berkeley and Los Angeles: Universityof California Press, 1963: 506.
③ George Lakoff and Mark Johnson, *Metaphors We Live by*, Chicago: The University of Chicago Press, 1981: 36.
④ 同上，第39页。
⑤ Joseph Priestly, *A Course of Lectures on Oratory and Criticism*, Cambridge: Cambridge University Press., 2013: 231-232.

丽·贝丝·丁克和许多其他初中生和高中生一起，带着黑色臂章到学校表达他们反对美国对越南发动的战争，特别是美国军队的轰炸。校方告诉学生在同意不佩戴臂章之前不要回到学校，暂停了他们的学业。1965年12月，学生们到联邦地区法院提起诉讼，法院判决他们败诉①，但第八巡回上诉法院反对和支持判决的法官人数相等。② 案子上诉到最高法院时，大法官福特斯用比喻的叙述方式提出了一个有广泛影响的观点，学生和老师在"校门口"没有"失去"他们的权利。

在断言老师和学生在"校门口"没有"失去"言论自由和表达自由的权利时③，福特斯用两个非字面意义的说法来表述观点。宪法权利作为抽象化的概念，从字面上不可能消除，福特斯显然无意让人们从字面意义来理解"校门口"，因为当时的美国学校几乎都没有校门，并且很少有称为"校舍"的。福特斯使用了英语中动词"shed"的"使……脱落，失去"含义，这个词义通常适用于树叶、皮肤、毛发等，属于转喻的使用方式。"失去"某人的权利创造了不同于"放弃"或"去除"某人权利的意象，带有视觉意义，"放弃"或"丢失"则没有。

福特斯修辞句子的另一层面是他使用了校舍。事实上，就该案发生的时间来讲，它尤其是个修辞的用法，因为丁克案中有关学生学习的学校是初中或高中，不是小学。《韦伯斯特新国际词典（第三版）》对校舍的解释是：学校，尤其是小学使用的建筑物（红色的小校舍）。校舍有怀旧的意思，特别是它与大门一起使用时。当时，美国没有几所学校还有大门，尤其是初中和高中。当他宣布了学生和老师去学校时没有放弃宪法权利，用转喻把过程视觉化，构建了正在失去的东西。

福斯特的措辞决定了后来这个观点和意见被引用的频率，后来的许多司法判决都引用这个转喻。福特斯原本可以说"学生和老师去学校时没有放弃言论和表达的权利"，或者"学生和老师到学校时，他们保留了言论和表达的权利"。但是，这种语言表达就不会有他的转喻那么强大的影响力。

在起草丁克案的最高法院判决意见书时，福特斯还借助了其他几个比喻来支持法院的判决。例如，他认为：在我们的制度中，公立学校不会是专制

---

① *Tinker v. Des Moines School Dist.*, 258 F. Supp. 971 (1966).
② *Tinker v. Des Moines School Dist.*, 383 F. 2d 988 (1967).
③ 原句是 "either students or teachers shed their constitutional rights to freedom of speech or expression at the school gate."

主义的飞地；在我们的制度中学生不会被视为国家选择的传播内容的封闭接收人。① 几行之后，福特斯引用凯西安案中大法官卜睿南的修辞语言：教室尤其是"思想的市场"。国家的未来取决于这样的领导人——他们经过思想激烈交火的锻炼，经众人之口而不是任何官方的挑选发现真理。②

司法文本中的转喻层出不穷，有很多出现之后就不再使用，但有一些转喻，如大法官霍姆斯的格言"一页历史值满卷逻辑"，西弗吉尼亚州教育委员会诉巴内特案中的"宪法星座的恒星"③，转喻式的"众人之口"和"在校门口""失去"某人的权利也在对抽象概念的概念化过程中影响巨大。像有些司法隐喻一样，司法转喻已经成为法律论证中引用的"原则"和"标准"。

第三节 法律隐喻的功能类型

虽然法律隐喻早已成为法律论证依赖的原则、标准和规则，但很少有法官和法律学者关注过法院判决书中隐喻的种类、功能和意义，这正如波斯纳所言：法律修辞的题材即丰富又相对贫乏。④ 但从20世纪末开始，随着美国法律人对法律隐喻的研究不断扩展，认识不断深入，隐喻作为一种法律论证和解释的策略，开始获得法律界的肯定。⑤ 米歇尔·史密斯认为，英美法系的任何法律论证都由四个基本构成要素构成：（1）适用于争议问题的法律原则；（2）应用于原则适用的分析工具；（3）辩护人提出论点的写作文体；（4）语言本身的特点。与此一致，在说服性法律文本中就有四种隐喻：

---

① 原句是：The classroom is peculiarly the "marketplace of ideas". The nation's future depends upon leaders trained through wide exposure to that robust exchange of ideas which discovers truth out of a multitude of tongues rather than through any kind of authoritative selection.

② "众人之口（multitude of tongues）"是1943年由法官雷尼德·汉德在美国诉美联社一案中使用的一个转喻，"新闻行业的利害关系是决定性的，但这种决定性既不是独占的，甚至也不是主要的；因为那个行业满足所有普通利益中最重要的利益之一：传播来源尽可能多、角度和观点尽可能多的新闻。那种利益非常近似于（如果实际上不同的话）第一修正案保护的利益；它预先假定正确的结论更可能从众人口中获得，而不是任何权威挑选而来。这在许多时候，而且将总是一句傻话；但我们已经用我们的身家性命为此作保。"参见 United States v. Associated Press, 52 F. 362, 372 (1943). 后来的很多案件都使用这个转喻。

③ West Virginia State Bd. of Ed. V. Barnette, 319 U. S. 624, 642 (1943).

④ Richard Posner, Law and Literature, Mass.: University of Cambridge Press, 1988: 296.

⑤ Michael R. Smith, Levels of Metaphor in Persuasive Legal Writing, 58 Mercer L. Rev. 919, 921 (2007).

(1) 法律原则隐喻；(2) 法律方法隐喻；(3) 法律文体隐喻；(4) 法律语言的内在隐喻。①

一、法律原则隐喻

法律原则隐喻是指对争议问题进行分析时以隐喻形式表述的许多法律原则。它们暗含在众多现有的"法律和隐喻"的文献中。事实上，法律中充斥着隐喻建构物，例如，第一修正案的"思想市场"原则、政教分离的"分离之墙"原则、宪法的"过宽"原则、宪法的"寒蝉效应"原则、公司作为"法人"、"母公司"与"子公司"的关系、"揭开公司面纱"、刑法和证据法的"毒树之果"原则、"属人管辖法"的"长臂"管辖原则。显然，法律原则隐喻是法律语篇中存在的最有影响也可能最危险的隐喻。

隐喻具有"为无名物命名"的能力，即用具体的术语表述抽象性②，这是隐喻在法律中非常流行的原因之一。在许多情形中，法律的实体权利不是用字面意义上的术语来表达、分析和讨论，而是用修辞的、象征性的和隐喻式的术语。隐喻式语言对说明或表述抽象的法律概念非常有用。

英美法系充满了这类法律的隐喻式解释，例如，禁止反言是"盾，不是剑"；法官担心他们的判决对商业活动会有"抑制效应"或打开诉讼的"泄洪闸"；有些观点只是"边风"，而其他则是法律的"基础"；为方便对言论自由的分析，社会是"思想的市场"。这些修辞手段不仅是司法判决书的装饰物，而且是用各自的说服力保持和加强了法律正当性的修辞工具。

加拿大爱德华兹案和雷金纳德·伍明顿案就是此类使用法律原则隐喻的经典案例。

爱德华兹案也被称为"人案"，是一个从加拿大最高法院上诉到英国枢密院的案子，也是第一波女权主义运动的标志性案件。上诉人认为1867年《不列颠北美法案》（当时的加拿大宪法）第24条应被解释来允许妇女担任参议员公职。但是，加拿大最高法院之前已经用排他性的方式限制了该条的解释，裁定第24条的制定者无意把妇女包括在能担任参议员的"人"之中。英国枢密院认同这可能是制定者的意图。但是，英国法院也评论：习俗容易发展为传统，而传统比法律影响大，在它们存在的理由消失很久之后依旧不

---

① Michael R. Smith, *Levels of Metaphor in Persuasive Legal Writing*, 58 Mercer L. Rev. 919, 921 (2007).

② Aristotle, *The Rhetoric of Aristotle*, Lane Cooper trans., Appleton Century Crofts, 1932: 188.

容质疑。据此,枢密院法官认为加拿大法律应适应不断变化的社会价值观,妇女应能够担任参议员。在得出这个结论时,法院令人惊讶地宣布:英国北美法案在加拿大种下了一个常青之树,在自然的范围之内能生长和长大。①

这个判决既有争议又很大胆。但是,宪法是"常青之树"这个隐喻使法院可以实现许多重要的说服效果。首先,它把一个关于复杂而抽象的成文法解释规则的讨论简化为简单而普通的"树"的意象,每个人都能理解一棵树和它的自然特点。其次,法院借用了常识,如果宪法是常青之树,它自然就要生长和变化。最后,法院形成了未来解释加拿大宪法的设想。作为本质上涉及发展和变化的法律文件,隐喻暗示应当允许对宪法的司法解释发生变化。"常青之树"的隐喻包括生成方面,也就是说,隐喻自身提出和欢迎未来对它所体现的解释意象的意义进行思考。但是,由于隐喻概念模糊的限制,宪法是"常青之树"的准确意义是什么,这种辩论仍会继续。

雷金纳德·伍明顿案于1935年判决,确立了被告在用排除合理疑问原则被证明有罪之前应当推定无罪,这是刑法的"金线"②,这是无罪推定原则在英联邦国家中首次出现。然而,该案判决时,对该原则的陈述一点都不清楚。相反,许多人坚持这个观点:一旦刑事法院证明死者丧命于被告之手,被告有责任反驳他有杀人意图的假设。审判时,上议院审查了英国刑法之后,推翻了初审法官的判决,提出了一项新的重要原则:

在英国刑法体系中一直能看到一根金线,即证明监禁者有罪是控方的责任……在整个案件过程中,如果控方或监禁者提供的证据造成了合理疑问,如被羁押人是否出于恶意杀死了被害人,控方没能证明其有罪,被羁押人应无罪释放。③

一旦这个隐喻被接受了,它就自然产生了一个普遍的意识,结论是必须保护这根简单的金线,并且对它的重视程度要超过刑法的所有其他原则。此外,这个隐喻引用美丽和珍贵的金属,唤起了读者的审美和情感意识,期待认真对待这个重要的原则。事实上,这正是判决的效果。后来的刑法理论吸收和重述了这个隐喻,即使在现代的加拿大法律中,也没有任何一个原则像这个隐喻一样受到如此重视:刑事法院必须用排除合理疑问原则证明被告有罪。"金线"的隐喻有效终结了其他各种解释,这个意象不只是提出了无罪

---

① *Edwards*, A. C. 124 (P. C.), 136.
② Benjamin L. Berger, *Trial by Metaphor: Rhetoric, Innovation, and the Juridical Text*, 39 Court Review 30 (2002).
③ 同上,第481页。

推定原则的适用范围和指导思想，也给解释和具体描述概念制定了一个方法。

二、法律方法隐喻

法律方法隐喻是指用隐喻式术语表述法律分析方法。换言之，许多法律争议中用来推理的分析工具都是隐喻的建构物。例如，如果一个抽象的规则可以分解为"不同部分"或"不同要素"，然后单独分析，这就是法律方法隐喻。

实践中，律师经常不加思考地使用这类法律方法隐喻，因为对所有的法律辩护人而言，这些隐喻式方法具有的说服力在分析各个领域的法律争议中非常重要。法律方法隐喻的实例包括对各种因素、要素和各种衡量标准的参照。可以用一个精巧的例子来证明这种隐喻的作用[①]：

假定的事实模式：林肯的虚构状态中，被告在横跨公路的桥上用绳子悬挂着一块砖。一辆卡车碰到砖，挡风玻璃碎了，卡车司机和乘客受了伤。被告因违反林肯法第123条第1款而被逮捕。该款规定如下：

任何人在使用中的交通工具上、交通工具里面或向交通工具（包括任何汽车、卡车或公交车，或任何使用中的火车、缆车、电车或单轨电车，或任何使用中的船、舰、艇或停泊或往返于本国水域的驳船或飞越本国空域的任何飞行器）轻率地或恶意地抛、投、掷任何可能造成死亡或严重身体伤害的石块或其他坚硬物体的，应被处以二级重罪。

被告的策略：要素标准的隐喻。被告的律师采用对自己当事人有利的法律方法隐喻时，可能认为第123条第1款的语言被分解为"不同部分"或"不同因素"，都必须由政府制定。根据被告律师的观点，这类要素之一是争议的物体必须是"被抛、投、掷"。在这个案件中，被告没有向受害人的卡车抛、投、掷砖块，确切地说，只是放在了卡车行进的路上。因此，律师可能认为，法院无法确定该法的基本"要素"，因此，被告的行为不属于该法规定的情形。

控诉人的策略："从宽解释"和"规则精神"隐喻。控方律师可能用有利于自己的两个法律方法隐喻辩论：该法中的"投"应当被从宽解释，第123条第1款的精神决定了被告的行为属于该法规定的情形。

[①] Michael R. Smith, *Levels of Metaphor in Persuasive Legal Writing*, 58 Mercer L. Rev. 919, 930 (2007).

首先，控方可能认为"投"应当从宽解释，包括把物体投掷到卡车行进的道路的行为。虽然"投"最普通的意义是"扔或抛"，它也可能指"使突出"。因此，对这个词语从宽解释就包括被告把物体放置到行驶中的卡车通行道路中这类行为。

其次，控方可能认为从宽解释与第 123 条第 1 款的精神一致。该法的语言清楚表明它适用于保护使用中的运输工具。在这一点，控方可能指出该法保护的物体是能够运动的（汽车、卡车、公交车、火车、船舶和飞机），而且只有这类物体在使用中时才适用该法。控方也可能指出坚硬物体与使用中的运输工具发生接触有两种方式：（1）某人可能向目标扔或掷某物；或（2）某人在移动目标的通道上放置了某物。因此，控方可能认为被告的行为确实属于第 123 条第 1 款所指的类型，从宽解释"投"与该法精神一致。

按照他的观点，律师一直在用这种方法进行辩护，但是，他们自己或许不理解这种策略实际就是隐喻策略。如果法律人在论证某个规则应具备的要素，或规则应当从宽解释，或规则的某种解释应与规则精神一致时，这是对规则施加隐喻建构物。但是，法律方法隐喻不可能对律师处理案件的方法有实际影响，其目的在于提高律师对法律辩护中隐喻重要性的理解。

三、法律文体隐喻

法律文体隐喻是指法律文本写作中使用的隐喻。前两类法律隐喻影响辩护人说什么，第三类法律隐喻涉及"怎么说"。辩护人撰写案件摘要或其他说服性法律文件时，考虑使用什么样的隐喻并不意味着这些隐喻只是装饰物或点缀品，或它们缺乏正当的修辞影响。相反，如果这些隐喻使用得当，在法律辩论中就会非常有影响。文体式隐喻可以进一步分为两种类型："隐喻主题"和"特定要点的文体隐喻"。

1. 隐喻主题

隐喻主题是指法律论证中几个要点的讨论围绕一个本质上是隐喻的主题展开的说服性文体写作策略。换言之，主题是反复出现或展开的隐喻，它成为法律论证中隐藏在一系列不同观点后的主题。查尔斯·司勒罗斯在他的法律写作教科书中简要说明了隐喻式主题的一个例子，一个律师在简易判决的动议中用隐喻"无法无天的边疆"来表达主题：

简易判决动议质疑了解释集体议价协议的仲裁裁决，重审法院将对该裁决给予充分的尊重。因此，案情摘要的作者有责任证明，即使这种重审中的尊重对仲裁员的解释施加了有意义的限制条件，但是仲裁员已经超越了作为法律问题的这些限制。在摘要中，作者用对法律和事实的合理分析和传统的政策论据论证了这些要点。但是，摘要的作者也想制造一种情绪，而且案件本身诱使作者影射无法无天的西部荒野中不受制约的边疆正义。为引入这个主题，论证的第一句话暗示了如果对仲裁员的自由裁量不加约束，将使劳工关系和西部荒野的某些边疆居民点一样混乱、目无法纪，而在无法无天的边疆，仲裁员可以任意实施自己的"工业正义"。

在这个简易判决的动议中，辩护人的主题是防止叛乱的原则和仲裁员任意和桀骜不驯地行事的看法。虽然辩护人本可以用字面意义的语言来展示这个主题，但他选择把它与"无法无天的边疆"隐喻概念联系起来。这样的隐喻主题不仅具有表现主题的核心意义和统一辩护人论点的各种好处，而且还具有精心雕琢的隐喻创造的优点。

2. 特定要点的文体隐喻

特定要点的文体隐喻是法律写作者在论证中表达单一、具体的要点时使用的文体隐喻，是法律写作中最普通的文体隐喻形式，是一种说服性策略的隐喻。

特定要点的文体隐喻有多种形式。最精巧的形式需要法律写作者通过使用很长的隐喻式类推来表达论证的特定要点，这个过长的隐喻式类推能延续几个句子或甚至几个段落。请看下例：

隐喻可以很好地证明不同类型的证据有区别，不能用来证明一个主张，这个主张反对坚持引证足够的证据来证明。马里兰州上诉法院的格棱·哈雷尔法官在自己的意见中表达一个具体要点："无关"证据和"不充分"证据之间的不同。为表达这一点，哈雷尔法官利用了有关混合在一起的马和船的拼图的隐喻式类比。假定两幅拼图玩具，一幅是马，另一幅是船，被粗心地混在了一起。进一步假设法官只关心把马拼起来。通过提出一个有相关性的论点，反对者事实上主张拼图制作者在用船的一片来拼马的拼图，而船的这一片不能用于此处。另外，证据论点的充分性有力地说明，尽管拼图人已经只用了马的拼图部件来组装马的拼图，但图没有完成。

还有一种特定要点的文体隐喻是单个词语构成的文体隐喻，作者用单个的隐喻式词语来努力表达自己的观点。美国司法判决书中这类实例很多，例如：犯罪行为的发生是由于犯罪行为人对受害人的种族、肤色、宗教或国籍的仇恨，具有通过报复性的犯罪和引起社会不安来激起更严重暴力行为的明显可能性。

在这类例子中，作者尽力通过插入一个隐喻式词语使自己的表达更有力。这是文体隐喻最基本的形式。此外，作者有时会通过把隐喻式语言组合或充分融入一个句子或一组相关句子中来表达某一个具体观点，它们介于冗长的隐喻式类比和单个隐喻式词语之间，构成文体式隐喻句子。例如：

（1）共谋……是现代公诉人温床的宠儿。

（2）除更为详细的正式协议使交易圆满完成之外，初步协定的双方当事人不可规定他们无意受此约束。结婚之前允许拥抱是商业特点。

（3）每一个不公正的惯例都是鸟笼的栅栏，虽然没有任何一个栅栏能阻止鸟逃脱，但编织在一起的许多栅栏形成非常牢固的囚笼。

在所有这些例子中，作者通过把隐喻式语言与句子中语言的字面意义结合在一起来表达自己的各种观点。这类隐喻式句子就能使许多人听到作为文体式策略隐喻的使用时联想到的内容。

与特定要点的文体式隐喻有关的是扩展的文体隐喻。扩展的文体隐喻是作者借助相关隐喻的所指来扩展最初的文体隐喻。美国第五巡回法院审理的尚雷诉印第安纳东北学区案中使用了扩展的文体隐喻。该案中，法院认为根据第一修正案，校董事会无权阻止学生在学校附近散发地下报纸。法院必须对校董事会维持学校纪律政策的权利与学生第一修正案的言论自由权利做出平衡，依靠最高法院之前的一个案件，丁克诉德斯茅艾尼斯独立社区学区案确立了平衡宪法权利和学校管理人员权利与责任的指导方针。

高德博格法官起草了该案的多数法官判决意见，把丁克案比作大坝：

……丁克案防止学校董事会专制主义的大坝没有使学校纪律的田野干涸。本院与校董事会继续维持其合理的纪律命令。丁克案只浇灌，而不是大水淹了学校纪律的田野。它设置运河和水道，借助这些，学校纪律或许流动，对这个国家第一修正案宝贵的耕作土地造成最小程度的破坏。

在这段摘录中，高德博格法官最初的大坝隐喻被扩展为几个相关的隐喻："灌溉""淹没""学校纪律的田野""运河和水道"以及"第一修正案的耕作土地"。高德博格法官没有仅仅用一个隐喻式的比较，而是用了几个，都围绕一个主题：农业灌溉。

法官在审判中，通过自己创造恰当的隐喻或借用以前其他人创造的隐喻，达到文体隐喻的效果。但是，如果创造原创性的隐喻而不是借用现有的隐喻式语言，更能产生许多修辞好处。作者雕琢原创性的隐喻时，他可以从以前讨论的与隐喻主题相关的隐喻修辞功能中受益匪浅。

四、法律的内在隐喻

近年来,认知心理学、语言学和哲学领域的研究都证明隐喻对人们理解和影响世界的方式至关重要,这些研究揭示隐喻绝不仅仅是有说服力和创造性的作者偶然使用的修辞工具,而是人类语言自然而然的、内在的组成部分。像所有语言一样,法律语言天生就具有自然语言的特点,因而也有普通隐喻的各种范畴。例如,法律中,空间隐喻有"最高法院""高等法院""下级法院";颜色隐喻有公司法中的"白色骑士""白领犯罪""黑钱";英国历史上的"财政黑皮书""黑色法典";对敌贸易法中的"黑名单""黑暗之袋"工作①;动物隐喻有"红鲱鱼招股说明书""黄狗合同"。这类隐喻来源于语言的隐喻性特点,数量庞大,种类很多,而且不断出现。国内外的研究成果不少,此处不再赘述。

---

① 薛波:《元照英美法词典》,法律出版社 2003 年版,第 155 页。美国的"黑暗之袋"工作指美国联邦调查局以国家安全的名义,在无搜查证的情况下进行的秘密调查活动。

第三章

法律隐喻的内在说服特性

修辞的说服特点从古希腊—罗马时代就吸引了人们的研究兴趣,现在,它依然是所有人类交往中一个具有重要意义的主题。本章在探究修辞说服功能理论源流的基础上,阐述法律修辞说服的主要特征,指出法律话语中,尤其是司法话语中隐喻如何以隐性方式实现劝说法律话语内部人和外部人的目的。

第一节 法律论证的说服理论源流

古雅典时代的修辞学家高尔吉亚为辩论中说服的重要意义进行论证,认为说服性演讲赋予人民自由,能够为被说服的人带来规则。[①] 亚里士多德认为,如果演讲人能唤醒人们的各种情感,就能说服并赢得观众。[②] 这实际在暗示说服是一个动态的互动过程,这个观点在现代修辞学中变得清晰明了。事实上,亚里士多德提出的吸引观众的三个经典说服方式,即人品诉求、情感诉求和理性诉求,就意味着一个鲜活的、有思想的观众,演讲者需要永远把握他们的反应。但是,古典修辞学中,演讲人与听众之间的关系被简单化为操控、对立、单向沟通。[③]

[①] Plato, *Gorgias*, James. H. Nichols, Jr. trans., Ithaca, N.Y.: Cornell University Press, 1998: 452. 也可参见 Bryan Garsten, *Saving Persuasion: A Defense of Rhetoric and Judgment*, Massachusetts: Harvard University Press, 2009: 2.

[②] Helena Halmari and Tuija Virtanen ed., *Persuasion Across Genres: A linguistic approach*, Amsterdam/Philadelphia: John Benjamins Publishing Company, 2005: 7.

[③] Andrea A. Lunsford & Lisa S. Ede, *On distinctions between classical and modern rhetoric*, R. J. Connors, L. S. Ede & A. A. Lunsford ed., *Essays on Classical Rhetoric and Modern Discourse*, Carbondale and Edwardsville: Southern Illinois University Press, 1984: 37-49.

自苏格拉底以来，西方学者一直批评修辞学，但这并没有把修辞学研究从教育的中心位置上赶下来。16世纪、17世纪以来，关于修辞重要性的观点再次受到了批判。

这个时期对古典修辞学的批判主要有三种观点。第一种观点是早期对修辞学说服功能研究的批判意见坚持要求公民把个人的判断能力让渡给国家公共权力。这种观点源自霍布斯，他认为演说家极尽鼓噪之能事，用修辞把民众划分为派系，并怂恿公民相信个人判断或良心比统治者更有权威性，从而撒下不和与内战的种子。因此，他认为公民应当远离普通政治观点的判断，创建一个国家来对他们的争议问题进行评判。①

第二种观点重视如何说服公民放弃自己个人的判断方式。在这一点上，霍布斯用热情，卢梭用怜悯和爱国主义，康德用理性的公共理念这样的修辞反对其他政治修辞，旨在创造一个比政治观点更深刻、更严肃而又普遍一致的起源。他们认为必须说服人们做出一个二阶判断，以公共主权的观点来取代他们的一阶判断。人们必须以未来论辩不会推翻这些观念为基础而达成一致意见，这些基础要比任何一个普遍一致的具体政治观点都更重要。他们用修辞反对修辞，旨在创造一个统一的起源，这种起源一旦被接受，人们就不能用说服性的论证来否认。②

这种用修辞反对修辞的方式至少存在三种截然不同的形式，每一种形式都以不同的方式出现，尽最大可能减少说服策略的影响。在霍布斯的理论中，人们发现了代表制度的修辞，目的是通过说服民众认可并且接受统治者的行为来隐藏公民对主权的服从。卢梭的怜悯和爱国主义观点让人们感受到一种预言性的民族主义的修辞，试图向公民灌输一种对自己同胞的宗教般的同情和认同。康德的公共理性修辞要求人们服从哲学家和学者，认为他们最接近公民自身还没有获得的启示。不难理解，这三种修辞反对修辞的方式根源都在于根本不信任普通民众的判断能力，都意图尽量减少政治游说的空间，并以不同的方式试图模糊使用修辞时实现的统治职能。③

第三种观点比较温和，主题是关于所谓的审美化修辞。古典修辞艺术衰落

---

① Bryan Garsten, *Saving Persuasion: A defense of Rhetoric and Judgment*, Massachusetts: Harvard University Press, 2009: 10.
② 同上，第11页。
③ 同上，第12页。

的时期是现代美学诞生的时期，这似乎不是巧合。① 道德和政治领域的修辞和判断被取代，修辞学研究逐渐成为文学范畴而非政治范畴的特有现象。这一转变最终在中世纪的学校和学院得到巩固。这一演变的一个奇怪的后果是，政治上更多地关注修辞的观点经常被认为是把政治作为一个美学领域来对待的观点。但审美范畴的产生，在一定意义上是出于使修辞和判断远离道德和政治思想的冲动，其结果是从美学角度看待政治，通常意味着把人们对判断依据的深刻疑问输入到道德和政治领域。② 修辞审美化容易令人怀疑诉诸判断的理由，因此往往会破坏说服的实践行为。这是为了进一步推动霍布斯对修辞学的抨击，而不是抵制它。

令人困惑的是，霍布斯和柏拉图一样，都抨击修辞艺术，但又巧妙地运用它。在他的政治著作中，即使霍布斯在使用演说家和修辞家青睐的技巧时，也在批评演说家和修辞学家。《利维坦》中，这种张力最明显，他把隐喻与修辞艺术联系起来，并坚持认为它们应该从所有论证、讨论和全部真理的严格探索中完全排除。但事实上，霍布斯不仅用一个隐喻来做书名，而且书中充满了隐喻。他从详细阐述一个最高隐喻"国家是拟制人"入手，用许多亚隐喻论证了这个比喻。通过这些隐喻，国家的特定部门被比喻为拟制人的各种器官或官能：执法官员是关节，惩罚是神经系统，法律是各种目的或意愿等。每一个版本的《利维坦》都在扉页上描绘了一个国家的隐喻幻象。③

霍布斯的修辞与他的政治建构理论紧密相关，揭示了他意图避免最重要的政治争议问题，把政治建立在难以抵挡的共同利益的基础之上的理论。霍布斯并没有把隐喻和其他修辞作为表达、商谈公民问题的手段，相反，他用这样的手段来结束商谈。这样，他的建议就不仅仅是另一种意见，而是创建性和最终的观点。④ 他试图说服公民将自己的判断让渡给国家，同意在有争议的问题上服从国家的决定，而不是自己来做出判断。霍布斯似乎是第一个

---

① 伽达默尔在《真理和方法》中提出这个观点。参见 Hans-Georg Gadamer, *Truth and Method*, Joel Weinsheimer and Donald G. Marshall trans., rev. ed., New York: Continuum, 1989: 40.

② 关于修辞美学化的观点，可以参考 Steve Whitson and John Poulakos, *Nietzsche and the Aesthetics of Rhetoric*, Quarterly Journal of Speech 79 (1993): 131–145, James W. Hikins, *Nietzsche, Eristic, and the Rhetoric of the Possible: A Commentary on the Whitson and Poulakos' 'Aesthetic' View of Rhetoric*, Quarterly Journal of Speech 81 (1995): 353–377.

③ Bryan Garsten, *Saving Persuasion: A Defense of Rhetoric and Judgment*, Massachusetts: Harvard University Press, 2009: 25–26.

④ Leo Straus, *The Political Philosophy of Hobbes: Its Basis and Its Genesis*, Elsa M. Sinclair trans., Oxford: Clarendon Press, 1936: xiv–xv. Also see Bryan Garsten: 27.

用英语短语"公共理性"来解释一类截然不同观点的人：即使公民在个人事务中不接受，他们在公共事务中也应当接受"公共理性"是合法正当的。

在霍布斯的理论中，修辞成了避免争论而不是参与争论的一种手段。①霍布斯的政治思想显示了他对判断力和公开辩论的不信任，强调语言的不一致容易转变为战争的速度。正是这种不信任从根本上将他的修辞与西塞罗人文主义的修辞传统区别开来。

霍布斯修辞的新功能是尽量减少不确定性和争议。新修辞不是让公民面对同一个问题时从各个方面进行论辩，从而促进争论，而是通过将意志与科学的结论结合起来，从而促进确定性或协商一致，这些结论的定义是无争议的或无可辩驳的。他在运用传统修辞的技巧时抨击了修辞学的传统。霍布斯的新政治学试图终结修辞作为一种实践的争议。因此，他用修辞批判修辞。当他使用修辞传统的形式或技巧时，他把这些形式用于一个新用途，并提供了修辞的一个新功能。修辞的新功能是结束修辞的旧功能。

霍布斯比西塞罗更钦佩凯撒，因为凯撒承认行动胜于语言。霍布斯把判断力的让渡置于自己的"同意"概念的中心，目的是削弱判断力的吸引力，而判断是亚里士多德和西塞罗修辞的核心。西塞罗修辞传统的核心观点是政治要求公民借助于对方的实际判断能力。②

霍布斯认为，人类为取得和平并由此而保全自己的性命，因而创造了被称之为国家的拟制人，也制造了被称为民法的人造锁链，并通过相互订立的共同盟约把锁链的一端系于他们授予主权的议会或个人的嘴唇之上，另一端系于自己的耳朵上。③

卢梭认为：人生而平等，枷锁无处不在。这种变化是如何发生的？我不知道。什么能使它合法化？我相信我能回答这个问题。④卢梭向往把人类的

---

① 关于古典人文主义的修辞与争议之间的联系，参见 Thomas M. Conley, *Rhetoric in the European Tradition*, Chicago, Ill.: University of Chicago Press, 1990: 37, 132, 162, 176, 178, Thomas O. Sloane, *Donne, Milton, and the End of Humanist Rhetoric*, Berkeley, Calif.: University of California Press, 1985, 78-83. 对霍布斯的争议，参见 Harvey C. Mansfield, *Hobbes and the Science of Indirect Government*, American Political Science Review 65 (1971): 100. 亚里士多德认为人们建立政府是因为政治争议是自然产生的；对霍布斯来说，人们被迫同意建立政府以逃避政治争议的后果。

② Marjorie O'Rourke Boyle, *Introduction*, *Rhetoric and Reform: Erasmus' Civil Dispute with Luther*, Cambridge, Mass.: Harvard University Press, 1983, Hans-Georg Gadamer, *Truth and Method*, Joel Weinsheimer and Donald G. Marshall trans. and rev. ed., New York: Continuum Publishing, 1989: 19-21, 71-72, 189, 376, 485.

③ [英]霍布斯著，黎思复、黎廷弼译：《利维坦》，商务印书馆2017年版，第164页。

④ Montesquieu Rousseau, *Social Contract*, Encyclopedia Britannica, 1952, 1.1.

枷锁合法化，而不是让人类摆脱这些枷锁，所以他接受并强化了霍布斯对说服策略的抨击。由于立法者不能使用暴力或推理，他必须求助于另一种权力秩序，这可以在没有暴力的情况下赢得胜利，而且说服但并不信服。这种观点一直迫使国家创始人诉诸上帝的干预，并把他们自己的智慧归于诸神。但是，卢梭所号召的立法者"说服"不是回到古人的雄辩术，而是在现代政治世界中"取代雄辩术"，因为在这个世界，语言已被误用得无法再生，多数雄辩性的公共演讲转变为危险而又哗众取宠的派系斗争或令人痛苦的空洞的牧师布道。①

因此，对17世纪、18世纪的政治理论家来说，古典修辞往往美化"辩论性"或"竞赛性"政治模式的各种优点，但这些优点在资本主义自由社会已经黯然失色。近代以来，政治家和哲学家为压制说服策略和把个人判断的作用最小化而提出了各种理由。这些怀疑背后的真相是个人判断是一种不确定的、模棱两可的、容易出错的行为，易于操纵，容易陷入教条主义的自信或顺从的屈服。说服策略自身有可能很快陷入具有破坏性的争论。②

这种对怀旧式修辞观的警觉在西方社会也有悠久的历史。狄德罗、休谟和吉本的理论中，雄辩术和修辞只在动荡时期才出现，那些天才演说家能在各派暴民中引起愤怒或惊恐。③这种批判的全部后果可以从当代社会对修辞学的怀疑中看出端倪。当今世界，学校很少专门讲授说服艺术，即使讲授，更多时候是文学教授而不是政治学教授来完成。当代主流的理论和实践普遍认为修辞性演讲是政治上的破坏性力量，是对民主商议的威胁。政治理论家倾向于关注正当性的理性对话，而不是充满激情的修辞交流。虽然真正的政治家们并没有放弃劝说，但他们宁愿不承认自己的说服技艺，因为他们明白，当人们听到自己的观点被描述为"修辞"时，要么指责自己想操纵民意，要么被视为认识肤浅。

大多数人已经将言辞与哗众取宠和机会主义分裂政治的各种危险联系在一起。有人可能认为，霍布斯和他的追随者们把马提努斯关于修辞和骚乱之间相互关联的评论演化成了政治的基本指导规则：尽量减少修辞的机会。从霍布斯建议人们自己的判断源自国家，到当代的康德自由主义理论认为人们通常理性地作出决定，现代政治理论的一个核心目标是净化有争议的政治，

---

① Bryan Garsten, *Saving Persuasion: A Defense of Rhetoric and Judgment*, Massachusetts: Harvard University Press, 2009: 62.
② 同上，第14页。
③ 同上，第15页。

因为这些有争议的政治激起了马提努斯所谓的"分裂国家"的雄辩术和骚乱,反过来这些雄辩术和骚乱又引发了政治争议。①

但是,修辞学的捍卫者常常援引一个乌托邦式的过去,博学雄辩的政治家仅通过他们的言辞就能进行卓有成效的领导。② 古典和文艺复兴时期的修辞传统,以西塞罗为中心,把雄辩作为阐明争论双方最佳论点的一种手段。修辞的功能是促进争论,修辞学家们教授学生如何从争论问题的任何一方面进行辩论。如果一位成功的演说家想像西塞罗那样展示自己的修辞技巧,要先从某一方面进行辩论,然后从另一方面进行。从两方面对同一个问题进行辩论,这是因为政治道德评价中的语言本质上具有不确定性,例如,好和正义。③ 修辞是参与公众讨论的一种方式,只考虑什么有争议或不确定。

现代修辞学把政治演说家与听众的关系看作"对话"关系,修辞学一直承认观众对说服性交流的重要意义。佩雷尔曼认为说服属于论证的一种更普通的观念:……论证……涵盖了旨在说服和令人深信的全部话语,无论观众是谁,主题是什么。他从理论上总结了观众类型:公共广场上的人群或专家的聚会、一个单一的个体或全人类。④

但是,有人批判说服的这种互动、对话或辩论的特点,认为始终存在单个或多个观众的感觉使文本的说服任务变得复杂化。根据语言学者尤柯尔的观点,说服性言语行为理论中的说服是一种言语表达效果,说服的定义中必须有观众的存在。然而,观众的反应(因为经常是未知的)不能作为文本是否具有说服性的解释要件。所以,尤柯尔建议,如果文本的说服意图能被认为是理所当然的,那么文本应该被确定为具有说服力。⑤ 但是,选择任何特定的使文本具有说服性的语言策略明显或多或少受到说服互动、动态的特点的影响。说服者根据单个或多个观众有时非常明显、有时要评估和推断的各

---

① Bryan Garsten, *Saving Persuasion: A Defense of Rhetoric and Judgment*, Massachusetts: Harvard University Press, 2009: 16.

② 同上,第29页。

③ Quentin Skinner, *The Study of Rhetoric as an Approach to Cultural History: The Case of Hobbes*, Willem Melching and Wyger ed., *Main Trends in Cultural History: Ten Essays*, Amsterdam: Rodopi, 1994: 17–53.

④ Chaim Perelman, *Formal Logic and Informal Logic in Metaphysics to Rhetoric*, edited by Michel Meyer. Boston: Kluwer Academic Publishers, 1989: 5.

⑤ Helena Halmari and Tuija Virtanen ed., *Persuasion Across Genres: A Linguistic Approach*, Amsterdam/Philadelphia: John Benjamins Publishing Company, 2005: 7.

种反应，监测和评价自己的语言选择，意图对他们产生影响。因此，说服的互动性特别强调双方当事人的说服性语言模式以互动方式，通过对方的参与相互影响。

认知科学的发展揭示，修辞性说服策略是人们借助理性和激情，有时甚至是用偏见来改变彼此的思想，这种思想是一种值得捍卫的政治模式。政治家们不仅试图通过理性，而且也借助于激情，有时甚至是偏见，来改变彼此的思想。人们应该说服别人，因为说服要求人们关注自己的同胞，并对他们的观点和判断表现出一定的尊重。劝说的想法要求人们与其他人进行接触，借此开始辩论，而不是简单地断言如果他们更理性，就会采纳自己的意见。这种行动方式能与最近的许多商谈理论中所描述的那种论证方式形成对比，因为后者似乎对人们生活的特殊性不敏感，让他们感到与公众讨论的结果格格不入。①

一方面，在某种意义上，所有的语言使用都能被认为有说服力。这样解释说服的语言选择，其目的在于改变或者影响他人的行为，或者强化人们已经认同的现有信仰和行为，包括说服者的信仰和行为。

另一方面，如果说服是一种技术规则，那么它是一种非常迂回的技术，常常会削弱自己的影响。英文词源上，"说服"与"温文尔雅"和"甜蜜"来自相同的词根。这提醒人们，民主的说服需要逐渐而巧妙地取得观众的好感。说服性交谈的目的在于通过了解听众的兴趣和提供他们渴望的东西，改变他们的看法。②

因此，说服行为似乎容易出现两种形式的不良影响。试图说服的过程中，民主政治家最终可能会操纵自己的听众，或者最终会迎合他们。这两种危险说明了说服作为一种行为的特点。说服时，人们想通过把自己的立场与他人现有的观点和情绪联系起来，从而改变他人的想法。但是，人们改变他人的想法就有操纵他人的危险，设法听从他人的现有意见就有迎合的危险。这两种缺陷来自说服本身的双重性质，一个性质是统治，另一个性质是追随。通过这种方式，说服更普遍地存在于民主国家中，要求公民管理国家，也接受管理。因此，说服是民主政治的特色行为之一。③

---

① Bryan Garsten, *Saving Persuasion: A Defense of Rhetoric and Judgment*, Massachusetts: Harvard University Press, 2009: 3.

②③ 同上，第2页。

第二节 法律修辞说服的认知理论

亚里士多德和西塞罗修辞的核心是政治要借助于公民的实际判断能力，而霍布斯试图说服公民将自己的判断让渡给国家，在有争议的问题上服从国家的决定，而不是自己来做出判断。因此，判断力是区别古典修辞和现代修辞的核心因素。

判断力是以某种方式利用人类的感觉、信仰和情感对特定情境作出反应的心理活动，它们无法用任何方式简化为一条简单的规则。这种判断可以包括将新的信息整合到现有的思维模式中，调整这些模式以便为一个新的视角或两者都提供辩论的机会。判断力有几种：逻辑的、审美的、道德的、政治的等等。① 但是判断力与亚里士多德所说的实践智慧或实践，以及阿奎那所讨论的"谨慎"紧密相关，也与人们的常识有关。判断力强的人善于评估和应对困难、模棱两可的情况。他们有某种本能的敏感性和鉴别细微差别的能力，使他们以某种方式专注于事物之间合理的相似性和差异，注意到某一特定的情况类似于自己经验中的过去事物以及它们之间的不同之处。

亚里士多德解释修辞是在每个具体情况下发现可以利用的说服手段的能力②，这个修辞概念与当代认知科学有关联。认知科学研究发现，人们遇到新事物时，通过从记忆中调用那些最容易使用的信息，或者似乎最容易对比的信息，建构心理意象和框架，进行学习。学习过程中，人们将新信息分类，"分块输入"，嵌入到记忆的图式或知识结构中。一旦建立了这些记忆库，每当人们遇到新信息时，就会在记忆库中搜索，寻找那些帮助人们感知和解释当前信息的知识结构或范畴。③ 因此，人类的判断思维主要是比较过程：看到新现象时，人们通过把所遇到的现象与记忆中存在的知识结构联系起来，从而最终理解新现象。从这个意义来看，思维的关键环节是识别模式的能力和倾向，换句话说，就是建立联系。人们经常无意识地选择最匹配的范畴，

---

① Bryan Garsten, *Saving Persuasion: A Defense of Rhetoric and Judgment*, Massachusetts: Harvard University Press, 2009: 7-8.
② Linda L. Berger and Kathryn M. Stanchi, *Legal Persuasion: A Rhetorical Approach to the Science*, Abingdon, Oxon [UK]; New York: Routledge, 2017: 14.
③ 同上，第12页。

这种选择影响人们对新信息的看法：它"过滤"人们看到的现象，对事物进行"分类"，"设定"人们理解现象的方式，使理解与判断成为可能。

这种认知论假设人们凭本能的直觉思考过去发生的事情，对事物作出判断，建构有关生活和世界的故事细节和框架。随着年龄的增长，人们的框架变得更加微妙和复杂。因为输入刺激很少会完全适合一个已经存在的心理范畴，所以更高级的分类范畴变得必要。当人们认识到新信息与先前范畴不完全匹配时，就会尝试选择新的模式，通常会形成更多的抽象概念。

从修辞的认知角度来看，人类思维不是通过信息处理而发展，就像计算机模型显示的那样，而是人类思考者和世界之间更复杂的直接互动的递归方式。通过递归方式，每个思考者在范畴和个别实例之间反复对比、思考，思维的主要过程成为一种以外向对话为模式的内部论证形式。按照这种观点，思维遵循普罗泰戈拉的指引，每一个问题至少有两个相反的答案。① 对修辞学家来讲，这些修辞活动只能在个性化的语境中被理解。据此，重要的修辞行为可以看作是证明某种立场的正当性，对另一个立场进行批评。

用认知科学"人类思维主要是分类问题"的这种观点对修辞学进行深入研究，就会发现修辞学重视类推和分类的能力、区分和具体化的能力。如果人们要进行争论，这两种策略都很重要。一方面，认知社会心理学家建议，人们需要进行分类达到简化认知的目的；另一方面，修辞学认为，人们需要能够对认知对象进行区分和具体化，以实现对个别情境的复杂情况进行管理的目的。②

就修辞的说服性而言，严格意义上的说服是一种影响他人的方式，既不操纵也不迎合。要真正说服人们，就必须促使听众根据演讲人所说的观点改变自己的信仰和愿望。虽然人们被说服，但我们承认被说服和被灌输或被洗脑之间的区别，不同之处在于我们被说服时，保留了主动独立性。③

说话人试图就某件事说服听众时，如果通过利用和重组听众的思维模式和情感，借助他们的认知能力对自己所说的事物做出反应，就是在利用听众的判断能力。由于判断与评议紧密联系在一起，说服的做法也是如此。判断力源自并且利用了全部的情感、性情和隐性知识，因此，一个有说服力的说

---

① Linda L. Berger and Kathryn M. Stanchi, *Legal Persuasion：A Rhetorical Approach to the Science*, Abingdon, Oxon [UK]；New York：Routledge, 2017：14.

② Bryan Garsten, *Saving Persuasion：A Defense of Rhetoric and Judgment*, Massachusetts：Harvard University Press, 2009：14.

③ 同上，第7页。

话人往往借助于激情、意象以及理性进行判断。①

判断力是利用感知、激情和理性来决定在任何特定情况下想什么和做什么的能力,这是各种感官印象、理性记忆以某种方式结合在一起,多元观点进入一个活跃的头脑的能力。说话人使用各种意象、隐喻和明喻,就能激起被说服者的强烈感情,如愤怒、感激或嫉妒。这些吸引力并不总是被认为试图影响判断力,相反,它们是能让判断力发挥作用的合法手段。②

法律说服的场景是论证的语境。法律争议发生的范围,不仅包括"哪里",而且与"谁"和"什么时候"有关。因此,法律话语中谈论场景时,包括听众和时机。研究表明,法官与其他人一样,被许多影响因素左右。法官说服案件当事人时,如果他对许多潜在的态度和信念比较敏感,把当事人对理性、情感和价值观的诉求混合在一起,说服可能更有实效。③

在这个意义上,法官的说服是一种试图改变听众的想法或行为,或者强化听众已经普遍接受的信念的所有语言行为。法官的说服不容易辨认,因为有效的说服并不总是以明确的方式进行。④ 说服隐含在法律专业知识的表现形式和演绎的有效方法之中,明显存在于知识程式化的表达中。作为主导话语交际过程的法律专业人士在面对和试图说服当事人、公众支持或改变自己的观点或态度时,这类语言行为的主要目的显然是强化听众的思维,特别是改变二级听众,即非专业人士的信仰或思维。⑤

法官的交际目的一般是通过改变普通听众的信仰、价值观或态度来影响案件的判决。任何交际要具有说服力,有两个标准至关重要,就是意图和成功。一方面,如果从这个角度理解法律说服的体裁,它就是一种交际的基础设施,告诉人们说服性交际是有意图的。意图通常有一个明确的目标,在这个意义上,意图是必要,甚至可能是充分条件。⑥ 另一方面,法律交际话语必须获得成功才能具有说服力。法律话语中的说服预设了目标的存在。法律程序总是有一个目标,其直接效应是解决冲突。在更抽象的层次上,用亚里

---

① Bryan Garsten, *Saving Persuasion: A Defense of Rhetoric and Judgment*, Massachusetts: Harvard University Press, 2009: 9.
② 同上,第36页。
③ Linda L. Berger and Kathryn M. Stanchi, *Legal Persuasion: A Rhetorical Approach to the Science*, London and New York: Routledge, 2018: 22.
④ Helena Halmari and Tuija Virtanen ed., *Persuasion Across Genres: A Linguistic Approach*, Amsterdam/Philadelphia: John Benjamins Publishing Company, 2005: 61.
⑤ 同上,第60~61页。
⑥ Daniel J. O'Keefe, *Persuasion: Theory and Research*, Newbury Park, CA: Sage, 1990: 15.

士多德的术语讲,目的是发现这种案件中法律规定什么是正确的,什么是错误的。

法律话语中的说服都与听众有关。说服目标的身份和特点可以影响和改变说服信息的过程和内容。在法律领域,这个问题因为潜在的听众成员的范围和多样化而变得复杂,前提是法律说服的所有目标都具有决策的属性,对这些属性的深刻理解可以从修辞学和说服的科学理论中获得。在许多方面,法律是一种独特的文化,本身就有关于什么是相关的和有说服力的规则和惯例。这种独特的文化,经过法律培训和法律实践的灌输和加强,在任何关于法律说服的讨论中都必须予以考虑。①

在普通文本的体裁中,在特定的话语和言辞共同体中,有一个主要听众和一个或多个次要听众,甚至在书面语篇中,也有一个"旁观者"阶层,他们与体裁和文本接触的动机可能与其他人大相径庭。但是,在作为特殊体裁的司法文本中,目标听众的预期反应引导法官建构论证过程,要体现法律人思维的方式和连贯过程方式。因此,不同的听众都以不同程度和方式促进法律论证说服经过文本体裁所发生的互动过程,而法律论证说服的性质也因此发生变化。

这也印证了体裁是动态的、有意图的、以观众为中心的,具有许多交流目的、许多类别的交际事件,这些交际事件就是具体的体裁实例,或多或少都是典型的。② 体裁形成的过程是一种启发式过程,说服者使用它来促进语篇加工和监控交流。根据巴赫金的观点,互文性的存在使体裁的产生、维持、改变和消失成为可能。互文性在文本实现过程中存多种声音。人们经常有意无意地把自己遇到的文本与其他文本进行比较,发现它们之间的相似性和区别。因此,体裁反映了语言范畴的动态性和灵活性,可以使对话者在特定的交际情境中,根据自己的交际目的来获得交际利益。③ 这也表明体裁因语境不同发生变化,但并不影响它的同一性,从而帮助对话者构建这些语境,而且体裁因时间和文化而不同。

但是,许多文本事实上体裁特征很多,而不是或应该是单一体裁。换言

---

① Linda L. Berger and Kathryn M. Stanchi, *Legal Persuasion: A Rhetorical Approach to the Science*, London and New York: Routledge, 2018: 22.
② Swales, John M, *Genre Analysis: English in Academic and Research Settings*, Cambridge: Cambridge University Press, 1990: 45-58.
③ Helena Halmari and Tuija Virtanen ed., *Persuasion Across Genres: A Linguistic Approach*, Amsterdam/Philadelphia: John Benjamins Publishing Company, 2005: 10.

之，它们是几种不同体裁的混合，其原型特征可以在实际文本中以各种方式组合，同时发生。人们可以从话语间性的角度来理解事物的这种状态，在某个语境中把它理解为许多体裁与其他体裁配对的过程。①

说服和体裁由于交际目的而出现交集：体裁或多或少具有说服力，说服作为一种交际目的，通过各种体裁来实现，甚至可能产生一般性的改变。按照斯维斯尔的观点，人们可以据此将体裁看成是特定话语共同体成员共享许多普遍交流目的的一类交际事件。他还认为，体裁通常已经获得了一个名称和属于自己的某些词汇，话语共同体使用这些名称和词汇，因此有了体裁所属领域的专门知识。这个共同体也有特定体裁预期受众的共同观念。更进一步讲，交际目的使体裁的出现有了动机，影响了文本通常使用的话语策略，实现了交际目的，由此也实现了文本可能具有的各种内容和形式。显然，体裁存在于情景化的社会文化语境中，同时，它们的实现也有助于创造那些语境和相关的话语共同体。②

用这种理论分析法律话语，就更能说明法律话语的特点。根据特定社会的主要意识形态，司法话语可以定性为半私用或半公共的体裁。③ 法律话语中，在法庭上，人们发现容易与说服联系到一起的体裁类型是：检察官和辩护律师努力说服陪审团和法官。相比而言，立法话语被认为是一种最不具说服力的话语，试图最大程度地去语境化，并与完全不受语境影响的理性特征相联系。但是，甚至立法都反映并影响它所处的社会文化语境，有可能被认为是最微妙的说服形式。事实上，法律话语中所运用的语言策略因体裁不同而不同，都符合体裁的不同交际目的。

因此，说服性论证可以看作司法意见中的一种替代交际功能，话语和语用功能在这种交际的语言层面发挥作用。说服作为一种论证技巧而不是一个语法范畴，是以语用方式实现的。司法论证不仅始终受规则支配和制约，而且也受到许多更普遍的原则和目标的支配：开放的准则和原则、各个层面的权力、各种价值观、合同自由、合法性、非规范性的权威、法律实践、司法文献等。④

在法律论证中，修辞方法就是以适用法律、有效解决纠纷为目的，使用各

---

① Helena Halmari and Tuija Virtanen ed., *Persuasion Across Genres: A Linguistic Approach*, Amsterdam/Philadelphia: John Benjamins Publishing Company, 2005: 10-11.
② 同上，第11页。
③ 同上，第15页。
④ 同上，第69~71页。

种语言技巧说明判决结论正当,说服他人接受判决结果的一种方法。争议的各方当事人及其律师会尽其所能说服法官采纳己方所援引的法律规定,法官根据法律规定,结合案件事实,进行分析、归纳、演绎和推理,在疑难案件中甚至使用合理的修辞方法释法说理,阐述判决理由,说服当事人、法律职业共同体以及社会公众接受该结论,使判决产生相应的社会实效。这个过程中,既有对法律原则和规定的准确叙述和解释,又有对具体情境中各种相关法律规定之间互文性关系的精巧梳理、分析,还有对案件是非曲直的价值判断评价与解释,因此是一个综合了法律专业知识、修辞说服技巧和价值判断评价的复杂认知过程,需要从修辞、体裁和社会认知等各方面综合评价和分析。

第三节　法律隐喻的说服方式

作为语言使用者,人们期望文本呈现体裁的特定文化知识,因为这有助于人们处理文本,商谈意义,适应新情况,但说服过程本身不同于突出这种文化知识。说服本质上是隐性的,体裁中体现的说服依然是非常隐蔽的。① 奥斯特曼认为说服是隐性锚定②,包括三个参数:连贯性、礼貌和介入。连贯性不仅指人们传统理解的概念,而且更广泛地指文本与社会文化语境之间发生的各种映射,文本产生于社会文化语境之中,又有助于建构这些语境;礼貌在某种意义上是一个更有限的概念,指文本的情景语境;介入与影响对话者的情感表达有关。这些语用参数构成了一个用于系统性研究隐性交流的分析工具。③

传统意义上,人们在语言中所做的词汇选择搭配是语义选择:搭配与词汇从自身的特征性语言交往中通过何种方式获得部分意义有关,意义意味着选择。④ 一般认为语言选择是指以命题为基础的语义选择,可以把这种选择称为显性或明确选择。"显性或明确"是一个技术术语,意味着以明显的方

---

① Helena Halmari and Tuija Virtanen ed., *Persuasion Across Genres: A Linguistic Approach*, Amsterdam/Philadelphia: John Benjamins Publishing Company, 2005: 12.
② 隐性锚定与语用学中的一种特殊的理论模型相联系,该模型是专门针对语言中的说服和控制语言,但它的应用范围通常是语用方面。参见 Jan-Ola Östman, *Persuasion as implicit anchoring: The case of collocations*, Tuija Virtanen and Helena Halmari ed., *Persuasion Across Genres*, 184 – 212.
③ Helena Halmari and Tuija Virtanen ed., *Persuasion Across Genres: A Linguistic Approach*, Amsterdam/Philadelphia: John Benjamins Publishing Company, 2005: 21.
④ 同上,第 190 页。

法做某事，但不是暗示某种意识或预先考虑某些因素。交际过程中，说话人同时具有几种选择时，情景语境发挥重要作用，与命题意义有关的选择只是意义的一个方面，而重要的概念显然是隐性的，或者更具体地说是一种隐性锚定。

亚里士多德曾经试图改变修辞学家自己对用什么来成功地掌握修辞艺术的理解，设法把他们引向一种可以审议的修辞，用它来补充而不是威胁法治。为此目的，他不是从外部对说服行为施加道德限制，而是从内部重新定义这种行为，由此证明如果说服借助于市民在城市语境中培养的能力，就能掌握这门艺术。① 西塞罗思考过说服的可持续策略能够存在的道德和政治条件。

所有的交往和信息交流或多或少都有说服力。交际同时发生在几个层次：在一个层面上，人们明确地用言语单元和指代时间、地点、参与者的各种结构来说什么，写什么。在这个层次上，人们明确选择意义来解释信息的命题内容。在另一层面上，就当前文化语境的需求、读者或相互作用的各种因素而言，人们以隐性方式做出表达自身观点的选择。通过这种方式，他们含蓄地将自己的话语固定在行为的其他方面，特别是社会文化领域。人们使用日常用语中的特定措辞时，实际上试图破译对话者用何种方法隐晦地固定了他们的信息。②

在显性交际中，人们明确地将自己的信息固定在所表达的想法、观点和说明中，可以改变话语的说服力。在隐性交际中，说一件事同时意味着很不相同的某件结果。在这种情况下，人们希望听众找到破译自己以隐性方法固定信息的方式或线索。更准确地讲，正是线索的存在决定了隐性锚定是否对语言学家有兴趣。隐性交际不是隐藏的交际，只是说话人以隐性方式，用各种不同方法，不同的语言手段来完成不同类型的锚定。虽然是隐性选择，但说话人毕竟做出了某种语言选择，例如，可以是某个词、某种结构、顺序、修辞组织的选择，也可以是用格莱斯的会话合作原则做出选择。

说服被理解为试图改变或重新确认听众观点和行为的语言功能。语言学家一直把这种说服过程理解为交互过程：它是由语境因素决定的过程，语境因素来自口头交流中的各种情景。说服从来不是凭空产生，而是在特定的语

---

① Bryan Garsten, *Saving Persuasion: A Defense of Rhetoric and Judgment*, Massachusetts: Harvard University Press, 2009: 13.

② Helena Halmari and Tuija Virtanen ed., *Persuasion Across Genres: A Linguistic Approach*, Amsterdam/Philadelphia: John Benjamins Publishing Company, 2005: 191–192.

境中针对特定的观众进行的。① 一方面，听众对说服的语言形式越熟悉，说服效果就越明显；人们对文本说服目的的认识越少，他们对说服信息就越开放。另一方面，体裁与直接说服关系密切，演讲者或作家需要认真地雕琢他们的文本，才能进行有效的劝说。

尽管说服的必要性与人类一样古老，但说服的语言形式并不构成一个稳定的单一现象。说服的本质要求它的形式必须是隐性的，因为很少有人喜欢违背自己意志而被说服。因此，最好的说服往往是隐性说服。② 体裁具有充当说服工具的功能。隐性说服可以引起普通体裁的变化，从而解释隐性说服体裁的演变形式，词汇、语法和语篇组织形式成为隐性说服的特点。但是，一个体裁经常被主要用于某种说服目的时，说服变得显而易见，并失去了它的部分影响力。所以，说服的语言标记需要改变，以使说服更含蓄。当语言标记改变时，体裁本身就开始与其他话语相似，不再是已确定的体裁的典型范例。这就是为什么法律话语中的隐喻随着时代和社会文化发展而不断变化的原因。因此，一方面，说服是导致法律语言变化的一种力量，因为它需要用新的语言和通用形式进行不断掩饰。另一方面，法律隐喻的说服是一种强大的力量，能引起法律的普遍变化。

一个说服性文本的作者面临着一个艰难的平衡行为：说服性信息需要非常清楚地编码，以改变或保持听众的特定行为，但又不能过于清楚直白，吓跑了听众。所以，说服的活力与说服性信息对受众的影响直接相关。听众的脾性、价值观、意见和世界观，这些不会永远保持不变。这迫使说服性文本的作者在与听众的对话中不断监测文本，寻找最可能的包装形式，更新包装风格，掩护说服性信息的语言形式，引导观众的行为向预期的方向改变或维持现状，最终达到预期的结果。

法律隐喻就具有这种隐性的说服功能。类比、隐喻和人物塑造都有助于人们把现实中遇见的事物和头脑中的事物联系起来。法官借助类比、隐喻和人物塑造（一个用来代表主要人物或主角的隐喻），调用嵌入的知识框架或图式时，就能吸引人们注意某件事，然后让人们看到另一件事。把一件事看作另一件事，就是帮助人们如何逐渐理解新信息，如何确定新事物可能合理，以及人们能用什么方式看待不同的观点，就是建立已知与未知之间的直觉联系。这些联系帮助人们利用大量的社会文化知识，为说服提供了巨大的潜在推动力。

---

① Helena Halmari and Tuija Virtanen ed., *Persuasion Across Genres: A Linguistic Approach*, Amsterdam/Philadelphia: John Benjamins Publishing Company, 2005: 238.

② 同上，第230页。

如果熟悉的类比和隐喻使事物自然而然地变得有条不紊，换言之，如果因为情景类似于人们自己已经了解的事物，那人们自己能填补理解的空白。如果人们对隐喻的反应激发了直觉识别或采用了一种有利的图式，这种观点与三段论不同，因为它不是从前提到事实、结论的明确论证。相反，这是一种更为微妙的方式。疑难案件中，法律人经常用文字或意象来促使当事人直观地认识一个可能与熟悉的类比、隐喻或故事相似的结构。这种情况下，这种建构物可能会促使律师或法官设想一种与有利结果相匹配的平行模式或路径。最后，熟悉的类比和隐喻就可以说服当事人，因为人们可以不假思索地接受它们。

这种解决问题的过程通常混合了直觉思维和反思思维。首先，这个过程调用了一种由各种现实情景触发的直觉反应，使人们对类似情景进行识别。这些类似情景有助于决策者快速评估问题，并确定一个可行的选项。其次，这个过程可能需要决策者通过一个心理模拟来思考，这有助于他想象可以用什么方式实现行为的反应过程。整个过程中，类比和隐喻暗示当前情景与以前事物之间的相似之处，使决策者能够借鉴这种经验，并以此指导自己的行为。① 因为人们能自然而然地逐渐理解从经验的比较中得出的结论，而且，由于决策者根据自己过去的经历拼凑了这个场景，它的影响可能会更持久。无论什么时候，决策者对各种情景中当事人行为结果的期望都是恰当的，可以依赖那些经过验证证明可靠的、最熟悉的比较。② 因此，情境和社会文化语境以重要的方式影响说服过程。③

古典修辞学家认可喻德、喻理和喻情是说服方式的同时，还强调修辞说服的时机。修辞说服的理想时机具有重要意义，有些论据在适当的时候才能出现。隐喻的施喻者必须在论证和论证时机之间找到完美的匹配，或者必须建构适当的场景或寻找正确的时间和地点。这是隐喻修辞的要义，修辞艺术试图捕捉适当的时刻——适合尝试建议什么有可能的时刻。④

---

① Linda L. Berger, *Metaphor and Analogy: The Sun and Moon of Legal Persuasion*, Journal of Law and Policy (22) 2013, 147–195.

② Linda L. Berger and Kathryn M. Stanchi, *Legal Persuasion: A Rhetorical Approach to the Science*, Abingdon, Oxon [UK]; New York: Routledge, 2017: 87.

③ Helena Halmari and Tuija Virtanen ed., *Persuasion Across Genres: A Linguistic Approach*, Amsterdam/Philadelphia: John Benjamins Publishing Company, 2005: 12.

④ Poulakos, J., *Toward a Sophistic Definition of Rhetoric*, Philosophy and Rhetoric, J. L. Lucaites, C. M. Condit, C. M. and S. A. Caudill (eds.), *Contemporary Rhetorical Theory: A Reader*, New York: The Guildford Press, 1999: 25–34.

疑难案件中，法官必须寻找时间链条中最合适的时机，用这个最佳时机建构使用隐喻解决纠纷的途径，必须及时分辨争议场景中最重要的时刻、最令人满意的地点。寻找论证的恰当时机可能意味着法官发现法律或社会中新的趋势或细微变化，这将提供"首要机会"和"成功的第一步"，使听众的第一反应有利于隐喻的类比推理。

发现最合适的时刻，往往需要法官了解自己面对的听众。换言之，时间适合向这些特殊听众、普遍听众进行解释、论证。法官们几乎经常发现和创造机会。美国最高法院在对重新辩论是否应该驳回以前的两个案件做出日程安排之后，在公民联合会案的裁定中才予以肯定，认为如果公司在政治竞选中承担了经费，而经费支出是政治演讲或言论自由的代替物，公司就应该在此后被当作个体发言人来对待。如果最高法院在裁定公司享有与个人相似的"言论自由"权利，即公司具有第一修正案规定的权利之前，就认为公司拥有法定或宪法规定的宗教自由权利而打官司，这就太难了，但公民联合会案判决之后，最高法院通过扩大解释公司权利来涵盖宗教表达自由，这样的辩论最佳时机似乎就比较合适了，正如美国联邦第十巡回上诉法院的观点：公民联合会案的第一个修改逻辑就是，如果最高法院第一次已经承认以营利为目的的公司有权为政治目的表达自己的观点，那么这也同样适合公司表达自己的宗教观点。① 利益游说集团的律师在一个非常恰当的时机提出了这个主张。

因此，隐喻说服的时机要依据对事件转折点的认可而变化，它的使用不是改变观众对未来应该是什么或将要发生什么的理解，但它可能会改变对当前思潮和场景的理解。施喻者必须学会如何判断最合适的时机来提出特定的隐喻。

从意识形态层面分析法官选择和创造隐喻的过程，本质上是法官在自己意识形态的影响下对法律事实划分范畴、进行分类的过程。认知科学家和修辞学家一直认为词语意义的选择，无论有意识还是无意识的，都关涉思维。有时选择似乎是一个有效的捷径，而在其他时候，它具有一种破坏性认知偏见的形式。无论哪种方式，选择是不可避免的，因为人们的认知能力永远无法涵盖所有的现实，人们没有能力解释和描述完整的故事。有些事物总是明确，而其他事物黯然失色。人们每一次的选择都是将许多类别中的一个范畴进行特别处理，进行具体化，使其更加适合当前情况。所以，人们的基本认

---

① *Hobby Lobby Stores*，*Inc. v. Sebelius*，723 F. 3d 1114 (10th Cir. 2013).

知过程不仅仅是提供心理的稳定和秩序，也提供了辩论和审议或者协商的种子。① 例如，如果法官从概念上把互联网描述为高速公路之类的基础设施，就表明他不允许互联网服务提供商享有特权，而是把他们和其他服务商一视同仁，应该自负其责。

人们的决策过程关系到直觉系统和审议系统，二者相互作用。直觉思维过程大多是自动的、无意识的，而审议思维过程耗费心力，更需反思；直觉思维快速、直观、情绪化、容易产生偏见，审议思维深思熟虑、反思更多，更加冷静和准确。人的情绪通常与直觉思维相关，更能驱动决策，人们经常依据所谓的未经反复思考的情感反应，利用"推理"来证明所做决策的正当性。② 如果要把直觉决策误导人的各种情形与那些人们借助足够的经验判断、进行选择的情形加以区别，这就转变为辩论。如果辩护人的说服通过深思熟虑之后，意识到了直觉经验的丰富价值与僵化思维的有害之间的区别，他的理解决策往往就融合了直觉和反思的过程，这些原则将决定他的辩论策略。

从故事、隐喻和类比的相互关联分析，法官在疑难案件中对法律事实的范畴化可以通过隐喻、讲故事的方式进行类比论证。从认知科学的角度来看，无论范畴划分是有意识地或无意识地发生，范畴的使用都很有效。范畴帮助人们进行各种类比、排序，与范畴相伴的图式帮助人们关注重要的内容，在合适的时间和地点"放置"事物，进行推论和假设。因为心理范畴不仅通过个人体验，而且是通过共享的历史、语言和文化来体验，所以法律人可以借助简单的经验匹配来说服他人。

为了说服，法律人根据各种范畴进行论证时有几个选择，可以有意识地选择促成具体范畴的说服性连接。当代修辞学理论和认知科学一致认为，解释框架总是发挥作用，过滤、聚焦和设计人们看什么、想什么。当过时的隐喻、简单化的意象和未经检验的叙述不受怀疑时，它们就会引导法官的判断力，注意当下语境，了解个人的生活和情况。③

故事是一种框架，帮助人们理解许多按时间顺序排列的事件，这些事件的其他方面则缺乏连贯性和一致性，除了叙述的形式之外，我们似乎没有其

---

① M. Billig, *Arguing and Thinking: A Rhetorical Approach to Social Psychology* (2nd edn.), Cambridge: Cambridge University Press, 1996.

② Linda L. Berger and Kathryn M. Stanchi, *Legal Persuasion: A Rhetorical Approach to the Science*, Abingdon, Oxon [UK]; New York: Routledge, 2017: 15.

③ L. L. Berger, *How Embedded Knowledge Structures Affect Judicial Decision Making: A Rhetorical Analysis of Metaphor, Narrative, and Imagination in Child Custody Disputes*, Southern California Interdisciplinary Law Journal 18 (2009), 259–308.

他的方式描述生活过的时间。① 隐喻与类比是人们熟悉的概念，先帮助人们了解如何看待和解释新信息，然后帮助决定如何处理它。故事、隐喻和类比不仅使人们更容易理解、解释、交流经验，也帮助人们预测接下来会发生什么。因此，它们无意或有意地指导法院的判决。

法律辩护人无法控制有些事情，不能更改事实，也几乎不能改变法律，但是可以从不同的角度去思考事实。法官可以深入研究法律，寻找和发现新的角度和视角，有时虽然局限于利用原始资料建构说服性论证，但可以借鉴大量的语境信息，如历史趋势、文化背景、政策的基本原则。

法官使用这些说服和论证方式时，可以借助故事、隐喻或类比的过滤器或框架，这不是基于法定规则或先例，而是围绕新发明的事实类比，利用法律故事和隐喻，对概念进行有益的比较，设法巧妙地通过间接方式将推理和结果从一个领域转移到另一个领域，富有远见地预测案件的结局。这种法律隐喻的具体化过程或多或少都是被迫引用社会文化中已有的概念，调解和控制新现象和新问题。换言之，潜在的概念隐喻或概念控制着法官用合理的语言来描述特定的法律现象，这是法律概念路径依赖的具体体现，这个过程通过隐喻和它连接概念的系统来完成。

---

① Bruner, J., *Life as Narrative'*, *Social Research* 54（1987），11 - 32.

第四章

法律隐喻的语用分析

19世纪诞生于英国的分析法学派排除伦理道德、社会价值、政治经济制度等因素对法律制度的影响,侧重于对实际存在的法律制度进行实证分析,主要研究法律术语,探究法律命题在逻辑上的相互关系[1],出现了极度追求法的形式化的倾向。后期的分析法学派以及与其对立的实用主义法学派、后现代法学派开始关注法律日常语言,特别是法律言语行为理论方面的研究,米特、伽达默尔等都对语境进行了不同层次的阐释,例如,伽达默尔认为语境至少包括如下要素:特定的理解主体、特定的理解对象和文本、产生理解对象的相关背景、主体自身具有的相关背景、理解对象与理解者以及背景之间的相互作用与整合等。[2] 维特根斯坦是西方法理学研究中语用学转向的代表性人物,他认为:任何一个语词概念的含义或意义,并不在于它所指代的对象,而在于它按照一定的规则与其他语词的组合方式。[3] 他的这种语言观与分析法学派的重要区别不仅在于研究法律概念或法律命题的表达对象,而且开始着重研究法律语言的行为理论,即它的使用活动。哈特也持同样的主张:法律语言应当对照文本的整体语境来理解,因为法律语言只有置于一定的语境中才能实现其独特的作用。[4]

法理学的语言学转向对西方法哲学研究产生了深刻的影响。哈贝马斯的法哲学研究就经历了从语义到语用的过程,从最初忽略行为主体的身份、语

---

[1] [美] E. 博登姆著,邓正来译:《法理学:法律哲学与法律方法》,中国政法大学出版社2004年版,第124~127页。

[2] 张斌峰:《法律推理新探:语用学与语用逻辑的视角》,中国政法大学出版社2014年版,第380页。

[3] 苗金春:《语境与工具》,山东人民出版社2004年版,第132页。

[4] [英] H. L. A. 哈特著,支振锋译:《法理学与哲学论文集》,法律出版社2005年版,第25页。

境等语用因素,通过抽象的语言对形式法律会话进行研究,走向以形式语用学为基础构建自己的法律言语行为理论体系,即以行为主体之间的相互理解为取向的语用分析,提出:法是一身兼二职的东西,它既是知识系统,又是行动系统。它不仅可以被理解为一个规范语句和规范诠释的文本,也可以被理解为建制,也就是一套行为规则。① 不难理解,哈贝马斯的法律话语行为理论的载体就是形式语用学理论,也是法律语用推理形式化的一次有益尝试。

西方法律研究中对语用学的关注主要集中于法律逻辑、法律语言及法律言语行为理论方面,对英美法律解释中隐喻的语境功能和语境解释研究并不是很多。本章将简要论述法律概念的语境化,并在此基础上分析、讨论法律解释中隐喻的语用问题。

第一节　法律语言的语用意义

法律语言以其特有的功能为特征,这些功能体现在法律语言的语用方面。这些语用功能作为辅助功能,在语义和句法层面形成了许多特点,非法律人士难以理解这些特点。因此,法律语言既不是自然语言,也不是人工语言,而是兼具两者的特征。②

大多数法律语言都是由具有特定法律意义的普通词汇、一些从其他学科或科学中借用的术语、相对较少的专业性法律术语这几部分构成。一个普遍的法律观点是,法律话语用一部分技术性语言来表述。法学家使用技术性法律语言时,必须指代不同的意义,因为没有任何物质客体是由它制造的或者使用这种语言。这种技术语言是法学家的面包和黄油,法学家们经常区分法律术语的普通意义和法律技术含义,这对他们来说并非总是难以理解,但对非法律人士来说,这些法律技术语言的表面特征可能晦涩难懂。在这种情况下,普通人就注意到它们的语义和句法方面存在一些不常用的词和复杂的句法结构,就像公式一样。

法律用某种技术语言来表达,需要更深刻地反思这种情况下"技术"指什么。但是,要反思法律语言意义的一些基本理论概念,就必须正确考虑法

---

① [德]尤尔根·哈贝马斯著,童世骏译:《在事实与规范之间——关于法律和民主法治国的商谈理论》,生活·读书·新知三联书店2003年版,第139页。
② Mario Jori, *Legal Pragmatics*, Brian E. Butler ed., *Pragmatics and Law: Philosophical Perspectives*, Switzerland: Springer International, 2016: 34.

律语言作为一个整体的语用特点。在这个意义上，法律语用学是法律语言研究的一部分内容，侧重于研究法律语言与典型使用者以及言语的典型情景之间的关系，包括与其他文本的关系。①

普通语用学关注各种相互影响的关系，语言影响结构的关系，语言结构反过来影响语言的关系，所以需要解释为什么语言、句法和语义是这个样子以及是什么意思。无论在法律还是其他方面，这种特征都要求语用学被视为符号的组成部分，是进行言语解释的必需内容。事实上，不考虑语言的语用特点，就无法理解或描述一种语言，就像理解一个文本不仅需要懂这门语言，而且需要知道关于使用这种语言的大量语境知识。②

但是，重视法律语言的语用学意义并不意味着法律意义完全取决于话语的每一个情境。法律交流和语言具有一定的客观性，这种客观性指法律语言和许多语言一样，试图独立于言语的单一语境来使用，这种独立性大于自然语言，并且考虑标准或缺省意图。语言的客观性不同，语言使用的效果也各不相同，但一定程度的客观性总是伴随着法律的基本特征。

即使原始社会的法中，法律语言也存在一定程度的客观性：人类历史伊始，法律就经常被写下来，成为法律在立法者不存在时可以适用的一种方式。在人类社会超越个体之间的关系、国家出现后的漫长历史过程中，人为的命令成为书面规范。书面形式是中央政府向其任命的官吏发出命令的一种主要管理方式。以书面形式记录法律规则对客观性也有明显的影响：法律刻于石头或青铜之上，目的是保持它永远不变，实际效果使它至少比单一的话语情景更持久。

因此，讨论法律语言的语用特点并不是不顾法律语言的客观性，而是在保持法律语言客观性的前提下，重视语境对语言意义的影响。客观性也不是完全忽略语用对语言的影响，而是强调特殊的语用规则使语言使用者渴望并争取更持久的表达方式所产生的结果。如果法律语言排除语用层面的解释意义，就与其他类型的语言，如普通语言或实证科学语言之间，没有显著差异。③ 事实上，法律语言经常被理所当然地类比为普通语言，或者认为法律语言应该模仿科学语言，特别是它的客观性和准确性。这种观点并不完全正确，而且有负面影响，容易以绝对形式逻辑的方式看待和解决法律问题。

---

① Mario Jori, *Legal Pragmatics*, Brian E. Butler ed., *Pragmatics and Law: Philosophical Perspectives*, Switzerland: Springer International Publishing, 2016: 35.
② 同上，第37页。
③ 同上，第39页。

第四章 法律隐喻的语用分析

语言、语用学和法律哲学的许多概念反映了一系列基本不容置疑的假设,一个反复出现的重要推论认为,一个独立、抽象、可识别的语言系统,伴随着可辨识的语义意思和句法结构,经常需要"语用丰富"来适用于不同语境的具体要求。[①] 在法律领域,这个假设提出一个问题：法律规则适用的语境中,什么时候语境可以接受语义充实？就语义学对语用学的重要性而言,规则描写和语言使用取决于采用语用分析优于语义分析的方法。高度关注语用的首要作用对法律哲学的传统理论提出质疑,迫使法律人更关注传统上被忽视的法律实践。这一结果又产生了包容性更强的分析,以便建构法律实践语用学的合理分析方法。[②]

马默的法律语言分析理论来自格赖斯语用学理论与法律是权威的命令这个实证主义思想的结合。[③] 他认为法律中的语言问题主要是立法活动的语言问题。也就是说,法律语言主要由立法机关构建的命令构成,之后,法院通过解释活动适用法律。马默的分析虽然非常简洁,但招来很多批评意见。首先,他的法律实证主义框架的假设是有争议的。现实的法律制度似乎比这一简化的法律哲学概念复杂很多。其次,法律语言的使用基本上可以归结为立法行为,这不是客观事实,普通法系国家的法院判决往往具有法律效力,但这属于司法行为。最后,假设法律实践,甚至立法行为,主要是对抗性的,这忽略了法律行为和狭义上的立法行为所依赖的首要合作规范。简而言之,如果法律中合作少于分歧,诉诸法律制度解决争议显然很荒谬。

查尔斯·莫里斯提出的语用学中,实用主义哲学对明确思想的工具意义很重要。他的理论重点强调关系意义和功能意义,首先将语言作为人类行为来研究,然后再从语义学和句法的行为证据领域来考察假设或推断的意义。根据这个语用学的概念,意义总是因行为而建构,又反指向行为。[④]

行为语用学中,法律语言被认为是一种为控制社会行为而使用的特定语言类型,法律被看作是一个社会子系统,强调法律系统使用符号来影响特定领域的社会行为。法律主要是一个以语言为基础,辅之以各种执行方法的决策和社会管理制度,这仅仅增加了用语言手段进行控制的一个层面。此外,语言在每种情景中都是一种生活习惯,它会不断发展并改变所有使用语言的

[①] Brian E. Butler, *Law and the Primacy of Pragmatics*, Alessandro Capone ed., *Pragmatics and Law Philosophical Perspectives*, Switzerland：Springer International Publishing, 2016：2.
[②] 同上,第2页。
[③] 同上,第3页。
[④] 同上,第6页。

人。正如莫里斯所指出的，语言作为社会控制的符号行为，是保护和形成社会习惯的有力工具。语言只是语境中的语言行为。[①] 语境多种多样，不仅有法律实践语境，例如立法活动，有时还具有对抗性，但只在合作行为的更大语境中有意义。语言行为的其他领域相互交错，也有一些相对孤立的语言行为。因此，要理解任何语言的意义，特别是有强制力的语言，必须从熟悉的语言行为开始。

根据这种语用解释，法律人找不到一个简单认定法律概念过去语义的方法。按照奎因的观点，虽然语言的使用习惯经常比较统一，但边缘意义往往混乱，就像在各种语境中生长和发展一样。[②] 因此，如果法院正在运用立法语言，法院就不能假定该语言的意义不同于使用它的行为体系。法院实际上必须构造，或者如奎因所说的那样，从它所展示的各种用法中进行释义，而不是发现意义，然后使用它。换言之，法院必须追求的不是"忠实"于行为语义内容的解释，而是通过"反对其他解释"而寻求更有意义的解释。这两种可能性看似冲突时，关键在于哪一种习惯被作为正确的行为而采用，哪一个被构造的意义所排除？

卡尔·卢埃林提出了一个法治的理想命题形式，即：如果 x，即 y，他还确定了在法律中使用这一公式的一个重要问题。正如他所言，x 的任何变化都意味着规则的变化。因此，如果一个完整并且已完成的概念可以放在"x"的位置，法律就会不断变化。当然，概念的内容可以被规定，然后不加变更地使用，但这要假设很多意义。因此，他认为这个概念取决于形式逻辑陈旧理念的理想化。形式逻辑包括预先能正确制定和解释的必要概念，并进一步体现一个真实存在的静态本体。这样，法律就能在一个体现稳定性的世界中发挥作用。但世界不断变化，有时变化无法预知或不可预见。更进一步讲，法律是一个在个案决策和人类试错的语境中建立的制度。因此，法律并没有被准确地描述为一个系统、有序的法律体，而是一个用自然增加和有意识组织的偶然工作建立的、无序的运行制度。[③] 此外，法律规则的制定不能简化为用明确的命题形式做出能清楚辨认的语言内容。事实上，卢埃林最终认为，各种例外规定和矫正措施被用来绕过法律明文规定的意识形态和命令命题形

---

① Brian E. Butler, *Law and the Primacy of Pragmatics*, Alessandro Capone ed., *Pragmatics and Law Philosophical Perspectives*, Switzerland: Springer International Publishing, 2016: 8.
② 同上，第9页。
③ K. N. Llewellyn, *The theory of rules*, Chicago: University of Chicago Press, 2011: 103 - 104.

式的固化，它们是一组数据，更准确地描述了法律和法律实践的真实情况。①

　　法律是由不断发展的添加物建立的项目，因此，卢埃林认为法律包括很多一只脚踩着事实，另一只脚踩着法律后果的概念，这样的概念无处不在，而且它们作为法律制度的两栖物，总是存在于法律和事实两个世界之中。② 他称这些概念为"情境概念"：我用情境概念指代一个词或短语表示的这样一个概念，外行人没有定义识别它，门外汉用自己的生活经验来理解它，无须预先下定义或做技术解释。用这个词或短语来说明和描述法律规则的适用范围时，人们就获得一个情境性法律概念。情境概念显然不同于定义性概念，因为定义是事先用结论有意识地确定概念的明确意义。与此相反，情境概念始于核心，而不是边缘，从显而易见的常识入手，这似乎并不需要定义，从任何一个有判断力的人可以识别的事物着手，然后发展下去。此外，这个概念是社会秩序渗透影响的结果。③ 这个解释清楚地突出了他的观点，即情景概念是一个活生生的有机概念，而不是僵化和无效的定义行为。

　　卢埃林认为，所有的法律范畴始于情境概念，而不是逻辑的、理想化的或自然的各种概念类型。由于时代的需要，概念产生、发展和变化，现实需要就能使概念变得详尽、完整。在这个过程中，概念有时变得僵化，有时又变得非常模糊，核心意义变得不确定。引起这种现象有多种原因，其中一部分原因是法律行为人设法利用法律概念来达到自己的特定目的。

　　正因为如此，法律概念过于严格或模糊时，需要设法明确概念的边缘意义。法律人趋向于使用各种专业知识技能来解决法律问题，这超越了法律程序的各种制度。但是，按照卢埃林的观点，这种明确概念边缘意义的努力永远不会完成，也不应该完成。稳定性和灵活性都是法律的优点。此外，由于概念和法律中缺乏系统或分类原则，利用定义或其他方法寻找完整的语义内容是不可能的。而且，即使用法律命题这种形式来制定明确具体的规则，也有隐含的意蕴，比如他所说的"消极的孪生规则"。根据他提供的例子，按照这个法则，如果使用样品明确引起了某种法律后果，那么隐含的一面就是不使用样品就不会引起这种结果。但是这种隐含的内容在规则中是无法看到的。

　　卢埃林最终还是用非常类似于莫里斯的措辞描述了语言在法律上的地位：

---

① K. N. Llewellyn, *The theory of rules*, Chicago: University of Chicago Press, 2011: 78–80.
② 同上，第105页。
③ 同上，第107页。

规则把语言作为首要方法使用，因此，只有经过训练并形成团队合作和体制模式的人才能产生这种结果。规则不仅产生行为，而且语境、习惯也重塑规则和参与者。规则的制定和一般法律一样，都处于语境、行为场所中。因此，习惯、制度约束和行为情境的各种因素非常重要，那种认为法律是自上而下的规则和符号应用模型的观点就变得不可信。法律需要一个更加细致入微的综合分析方法。当前法理学理论的许多基本假设都被证明令人怀疑，它们停留在隐性假设层面上，需要一种新方法来明确证明它们的合理性。①

第二节　法律解释的深度分歧理论

西方社会的政治伦理、文化生活中充斥着道德多元主义，在世界观、意识形态和生活方式上普遍存在着深刻的分歧。这些分歧成为法律解释分歧的重要来源，法律理论家、法学家和法官思考、解释和适用实证法的各种话语中同样存在各种各样的争论或分歧，广义上它们由被称为"经验的法律领域"的内容构成。

法律解释中，法学家们之间有时会存在非常深刻和根本性的解释分歧，常常涉及对宪法基本规定的解释，包括对各种价值观的指称关系（使用一些道德用语和短语），有时还包括对这些规定所包含的各种价值观的复杂平衡过程。这些评价性表述方式提出了许多重要问题，如法律与道德的关系、疑难案件中司法判决的正确性、法律解释中价值判断的性质和作用。这些分歧源自不同社会群体之间政治伦理概念的差异，这些政治伦理观念构成法律制度的社会文化背景。法律解释分歧是当今法治生活中一个非常普遍而重要的现象，代表了法律无法提供一种真正完美无缺的、事实上无法彻底解决的分歧，具有当代语言哲学中讨论的各种分歧的许多重要特征。②

就法律领域而言，法律的深度解释分歧指单一案件或类似案件的法律解释中，法学家之间可能会发生非常深刻的或者根本性的分歧。这些分歧主要涉及对各种法律规范和法律原则的解释，但有时也可能涉及立法规则的许多规定。关于法律原则的分歧，如果涉及单一条款的解释选择时，就依照单个

---

① Brian E. Butler, Law and the Primacy of Pragmatics, Alessandro Capone ed., Pragmatics and Law Philosophical Perspectives, Switzerland: Springer International Publishing, 2016: 12.

② Vittorio Villa, *Deep Interpretive Disagreements and Theory of Legal Interpretation*, Brian E. Butler ed., *Pragmatics and Law: Philosophical Perspectives*, 2016: 92.

规则;如果涉及一个以上原则的解释,它可以依据多个原则①,可能包括明确的原则或隐含的原则(即由法学家和法官根据预先存在的法律素材提出的推定解释)。然而,最严重和引起分歧的案件是那些涉及宪法基本权利的原则。这些解释分歧没有对错之分,换一个视角,只要形成对比的各种解释观点超越文化和语义耐受性的临界点,从另一个角度看,它们就不能被认为是法律解释者的错误或误解的结果,而是对这些表达和体现它们的句子进行有差异但同样合理的解释的结果。这种问题产生的原因是,法律解释过程中,某些评价法律术语、法律原则或规范的情境中,法律推理从道德前提入手,赋予这些判断性表达某种含义,即这种推理需要依据某个法律制度之外的政治伦理背景来进行解释或推理。换言之,被解释的语言材料,存在评价性表达或短语,也就是包含评价性概念(在它们指代价值的意义上)的表达式和词组,对它们的解释要求法学家使用竞争性和有分歧的政治伦理基本概念。②

法律规范使用的各种术语和表达方式,很多时候虽不能说含糊,但并不是直接明确指出或描述具体的事物,或指定某一术语在特定领域的外延,因而并不明确。评价性表达和词组包含在法律原则中,没有表现出可以普遍共享的解释。换言之,它们属于所谓的本质上有争议的概念。③ 在这样的情况下,只要这些表达式指代一个单一的明确概念,它们就只是共有一个最低限度的概念核心,这个核心意义有时由典型例子构成,但意义可能是正面,也可能是负面的。

这些本质上有争议的概念,如自由、民主、正义,其意义随着不同的世界观和作为背景的政治伦理概念而变化,有时差异很大。例如,林肯用牧羊人、狼和羊的关系来解释政府行为的正义与不正义。羊群借助于牧羊人的保护,从而免于被狼捕食,这对羊来讲是一种正义;狼天生以肉食为生,但是牧羊人阻止它吃羊,这是一种不正义。政府就像牧羊人,是保护弱者免遭强者欺凌的监护人和保护人,同时也是使狼忍饥挨饿的压迫者。④ 视角不同,政府的意象也不同,既是正义的,又是不正义的。对这些概念的解释,只要不把自己简化为"聋人的对话",就必须预设一些共同的语境来确定每个术

---

① Samantha Besson, *The Morality of Conflict: Reasonable Disagreement and the Law*, Portland, Oregon: Hart Publishing, 2005: 56.

② Vittorio Villa, Deep Interpretive Disagreements and Theory of Legal Interpretation, Brian E. Butler ed., Pragmatics and Law: Philosophical Perspectives, 2016: 95 – 96.

③ 同上,第97页。

④ James V. Calvi and Susan Coleman, *American Law and Legal Systems*, 高等教育出版社2003年版,第312页。

语或表达的可容忍性解释。对于这些基本上有争议的概念来说，存在一个共同的意义核心非常重要，因为它帮助人们确定一个最低限度的普遍意义，没有这一点，讨论分歧毫无意义。

因此，真正没有错误的法律分歧可能只存在于那些关于本质上违法的案件中，因为像杀人、纵火、盗窃、投毒等这类反社会的行为，能够跨越各种社会文化和政治语境而被人类社会普遍认为是犯罪；对于那些仅仅因为法律的规定而成为犯罪的行为，因其本身就存在争议，法律判断需要社会伦理支持，法律解释需要借助社会文化背景，使用各种资源进行正反两方面的讨论来判断其非法与否，最终体现某个特定法律文化的成员"认为确定的"的概念和范例，而这些论证资源在特定时间的法律文化中存在一致性。在这类法律伦理判断过程中，隐喻推理倾向于相互加强和互相支持，因为它们通常在社会文化系统中建构，或者更确切地说，在包括外围元素和中心元素的网络中建构，更能使它们免于各种歪曲、篡改。

因此，所有文化的、语义的、伦理的、认识的、审美的观点和叙述，或者至少重要部分的正确性，或者真值，都取决于每一次选择作为指示点的语境，这种语境可以是一种范式、一种文化、一门语言、一种伦理观点等①，所有这些概念都是相对论的。这意味着，语境之外，没有任何立场、观点或特征可能完全中立地对这些因素进行评价，据此用绝对的术语来对事物进行任何确认。按照元伦理的相对论观点，语境及其特征的存在总是被添加到各个领域中产生的观念和叙述中，并限制了它们断言正确性的外延范围。②

按照这种相对论的观点，法律分歧中的深度解释分歧是真正的分歧，因为它们把不同的政治伦理价值意义归属于相同的评价性表达和短语，这些评价性表达和短语包括在全部解释争论的解决中。换言之，这些词语包含的争议性观念的解释具有共同的语义基础和某些典型实例，隐含在一定的社会文化语境中。赖特认为，对这些评价性表达和短语体现的规则进行正确性的评估（如语义规则、演算规则），既不能基于正式批准的事实（在强烈意义上的客观主义），也不是根据规则赞同者个人知识的某些要素（在强烈意义上的主观主义），相反，它基于一个参照社区的积极定论，证明了规则赞同者的单一行动与某个社区的判断保持一致。③

---

① Vittorio Villa, Relativism: *A conceptual analysis*, Eidos № 13 (2010), 166–191.
② 同上，第110页。
③ 同上，第112页。

第四章 法律隐喻的语用分析

法律语用学的发展可以解决法律解释中对历史上的立法者、现时的法律制定者和理性的立法者进行区分的难题。① 语用学认为，人类作为行为人是理性的，也就是说，他们依据有效推理进行思考并做出选择。根据语境，人们判断一个选择比另一个选择更好；不同的语境下，人们很可能会做出不同的决定，很可能有不同的信仰、不同的需求、不同的欲望以及不同的思考策略。某一个语境中非常重要的观念在另一个语境中并不重要。如果行为人不身处必须做出实际判断的语境中，就无法评价判断的合理性。语境清楚地蕴含了特定群体的许多社会文化观念，这是人们做出各种决断的主要因素。

此外，判断的合理性与行为人的积极思维有关，积极的思维预设人的行为有积极的目的，除非证明或者能够证明他已经放弃了这种目的。因此，法律不应该对人们的生活产生负面影响，立法者的意图也不应该以消极方式对人们的生活产生影响，而只为了改善人们的生活，符合社会的普遍利益。解释法律时，应考虑到这种积极目的，或推定这种积极目的的存在。

法律语境中，可以假设说话人的意义和句子意思一致，那些具有讽刺、幽默、非严肃用途或类似句子的意义转换被排除在推理之外，对非理性因素的过滤也是按照合理性尽可能使句子使用标准化的语境。② 如果立法者尽可能清楚地表达自己的立法意图，尽可能减少解释上的歧义、含糊不清等缺陷，就能使所有起草和批准法律文本的各方当事人达成某些普遍一致意见，除非她刻意地选择含糊不清。事实上，法律文本的特征之一是立法者通常并不对应于单独的一个人，而是一个理想化的实体，包括各方当事人，并形成一个综合文本，综合了持不同意见、经常是相反意见的人的观点。③ 因此，一方面，立法者必须小心起草一份避免解释含糊不清的文本；另一方面，在试图达成妥协意见时，文本必须包括解释性的歧义或含糊，这在任何情况下都是"策略性的"，而不是偶然的。所以，至少应该明确一点，立法者必须尽最大努力避免偶然的含糊、歧义、不清晰，遵循说话人有责任让他人理解自己话语意义的原则。这种原则是对话的一种交际约束，也是一个重要的话语

---

① Alessandro Capone, *The Role of Pragmatics in (Re) Constructing the Rational Law-Maker*, Brian E. Butler ed., *Pragmatics and Law: Philosophical Perspectives*, Switzerland: Springer International Publishing, 2016: 142.

② Marcelo Dascal & J. Wróblewski, *The rational law-maker and the pragmatics of legal interpretation*, Journal of Pragmatics 15 (1991), 421–444.

③ A. Marmor & S. Soames ed., *Philosophical foundations of language in the law*, Oxford: Oxford University Press, 2011: 83–104.

因素。①

准确地讲，只要明确的演绎辩护论点指引了立法者据以做出决定的程序，他就是理想的立法者。然而，即使理性立法者也必须考虑他制定的法律将成为现实情境中的人，而不是理想的人适用法的基础。这意味着，根据本质上不是演绎的规则，法律适用必然将涉及在无法预见的情景中解释法律。②

在这种情况下，阅读、理解和解释法律文本要考虑理性立法者的观点和作出判决理由的客观性。理解法律也就是理解制定法律的过程，理解立法者用某个文本表达的特定判决中明确的演绎辩护论据。但是，立法者也必须考虑法律文本在立法者无法预见的语境或情况下进行解释，解释语境可能会改变形成法律文本所依据的各种变量，这些变量可能引发略有不同的判断与决定，也许是一个小的修改，修改实际的法律，但会导致意义的增减。法律对解释内容敏感的一种解决方法是将权力交给地方法院，使法院参照与案件相关的法律、与当前案件相关的过去的案件，通过具体语境中的法律解释使法律规定适用当前案件，从而对案件做出判决。③

第三节　法律隐喻的语境建构功能

如果法律解释应当为法律深度分歧提供解决路径，就需要与元伦理中所采用的相对论前提保持一致，这就使以语用为导向的解释语境具有了非常重要的意义。

以语用为导向的解释理论中，语境有双重作用：第一个是可称之为"末端"或"背景"的语境。这由一套有关自然事实（如某些法律的性质）、文化事实（如某些制度和某些社会习惯的存在）、如何"正确做事"的基本信息来表述，语言共同体中即使符合最低标准的成员都普遍共享这些信息，这有助于明确某些隐含的稳定含义。语境的第二个意义，有些语言哲学家称之为"最近的语境"。它涉及交际信息的接收者为了使句子有完整意义而必须

---

① Marcelo Dascal, *Interpretation and Understanding*, Amsterdam: John Benjamins, 2003: 359.

② Marcelo Dascal & J. Wróblewski, The rational law-maker and the pragmatics of legal interpretation, Journal of Pragmatics 15（1991），427–428.

③ Alessandro Capone, The Role of Pragmatics in（Re）Constructing the Rational Law-Maker, Brian E. Butler ed., Pragmatics and Law: Philosophical Perspectives, Switzerland: Springer International Publishing, 2016: 147–148.

使用的精确的、局部的和可识别的各方面。这些观点说明，没有完全脱离语境的表达式和叙述，没有对语境和言语行为的参照，人们的阅读和写作就完全没有意义。①

从这个理论角度来看，句子的完整意义只能通过末端语境和最近语境的连接才会产生。背景语境总是在解释中发挥作用，并且一直产生影响，而且很多时候直接指导这一活动，在深度解释分歧的情境中更是如此。它，或更确切地说，它的不同部分，将竞争性的解释选择引向一个或另一个不同的政治伦理观点，至少在法律解释领域，单一语境实际上分为多个子语境，彼此很不相同。在这种解释过程中，通过背景和末端语境的介入，法律句子成为一个规范，有时是从句子衍生出来的许多可能的规范之一。卡普兰用术语"解释的语境"来叙述自己的相对论观点，认为解释语境是解释句子言语的语境，语义内容可能会因语境不同而发生变化。② 换言之，如果语境的某些要素发生了根本性变化时，在一定范围内，对要解释的规定的传统意义需要作出深刻改变，在其他"正常"情况下，语境的作用只是保持法律规定习惯意义的稳定不变和传统意义上的法律判决稳定。背景语境不变，所有规定的意义不变。

疑难案件的法律适用中，法院必须"根据本质上不是演绎的规则"解释法律，隐喻就是一种非演绎论证方式。如果法官可以用能够适应无法预见情形的方式来解释法律，那么，情况一定是立法者规定了使法律适应新的无法预见情形的可能性。由于法律是法院作出判决的基础，因此制定法律的显性程度必须与无法预见的情形中出现的需要包括的案件的隐性程度相匹配，换言之，成文法的显性和隐性必须匹配。它的显性必须制约解释，规定解释无法投机的限制范围（许多解释可以被排除"先验"）。它的隐性必须对显性进行补充，提供法律和立法者明显没有考虑到的解释选择。这些解释性选择是法院的判决理由，其职责是使成文法适应特定语境和它的要求。③ 正如恩迪科特所说，一部制定法可能具有策略上的含糊不清，这将使法院能够根据案件适应不可预见的新情况。但是，如果法律不够清晰，需要解释新情况，而

---

① Alessandro Capone, *The Role of Pragmatics in (Re) Constructing the Rational Law-Maker*, Brian E. Butler ed., *Pragmatics and Law: Philosophical Perspectives*, Switzerland: Springer International Publishing, 2016: 114.

② Vittorio Villa, *Deep Interpretive Disagreements and Theory of Legal Interpretation*, Brian E. Butler ed., *Pragmatics and Law: Philosophical Perspectives*, Springer International Publishing, 2016: 117.

③ 同上，第148页。

且情形异常，法律也授权法院这样做，一般来讲，这不是含糊，而是句子语境化的做法。这种语境化的做法允许法院对立法者的立法意图进行补充，使成文法适用无法预见的情势。①

在这种情形下，法官用法律隐喻把现实中遇见的事物与法律规定联系起来，使成文法的规范意义语境化、具体化，这是法官在疑难案件中通过解释语境适用法律的一个重要防御原则。法律隐喻意义的语用解释考虑当前疑难案件的新语境，判断新语境如何与原有的立法语境（使立法者做出最初决定的语境）相似，判断新语境与原有语境有何不同，弥合两个语境之间的鸿沟。这种法律隐喻解释注重实效，因为它发生在新语境中，法官用想象力来判断理性立法者将如何对新情况作出反应。

这种语用解释可以是明确的或隐含的。任何情况下，如果语用解释涉及成文法语义的增减，而且可以通过法律的语境化完成，那么不需要修改法律文本就能使法律保持原样。法律人可以借鉴大量的语境信息：历史趋势、文化背景、政策的基本原则等，从不同的角度去思考法律事实，深入研究法律，建构说服性论证。他们也可以从了解立法决策的语境入手，包括听众、时间和地点，了解历史上共享的嵌入在文化语境中的故事和意象，研究现有的判例以及各种相反的论点和案情摘要，揭露这些情境话语中的故事和意象，揭开那些影响听众如何解释和回应自己论证的嵌入故事和意象。许多情况下，这些嵌入的概念无意识地影响法官对当前案件中人物和事件的直觉理解，而这种理解反过来又会引导法官最初对案件结果的预期。这些情境概念中潜在的法律故事和图式、叙事和比喻特别有助于说服的目的，因为它们根植于某个法律制度的历史和文化之中，成为一种社会常识。法律人使用这些主要故事和标志性意象时，就能够传达许多期望和假设，而无须把它们讲出来。当这些叙事和意象沉入人们脑海中时，它们似乎固化为看似普遍和自然而然的概念。

法律隐喻是特定语境中的微叙述。法律解释中的隐喻，目标域通常是"新"概念或更抽象的概念，而源域是人们更熟悉的或具体的概念。法律解释者用隐喻来构建两种现实：现实世界（出现于当事人的法律争议中）和法律世界。这个类比或隐喻使目标域更容易理解。每一个比较，无论类比、隐喻和人物塑造，都调用嵌入的知识框架或图式，使人产生直觉联系，能吸引

---

① Endicott, T., *The value of vagueness*, A. Marmor & S. Soames ed., *Language in the law*, Oxford: Oxford University Press, 2013: 14-30.

第四章 法律隐喻的语用分析

人们注意某件事，然后让人们看到另一件事。把一件事看作另一件事，就是人们如何逐渐理解新信息、如何确定新事物可能合理以及人们能用什么方式看待不同的观点，帮助解释者把现实中遇见的事物和头脑中的事物联系起来。隐喻和类比具有制造和断开这种联系的能力，因为这些联系帮助法律人利用预先存在的大量知识，为说服提供巨大的潜在推动力。

于是，隐喻中隐含的熟悉概念和常见的故事情节成为组织经验、铺设记忆之路，不仅引导现在的生活叙述，而且指向未来的方案[1]，人们需要发现影响司法判决的潜在储存故事或固有成见。法官甚至可以在解释过程中巧妙地改变一个故事，并对它进行处理，使它适合自己对现实或经验的认识。法官也可以改编故事使其更"有序"或更容易理解、阅读或更有意义。

但是，语境也不是绝对客观中立的存在物。检验判决的语境时，不仅能发现嵌入的故事和意象的说服力，也有图式认知或"分类"的负面影响。这些认知过滤器和框架以人种、性别、种族和阶级为基础。人们依赖它们，但经常意识不到它们，这种依赖可能造成广泛的歧视性影响。这些过滤器和框架是隐性偏见的来源：它们不仅填补了人们实际知道的信息空白，而且说服人们忽略重要的细节，使人们相信某种似乎不可靠的理解是与过去实际发生的事件一致的。

法律隐喻的说服以这种巧妙的方式得以实现：隐喻使法律人从众多普遍事实中雕琢当事人的个人情况，通过事件序列暗示因果关系，通过细节描写构建人物，激发情感，引导人们自然而然地进入隐喻叙述的法律现实，或者在故事中迷失自我，他们的态度和意图可能会改变，从而思考这个故事。[2] 对法律人而言，沉浸在故事的世界会引起叙事说服，或者是法律人希望的人们态度和行为的改变。这个过程分两个步骤：第一，叙事移转可以影响情绪、认知加工和信仰的变化；第二，这些变化最终会影响听众的态度、意图和行为。那些沉浸在文本中的听众或许不太可能不相信或反驳法官作为施喻人提出的各种主张，并且不太可能使用其他图式和经验。[3] 研究人员将叙事移转描述为一种"趋同"的过程，在这个过程中，听众完全集中于故事中重述的事件，并暂时从自己的原始状态中脱离出来。

---

[1] Bruner, J., *Life as Narrative*, *Social Research* 54 (1987), 11–32.

[2] Stefan Larsson, *Conceptions In The Code*: *How Metaphors Explain Legal Challenges in Digital Times*, New York: Oxford University Press, 2017: 56.

[3] Linda L. Berger and Kathryn M. Stanchi, *Legal Persuasion*: *A Rhetorical Approach to the Science*, Abingdon, Oxon [UK]; New York: Routledge, 2017: 51.

在这个过程中,隐喻语境解释中的法官类似于理性立法者,这成为一种理论建构的方式,它体现了最大的合理性。这种最大的合理性理论上可以达到,但在实践中不能。法官不仅是解释者,而且本身可以补充法律的合理性,即使他们不能取代实际立法者,也可以从理性立法者的角度出发,从更全面的合理论证角度,改善法律,补充语境意义。

在这个意义上,法律解释中的隐喻说服就是一种符合当前疑难案件实际语境的理论重构过程和法律推理过程,法官想象中理性或者完美的立法者不可能是真实的、过去的或现在的机构,而是一个建构物,充当解释判决合理性的理想参照点。理性的立法者从"重新理解"中抽象出来,更接近于"无论谁是立法者"的属性理解。这种属性理解关注立法者必须具有的理想品质,如理性、避免矛盾的能力,最重要的是客观性以及处理过去和未来各种情况的能力。① 语境允许理性立法者,而不是现实的法官,理解由于法律意义的缩小和扩大而产生的词条意义的变化,使立法者理解对重要案件有一定影响的意义内涵的变化。语境使理性立法者不受事件的影响,能够预测和处理过去以及未来不可预见的案件,因为他对语言的完美掌握是基于语境线索的调整,可以通过高超的语言技巧描绘或者创造现实与理想之间的相似性,跨越抽象与具体之间的鸿沟。

---

① Alessandro Capone, *The Role of Pragmatics in (Re) Constructing the Rational Law-Maker*, Brian E. Butler ed., *Pragmatics and Law:Philosophical Perspectives*, Switzerland:Springer International Publishing, 2016:151.

第五章

法律隐喻的认知语言学研究

西方文明的特点之一是推崇并且强调富有理性、符合逻辑的思想,科学研究方法重视这一点,法律传统也基本如此。历史上,英美法系把法律视为一个逻辑发展体系,以先例为基础形成新的标准、新的理论高度。① 但是,最近的研究结果证明法律不纯粹是逻辑体系,法律概念具有思考过程中某种中间阶段的特点,可以证明这是所有人类思维,尤其是逻辑思维的基础,被称为类推式隐喻思维,而且越来越多的法律学者建议把它作为一种根本性的法律思维方法。② 在疑难案件的处理中,法官用这种思维方式进行法律推理和法律解释,履行说服各类听众、维护法律权威的职责。本章从认知语言学的研究出发,从隐喻的映射和图式理论讨论法律解释中隐喻的认知说服功能。

第一节 法律隐喻的认知功能

亚里士多德对隐喻做过这种论述:隐喻是给事物一个属于其他事物的名称,移情是从属到种或从种到属或从种到种或类比的理由。③ 这意味着隐喻是把受喻者从事物的普通领域,连同它们的特点,转移到观念领域的载体。通过这种联系,隐喻具有保证人类经验统一的作用,使最概念化和理论性的思想借助对普通现象的类比得以解释,通过把熟悉或简单物体的特点指派给本体,成为引导读者理解复杂思想的手段。

---

① James E. Murray, *Understanding Law as Metaphor*, 34 J. Legal Education 714, 1984.
② 同上。
③ Aristotle, *The Basic Works of Aristotle*, Richard McKeon trans., New York: Random House, 1947: 1457.

传统上，隐喻通常被视为把两个物体、项或者概念并置的语言手段。隐喻在两个概念或者相互说明或者强化的意向之间指定某种语言或象征关系。① 这种概念关系用论述另一个事物来说明某一物，从而把两个事物的具体特征联系起来。因此，隐喻是命名事物的一种奇特或者反常的形式，也是认为谓项具有相似性的一种可能的逻辑行为。② 本体和喻体之间看似荒诞的等义使相似性成为现实，概念的发展实现了许多目的，特别是在隐喻被用来传达或者解释抽象观点之时。这种奇特性和逻辑之间的张力确实为隐喻提供了修辞影响力：首先，隐喻用熟悉之物描述一个概念时，就沟通了抽象和具体；其次，在隐喻论及日常事物特点的范围之内，这种修辞产生了"常识"的感染力；最后，两个事物之间等义的最终逻辑一旦建立，就能具有最终决定理解抽象概念的方式的效果。

伴随这种交流的清晰性而来的是隐喻产生了常识的感召力。隐喻把抽象的观念与日常事物同样对待，那些性质各异、新颖的事物变得熟悉，在一定程度上意义变得显而易见。一旦读者接受了抽象概念和普通观念之间的对等或者"联系"，这些普通特征的蕴含就变得明显，许多"明显的"推理就来自隐喻揭示的已知特征。莱可夫和约翰逊就认为：

因为许多用途非常重要的概念在我们的经验中（情感、观点等）要么抽象，要么描述不清，需要我们借助词义更为清晰的术语来理解和掌握其他概念。③

法律思想经常产生于抽象复杂的领域。虽然法律职业化的人工术语获得了法律行业特有的各种意义，这些术语在法律领域发挥作用，具有指导意义，可用于分析问题，但是，法院必须把自己的裁决公之于众时，这些抽象的意义不足以解释问题。佩雷尔曼就认为这是交流需要隐喻用法的良机：

人工语言排除了模糊、不精确以及用类比和隐喻方式表达看法……只要以人工方式用语言制定的严格规则需要诠释，相同的词语将不再有相同的意义，某个语境中的重要意义在其他语境中不再有效。不能否认类比和隐喻的使用，相反，这是交流和理解的期望强烈要求的。④

---

① Thomas F. Barry, *Metaphor*, Chris Murray, ed., *Encyclopedia of Literary Critics and Criticism*. Fitzroy: Dearborn Publishers, 1999.

② P. Goodrich, *Legal Discourse: Studies in Linguistics, Rhetoric, and Legal Analysis*, London: Macmillan Press, 1987: 105.

③ George Lakoff, *The Contemporary Theory of Metaphor*, Andrew Ortony (eds.), *Metaphor and Thought*, NewYork: Cambridge University Press, 1993: 115.

④ Chaim Perelman, *The New Rhetoric and the Humanities*, London: D. Reidel Publishing Company, 1979: 156.

此时，常识的感染力对司法隐喻极为重要。如果法院认为必须用隐喻把日常经验中的类似情形与特定概念联系起来，以这种方式才能解释，那么司法推理可能就像简单的常识。以分权原则为例，如果法院认为立法权、行政权和司法权必须被严格限制在特定范围之内，就可以恰当地把它们类比为一个独立的"水密舱"。如果权力是"水密舱"，政府三种权力之间僭越（滥权）就是常识，或者显而易见。因此，法律话语就能用隐喻来为法律推理提供常识的正当性。事实上，许多案件起因于共同经验，司法判决书中产生的原则最终必须应用到普遍经验中，就此而言，法律隐喻的使用非常恰当，既然故事以日常语言和经验而生，且以日常语言和经验而结束，法律的实质就是从日常语言到法律语言，再从法律语言到日常语言的转换，法律必须借助这种转换运转。①

隐喻的功能是体现它解释概念后的思想。隐喻强调某些特点，隐藏其他特点，通过这种方式，隐喻使人们以后只关注其依赖的那些共同特征。如果采用"新"隐喻，用创造者强调的特点来解释隐喻揭示的新关系，这种情况就变得尤其普遍、真实。新隐喻，像常规隐喻一样，有解释现实情况的能力。隐喻通过前后一致的句子蕴含，突出现实的某些特征，隐藏其他特征，就能实现这种影响。人们接受隐喻，就意味着人们只关注隐喻突出的那一部分经验，引导人们把隐喻蕴含的意义视为真实意义。当然在与隐喻解释的现实有关的范围内，这种"真相"可以是真实的。②

如果人们接受了隐喻本体和喻体之间的关系，隐喻创造的概念解释就体现、限制和制约未来对隐喻抽象因素的讨论。法律判决书中出现隐喻时，相同的动态过程也会发生。隐喻的"想象力火花"深深影响了法律概念，这种语言关系对未来的法律思想产生重大的强制或限制效应，因为隐喻经常选择了法律问题的某些特征，人们后来思考同类问题时就聚焦于这些突出的特征。所以，法院在司法判决过程中把隐喻作为一种手段，关注和解释争议问题的某个方面或特点，并把这些特征延伸为超越具体案件的法律原则或概念。这些用隐喻突出的特征成为未来看待类似问题的棱镜，而隐喻没有捕获的问题的其他方面则消逝在修辞背景中。这是隐喻的"遵循先例"。遵循先例本身就是隐喻：用判决"站立"的原则强化了这种解释效应。先例原则和法官使

---

① J. B. White, *Law as Rhetoric, Rhetoric as Law: The Arts of Cultural and Communal Life*, 52 U. CHI. L. REV. 684, 692 (1985).

② George Lakoff, *The Contemporary Theory of Metaphor*, Andrew Ortony (eds.), *Metaphor and Thought*, NewYork: Cambridge University Press, 1993: 157-158.

用的这种语言结合在一起，创造了隐喻对司法推理的影响。

最终，司法判决书中隐喻的每一种用途都促进了许多司法理由的总目标——说服。法律要维持合法性，就必须说服法律机关做出公平合理的判决。正如罗伯特·高登所言：

……司法机关行使的权力与其说取决于它对违反规则者采取的暴力，不如说取决于它能够说服人民，一个心智健全的人想生活的唯一能够实现的世界是法律的意向和范畴描绘的世界。①

在某些关键时刻，如果法院试图对法律做出重大变革，说服的需要就更加强烈。在这些案件中，司法判决书必须使读者相信案件的公正解决需要偏离历史解释的影响，法官应该变革法律来处理特定争议。此时，借助隐喻组织特定争议问题的思维方式，用常识来裁决，能够使复杂问题简单化。在这个意义上，隐喻能被理解为说服使命中的强大工具。

现代认知语言学认为语言不仅仅是描述和陈述，隐喻不只是用于装饰话语的华丽辞藻和装饰物。隐喻体现和影响人们努力描述的人类思维过程。玛瑞·埃德尔曼认为：思想是隐喻的，语言中隐喻无处不在，因为人类用对熟悉事物同一性的感知来理解那些未知的、新的、不清楚的、遥远的事物。②因此，隐喻解释人们对感知做出反应的模式。语言决定人们如何看待这个现实世界，隐喻尤其影响人类对身边现象的感知和理解。

隐喻是思维和语言的交叉点。从亚里士多德开始，各个学科的学者一直竭力解释隐喻，理解其在语言、思想和文化中的作用。20世纪晚期，隐喻研究迅速发展，特别是在认知科学领域，语言学家、哲学家和心理学家提出了各种各样有关隐喻、思维和语言的观点，接受了这样一种可能的解释：隐喻对语言、思维和经验非常重要。③许多学者以"认知语言学"的名义进行研究，探索这样的观点：人们用隐喻讲话，因为人们用隐喻来思考、感受和行动。认知语言学家假设对言语范畴和建构物的概念和经验基础进行分析至关重要，因为研究语言的形式结构不是由于它们似乎是自发的，而是它们反映普遍的概念组织、范畴化原则和处理机制。④

---

① R. W. Gordon, *Critical Legal Histories*, 36 STAN. L. REV. 57, 109 (1984).

② Haig Bosmajian, *Metaphor and Reason in Judicial Opinions*, Illinois: Southern Illinois University Press, 1992: 72.

③ Markus Tendahl, Raymond W. Gibbs Jr., *Complementary perspectives on metaphor: Cognitive linguistics and relevance theory*, Journal of Pragmatics 40, 1823 – 1864, 1823 (2008).

④ 同上，第1825页。

隐喻不仅是一种修辞格，还是一种特别的心理映射，一种神经共同激活方式，在很多方面影响人们在日常生活中如何思考、推理和想象。言语隐喻（包括用隐喻表述的习惯表达方式）不仅作为一种装饰性的交流手段来讨论本质上字面意义难以描述的主题，而且体现了概念的各种映射方式。在映射过程中，人们借助隐喻，用更明确、熟悉和具体的知识形成那些模糊而又抽象领域的知识概念。

法律没有脱离现实生活，司法判决书及其逻辑也是如此，是虚构的、隐喻的和富有诗意的。法律关注具有法律意义的案件事实，但是案件的"事实"是隐喻建构物，许多事实是隐喻创造的，并非都是当事人亲眼所见。事实不是以具体的形式展示给所有人，证明真实性无可置疑，而是在传统意义上创造、编造的。法律本身就是隐喻，事实是隐喻，隐喻就是想象，是一种"内在视角"。[①]

隐喻的这种功能在法律话语中有具体的反响，在法律推理和维护司法判决书的权威性方面能起到一种特别的作用。所有的人权、法律和社会理想没有用语言表达出来之时，都不存在，都是哲学意义上的。但是法律概念超越思想阶段，成为社会精神的公有部分之时，就是社会现实，就成为法律。人们还没有想到许多新的生活交往方式，它们还没有演变为法律，这是因为没有用语言把它们表达出来。[②]

实践中，疑难案件发生时，法官庭审中必须听取双方律师就相同的法律进行辩论。双方律师都想扩充或者限缩法律，否认事实，或者创造新事实。双方阐述自己的观点之后，法官必须以富有想象力的语言对事实做出判决，必须用语言描述争议，有时甚至借此创造新法律。所以，人们阅读法官以前的判决书，理解他们的隐喻，最后又创造新隐喻。法官个人判决意见的发展取决于以前法官的判断技巧，每一个法官重新阅读，重新思考，重新用语言描述，重新从每一个其他法官的观点中创造出新意义：遵循先例。这种循环周而复始。

第二节 法律隐喻的映射模式研究

隐喻和类比一样，通过把一个概念与另一个概念相比较，指出相似性，

---

① James E. Murray, *Understanding Law as Metaphor*, 34 J. Legal Education, 718–719 (1984).
② 同上，第723页。

从而成为推理的工具,帮助人们理解概念。① 在这个过程中,隐喻式推理涉及两个不同的领域,一个领域的隐含联合体(或者知识)被用来对其他领域进行推理或提出主张。第一个领域被称为源领域,第二个领域被称为目标领域,也就是被推理的领域。隐喻式推理有两种类型:第一种类型是以相似性为基础的隐喻,指出源领域和目标领域之间的相似性,用源领域已知的相似性来规定目标领域的相似性,这些规定的相似性使源领域的隐含联合体生成了目标领域的主张;第二种类型是隐喻创造相似性。在最令人感兴趣的隐喻例子中,源领域和目标领域之间本来没有相似性。但是,使用隐喻之后,如果成功了,就使目标领域看上去与源领域具有某种相似。这种相似性是创造出来的。

  法官有很多理由去研究司法推理中隐喻的作用,特别是如果案件的实际情形需要法官充分理解和解释深奥难懂的诉讼问题之时。在英美等发达国家中,21世纪信息时代的诉讼中出现的很多争议问题都符合这种类型,特别是有关计算机技术这类的高科技案件可能尤其具有挑战性。② 有关技术的隐喻能影响人们对知识、真实性、正义和现实的感知。但是,法律共同体内部和外部的很多人,从向法院提起高科技诉讼案件的律师到负责监督民事司法执行的那些人,以及报道这种新闻的记者,都对法官充分理解特定案件中有关技术的能力表示担忧。在互联网、生物科学、航空航天与空间技术、信息技术飞速发展的时代,法官面对这些领域的新概念和新现象时,实践中最有可能利用隐喻解决争议。技术变化使法官面临前所未知的法律情况时,如果新技术不符合现有的范畴类型,类比是法院的唯一现实导航图。③

  英美法系的法院判例中,如果新技术本身成为推动法律发展的驱动力,错误理解技术问题就可能导致有瑕疵的法律结论。因此,认真审查隐喻,认真研究和讨论司法判决书中法律隐喻的映射模式以及相关的认知图式,就显得很有必要。隐喻将源领域的属性特征映射或投射到目标领域,指出或者创造它们之间的相似性,从而说明或解释目标领域。根据二者的相似性程度,可以把这种映射分为熟悉到不熟悉、具体到抽象、抽象到具体、抽象到抽象

---

  ① Chad M. Oldfather, *The Hidden Ball*: *A Substantive Critique of Baseball Metaphors in Judicial Opinions*, 27 CONN. L. REV. 22 – 23 (1994).

  ② Stephanie A. Gore, *A Rose By Any Other Name*: *Judicial Use of Metaphors for New Technologies*, 2 Journal of Law, Technology & Policy, 403 – 456, 409 (2003).

  ③ Linda Greenhouse, *What Level of Protection for Internet Speech?* N. Y. TIMES, Mar. 24, 1997, at D5.

和具体到具体五中类型。

下文中将通过详细分析与探究美国某些判例来说明隐喻式推理的五种映射方式。

1. 熟悉到不熟悉：互联网是"信息高速公路"

隐喻具有把不熟悉或者难懂的概念与另一个更熟悉的概念在某一点相似性上连接起来的作用。交际学者小奥斯卡·甘地和肯尼斯·法拉奥认为：

隐喻由源领域和目标领域构成。源领域是假设交际行为人熟悉的领域，或者至少共享具有某些特点的知识，目标领域是不太熟悉的领域，能够经过与源领域的联系而理解。隐喻交际行为吸引受众用比较熟悉的事物来思考不太熟悉的事物，源领域中行为人了解的部分是隐喻的内涵。隐喻表达内涵意味着目标领域的某些部分被强调，而其他部分被隐藏。①

美国的州际高速公路系统（正式名称为：国家州际公路和国防高速公路系统）是根据1956年联邦公路法逐步建立的，受到州政府和联邦政府（间接）的管理。公路系统的发展，极大促进了美国商品、人员的流动，促进了经济发展，但也带来了环境污染等许多社会问题。1994年初，美国前副总统埃尔·戈尔把一项政府互联网计划命名为"信息高速公路"，然后这个概念进入了公众视野。互联网发展的初期，多数美国人第一次面对互联网时，"信息高速公路"隐喻决定了他们理解互联网的方式，使美国民众自然而然地认为这些新电信技术等同于州级公路的作用。② 从法律上讲，如果互联网是公路，这意味着为了安全，政府就能管理互联网，软件通过万维网州际电话线传送给计算机用户，就像软件装在卡车车厢里，经由州际公路送到计算机商店和终端用户手中一样。通过这种方式，互联网和许多传统运输方式，如公路一样，实现了跨州运送货物的目的。③ 接入互联网意味着有办法发送和接收电子邮件，上传和下载文件，订阅网络新闻，数以千计的兴趣团体组成的网络号称有几百万读者。④

---

① Oscar H. Gandy Jr. & Kenneth N. Farrall, *Metaphorical Reinforcement of the Virtual Fence*: *Factors Shaping the Political Economy of Property in Cyberspace*, Andrew Chadwick & Philip N. Howard ed., *Routledge Handbook of Internet Politics*, 2007.

② Clay Calvert, *Regulating Cyberspace*: *Metaphor*, *Rhetoric*, *Reality*, *and the Framing of Legal Options*, 20 Hastings Comm. & Ent. L. J., 541 – 566, 548 (1997 – 1998).

③ Kenneth D. Bassinger, *Dormant Commerce Clause Limits on State Regulation of the Internet*: *The Transportation Analogy*, 32 GA. L. REV., 905 (1998).

④ George P. Long, *Who Are You*?: *Identity and Anonymity in Cyberspace*, 55 U. PITT. L. REV. 1177 (1993 – 1994), 1181.

这个隐喻影响了美国法院对早期互联网的认识与理解。法院遇到法律未曾预料到的新技术时，它们依赖类比推理，把新技术与旧技术作类比，这对适用正确的法律规则非常重要。某些法院的司法判决书也使用互联网这个隐喻，虽然没有法律评论员那样独特。布鲁克菲尔德诉西海岸娱乐公司案中，美国联邦第九巡回法院不加区别地接受了公路的隐喻类比，认为：

一个人在自己的元标记中使用他人的商标，很像在自己的商店前面张贴他人商标招牌。假设被告西海岸的竞争者（姑且称为巨型炸弹）在公路上立了广告牌，上面写着"西海岸录像：7 号出口前行 2 英里"。事实上，西海岸实际位于 8 号出口，而巨型炸弹位于 7 号出口。①

法官和普通人一样，无法避免把新生事物与熟悉的事物做类比的倾向。纽约南区法院判决禁止利用互联网向未成年人传送有害信息是否违反商业条款时，评论道：

长期以来，法院认为铁路、卡车和公路是"商业运输工具"，因为它们充当了产品和服务运输的管道。互联网不只是一种交流方式，也是运送数字商品的管道……它们可以从服务商的网址下载到互联网用户的计算机上……这种结论不容忽视，互联网代表了州际贸易的一种工具，尽管是一种新工具……（并且）迫使传统的贸易条款进行考虑。②

但是，1996 年以后，司法审判中逐步否定信息高速公路隐喻的使用。白海丽诉格罗斯案中，原告最初的做法是试图禁止被告在他们的网络域名或者所有网站元标记中使用自己的名称。纽约南区法院用"最初利益请求权混淆"的理由否定了对现实空间公路的类比。③ 与布鲁克菲尔德案中美国联邦第九巡回法院的观点不同，白海丽案的审判法院认为：

公路广告牌隐喻的用法不是互联网上元标记的最好类比。公路上的误导性广告牌造成的损害难以矫正。相比而言……一个人重新搜索正确的网址相对简单，点击鼠标，等上几秒，浏览器就能恢复引擎搜索功能，重新搜索最初的网站。公路的隐喻突出了本案中没有注意到的内容。元标记中插入"白海丽室内设计"不同于误导性的"广告牌"，后者使司机绕到竞争商店，并

---

① *Brookfield Communications, Inc. v. West Coast Entm't Corp.*, 174 F. 3d 1036, 1064 (9th Cir. 1999).

② *Am. Libraries Ass'n v. Pataki*, 969 F. Supp. 160, 173 (S. D. N. Y. 1997).

③ *Bihari v. Gross*, 119 F. Supp. 2d 309, 319－321 (S. D. N. Y. 2000). 原告明确主张反对互联网侵犯了《消费者保护法》和《兰哈姆法案》第 43（a）条。

且不正当地利用了原告已获得的商誉。①

工作室诉雷默德斯案中，纽约南区法院对这个隐喻也做出了相似的否认：

网络连接与信息高速公路有一种关系，可以比作公路标牌和公路的关系，但它们的功能更强。网络连接像公路标牌，指示方向。但不同于公路标牌的是，网络连接只要点击鼠标，瞬间就使一个人到达理想的目的地。因此，像普通的计算机密码一样，它们具有表述性和功能性因素……（并且）在第一修正案关注的范围之内。②

白海丽和雷默德斯案的审判法院都承认了互联网的例外论。信息高速公路不像普通公路，它的连接不同于公路标牌，这个想法忽略了互联网的即时性，互联网的结构不同于纯粹的管道，信息在其中来回传送，并且包含了几个目的地，每一个都有自己的内容。这些案件探索并揭示了这个隐喻对制定和采用新的规则和行政法律的含义，它们影响了新的电信技术、服务、计算机媒介通信以及互联网。信息高速公路隐喻是美国前总统比尔·克林顿和美国前副总统戈尔从战略角度选择的修辞手法，界定了有关互联网和电信监管的辩论，含蓄地表明某些特定的法律选择对指引网络空间的未来法律比其他规则更可行，因为隐喻的力量在于改变和控制人们今后的思想。

2. 抽象到抽象：互联网是网络空间

网络空间，最初是威廉·吉布森1984年的科幻小说《神经漫游者》中发明的一个在概念空间中使用的名称，表达了早期的个人电脑和街机游戏在屏幕后共享一个空间的意象。③ 在这个空间里，人们使用计算机媒介通信技术来表现文字、人际关系、数据、财富和权力，不仅暗示这是一个"新"空间，而且是完全不同于现实的空间，不受政府的传统管理限制。这个概念也强调数字化网络空间是三维空间，可以存在和移动，环境明显不同于真实世界，令人想到20世纪90年代早期的"虚拟现实"，或媒体在2005~2006年关注的虚拟世界"第二人生"。④ 这个"虚拟现实"最主要的本质特点，也是互联网早期的愿景，它是一个不应该甚至不能成为政府部门监管目标的"空间"。约翰·佩里·巴洛的《网络空间独立宣言》是对1996年美国《电信

---

① *Bihari v. Gross*, 119 F. Supp. 2d 309, 320 (S. D. N. Y. 2000). 原告明确主张反对互联网侵犯了《消费者保护法》和《兰哈姆法案》第43（a）条。

② *Universal City Studios, Inc. v. Reimerdes*, 111 F. Supp. 2d 294, 339 (S. D. N. Y. 2000).

③ William Gibson, *Neuromancer*, London: Orion Publishing Co., 1984: 51.

④ Stefan Larsson, *Conceptions In The Code: How Metaphors Explain Legal Challenges in Digital Times*, NewYork: Oxford University Press, 2017: 3-4.

法》的回应，宣称在工业世界的政府中，网络空间不存在于你的边界之内，我们正在形成我们自己的社会契约，网络空间的治理将根据我们的世界而不是你的。我们的世界是不同的。

到了20世纪90年代中期，越来越多的个体通过网络浏览器接触到了互联网，这个新隐喻开始在大众新闻舆论、各种学术研讨会和法律著作中流行，开始取代信息高速公路隐喻。"网络空间"隐喻与信息高速公路隐喻形成鲜明对照，唤醒了有关互联网的三个概念主题：（1）政府管理的不适合性；（2）一个没有边界的空间场域观念；（3）高度例外论。这三个主题之间相互强化。①

在这个隐喻的影响下，美国有些学者确实认为领土意义上的政府不可能而且确实不应该管理互联网②，他们认为这个新场域的管理应当交给它的居民们，只有他们才能解释法律人格和财产，解决纠纷，使线上参与人核心价值观的集体对话具体化。③

20世纪90年代中期，法院审理的互联网相关案件数量不断增加，也开始强调互联网的例外性和新特征，认为它是一种全新的信息交换方式，网络空间里关于邮件和电话的类比不太令人满意。④雷诺诉美国公民自由联合会案中，美国联邦最高法院的第一份互联网判决书就采用了网络空间是存在于领土边界之外的新场域的隐喻，语言令人瞩目：总结到一起，这些工具构成一个独特的媒介，用户称为"网络空间"。它没有具体的地理位置，但任何人在世界任何地方都可以利用，都可以进入互联网。⑤许多其他法院也开始把互联网描述为超越边界、有可能不受现实空间法律管辖的领域。

许多法院尝试把米勒诉加利福尼亚案中规定的淫秽检测社区标准的部分内容适用于互联网，这个思维过程在美国诉托马斯案中阐释得很清楚。该案中，原告主张：本案中使用的计算机技术需要重新解释社区，换句话说，社区建立在网络空间中人们之间广泛联系的基础上，而不是联邦刑事审判司法区的地理场所。⑥托马斯案的审判法院驳回了这个主张。四年后，美国公民

---

① Jonathan H. Blavin and I. Glenn Cohen, *Gore, Gibson, and Goldsmith: The Evolution of Internet Metaphors in Law and Commentary*, Vol. 16 Harvard Journal of Law & Technology 275, Fall, 2002.
② David R. Johnson and David Post, *Law and Borders: The Rise of Law in Cyberspace*, 48 STAN. L. REV. (1996), 1402.
③ 同上，第1367页。
④ *Maritz, Inc. v. Cybergold, Inc.*, 947 F. Supp. 1328, 1332 (E. D. Mo. 1996).
⑤ *Reno v. ACLU*, 521 U. S. 844, 851 (1997).
⑥ *United States v. Thomas*, 74 F. 3d at 711.

自由联合会诉雷诺案用了截然不同于美国联邦第六巡回法院的分析，裁定《儿童线上保护法》规定的淫秽检测社区标准违反宪法，美国联邦第三巡回法院的判决意见如下：

不像在具体地理场用砖石灰浆建成的出口，也不同于从一个地理位置向另一个位置主动发送印刷品邮件，就像米勒案那样，无可争辩的事实证明网络在地理上没有限制。实际上，并且非常重要的一个事实是……网络发行商没有任何办法根据特定互联网用户的地理位置限制他们进入自己的网站。只要信息在网站上发布了，任何其他网络访问者都可以使用……在一个没有地理位置的媒介中，当人们尝试解释当代社会准则应当或者可能意味着什么之时，这个重大区别必然影响人们的分析。①

法院消除了管道隐喻例外性低的特点，采用互联网是新空间的隐喻，认为塞布雷案和汉姆林案中的类比不恰当。法院把被告能控制向谁发送淫秽印刷品和他们不能控制什么人进入或者访问自己的网页内容做了区别。判决的改变肯定是因为互联网设计从公告栏的拼凑物发展成了网络，但是这种改变与隐喻的变化相吻合。互联网技术的进步使信息高速公路隐喻实际上已经不符合网络发展的现状，于是催生了新隐喻"网络空间"，这又带来了新结果。

3. 具体到抽象：互联网是现实空间

从 20 世纪 90 年代末到 21 世纪的最初几年，互联网不是与现实隔绝的神秘场所的观点越来越普遍，所以人们又建构了各种隐喻推理，可以把互联网"划分为不同区域"，进行干预，避免造成侵害，或者分割为与不动产相似的一块一块区域。在 1998 年的一系列法律文章中，杰克·高德史密斯认为互联网没有带来特别的问题，不能用管辖规则和冲突法进行解决。② 莱斯格认为互联网的设计源自"控制的特有想法"。③ 因此，互联网没有任何内在的东西使它成为一个与传统的领土边界、人类价值观、政府的相关管理隔绝的空间。1999 年以后，许多学者依据莱斯格的分析，否定了"网络空间"的隐喻，突出了它的技术特征。网上授信系统、滤波和地理精确定位技术的不断普及和使用增加了这种观点的可信性，人们对互联网进行重新设计，使它与现实的

---

① *ACLU v. Reno*, 217 F. 3d 175 (3d Cir. 2000).

② Jack Goldsmith, *Symposium on the Internet and Legal Theory*：*Regulation of the Internet*：*Three Persistent Fallacies*, 73 Chi.-Kent L. Rev. 1119, 1121 (1998); also see Jack Goldsmith, *Against Cyber Anarchy*, 65 U. Chi. L. Rev. 1199–1200 (1998).

③ Lawrence Lessig, *Code and Other Laws of Cyberspace*, New York：Basic Books, 1999：4–5. 早在 1996 年，莱斯格就认为互联网影响现实空间的生活，将受到和现实空间一样的监管。参见 Lawrence Lessig, *The Zones of Cyberspace*, 48 STAN. L. REV. 1403, 1406 (1996).

领土边界和法律管辖范围保持一致。①

随着互联网演变为一种人们日常生活中的必需品,广泛应用于工作、购物和交际,它已经成为现实世界中一个很平凡、例外性很小的组成部分,互联网使用的普及影响了"网络空间"意义体现的互联网认知的变化,因此互联网隐喻也恢复到"管道"隐喻。从互联网的发展过程看,许多第一代用户具有技术背景,坚持"网络空间"的观点。但是,随着互联网商业化和可使用性程度越来越高,它的用户"基础多元化",排他性减小,"网络空间"隐喻体现的精英主义已经与现实严重不符。有趣的是,网络浏览器技术的出现严重损害了这个特定用户群的"网络空间"隐喻,法院也自然采用了"互联网是现实空间"的隐喻。实际上,早在雷诺诉美国公民自由协会案时,奥康纳大法官的意见就预言:网络空间无疑体现某种地理形式,例如,聊天室和网站存在于互联网的固定地点,有可能在网络空间里设定屏障,用它们审核身份,使网络空间更像物理世界。②奥康纳使用领土边界划分的物理世界这个类比对她期望把分区法适用于互联网至关重要,类似于那些限制进入成人影院的做法,而且美国最高法院以前就维持了这种意见。③

尽管奥康纳法官的观点并没有被司法部门全部接受,但它还是有一定的反响。各种各样的案例以隐喻推理的方式将互联网视为真实的空间。在一系列的早期案例中,关于互联网服务提供商是否能对其用户的行为负责,诉讼的各方当事人将互联网服务提供商与电信运营商、新闻报业出版商等实体进行比较。④

有许多案件引用这个隐喻来类比互联网是现实空间的概念。在互联网侵害动产的案件中,现实空间隐喻也越来越明显。在这些案件中,法院认定使用蠕虫病毒、垃圾邮件甚至普通电邮都构成"侵害",影响了原告的计算机系统财产权。许多法院不再认为互联网是"没有边界的边疆",本质上与领土边界没有联系。相反,他们至少开始调查互联网曾经先进的设计是否确实能够精确地与现实空间连接。

4. 抽象到具体:"瓶颈"原则

反垄断法领域是研究隐喻影响的理想法律领域。反垄断法经常通过审查

---

① William Gibson, *Neuromancer*, London: Orion Publishing Co., 1984: 282.
② *Reno v. ACLU*, 521 U. S. 844, 890 (1997).
③ *City of Renton v. Playtime Theatres, Inc.*, 475 U. S. 41 (1986).
④ Jonathan H. Blavin and I. Glenn Cohen, *Gore, Gibson, and Goldsmith: The Evolution of Internet Metaphors in Law and Commentary*, Vol. 16, Harvard Journal of Law & Technology 275, 284 (Fall 2002).

数量庞大、非常精确而又抽象的市场和经济数据，判断什么商业行为违反反垄断的禁令，构成垄断行为。美国法院有关反垄断案件的判决书中，除了案例引用和市场份额数据之外，能给法官、律师或者普通读者留下深刻印象的很可能是隐喻。借用经济学中最著名的比喻之一，隐喻通常是一只"看不见的手"，能在不被察觉的情况下，从远处引导事件。① 例如，竞争性"定价"是经济的"中枢神经系统"，地方电话局或者足球馆受到"瓶颈"原则影响，原告处于"目标区域之外"，"浴缸阴谋（企业内部阴谋）"受到指责，被告可能是一名新会员，"在边锋位置等待"，销售政策等于"价格压榨"，收购公司具有"雄厚的财力"或者进行"支点"收购，新产品"品牌具有竞争力"。这一类词语充斥在反垄断法中。

美国反垄断判决中的隐喻令人惊讶，具有明显的比较优势，经常用栩栩如生的说话方式把抽象的概念转换为具体概念，用各种隐含的意义建构概念，具有了不受源领域概念真实价值影响的能力，预示了类似案件的久远影响。美国法院过去 20 年中一直使用和完善的"瓶颈"原则，它的影响和不确定的性质，都对反垄断法司法实践提供了许多经验教训。

"瓶颈"原则是一个用隐喻表达的假设规则，也被更简明地称为"基本设施"原则。美国诉美国电话电报公司案中，格林尼法官阐述了如下意见：

开门见山阐述可适用的法律规则很有用。如果任何公司控制市场的"基本设施"或"战略瓶颈"，没有按照公平合理的而是使竞争者处于不利状况的条件提供这个设施给它的竞争者，就违法反垄断法。②

英国学者艾·迪·尼尔曾经讨论用各种"瓶颈"垄断行为来总结那些被宣告为"一个人的抵制"或者"大公司拒绝交易"案件中的观点，美国许多上诉法院和地区法院用相似的术语表述了"瓶颈"原则③，这证明它不是一个毫无根据的空想，而是成了一个判决规则的隐喻。在许多判例中，法院先后用它审理足球队对华盛顿体育馆的排他性租赁，美属萨摩亚群岛的石油储藏设施、输气管道、电力网络、报纸配送系统、不动产代理服务协议以及科罗拉多的滑雪场等案件。法院经常用格林尼法官自信、无保留的方式来陈述这个原则。美国司法部反垄断署、各级法院和行政机构提出的诉状中，对

---

① Michael Boudin, *Antitrust Doctrine and the Sway of Metaphor*, 75 Geo. L. J. 395, 396 (1986 – 1987).

② *United States v. AT & T*, 524 F. Supp. 1336, at 1352 – 53 (D. D. C. 1981).

③ A. Neale, *The Antitrust Laws of The United States*, 66 – 70, 127 – 33 (2d ed. 1970), quoted in *Hecht v. Pro-Football, Inc.*, 570 F. 2d 982, 992 (D. C. Cir. 1977), cert. denied, 436 U. S. 956 (1978).

"瓶颈"原则特别青睐，通常都同时提到美国诉终端铁路协会案和联合通讯社诉美国案。①

虽然美国联邦最高法院的案件几乎没有支持过该原则，而且美国联邦最高法院已经错过了几次机会来支持它，该原则也存在令人尴尬的弱点，但是它依然在联邦法院审判中发挥了很好的作用，在造成了损害的同时，也在不断发展。这个隐喻已经帮助建构了一个法律原则，劝说法院倾向于把它作为一个好像是自动生效的规则对待。但是，下级法院采用"瓶颈"原则审理时，被案件弄得精疲力竭。从修辞角度讲，这个术语不关心是否存在垄断和垄断是否与某种稀有设施或资源有关联的意图或者问题。一旦发现这种设施，就是一个做出需要合理使用设施的假设捷径，被告有责任证明自己拒绝竞争对手的使用具有正当性。②

此外，"瓶颈"的标签建构了原则，因为它暗示了企业或公司拒绝对手使用的行为是一种不利观点。"瓶颈"最直接的主观联系几乎都是不利的，它包括了超级市场很长的交款队伍或者堵满汽车的大桥入口坡道。就这个隐喻的意义而言，把某个事物称为基本设施对回答它是否应当与竞争者共享或者所有人是否有权为公众服务意义不大，原告咆哮着要使用时，把同样的设施称为"瓶颈"就是呼吁法院干预，用无声的喇叭发出呼吁。作为修辞格，隐喻不仅能够建构原则，也能提升它在法院的影响。反垄断法是一个很难的科目，基础的经济学对多数法官和律师而言更是令其困惑，在许多地方都体现了一种简化反垄断法的合理冲动，包括本身违法规则③、掠夺性定价的成本审查、判断市场不合理集中或垄断影响力的数学公式。在这些方面，隐喻把抽象的反垄断法变得具体、更有活力，符合用不同方式理解观念的相同需要。

有时，人们可理解的隐喻无关扭曲或令人误解，就像"瓶颈"一词已经证明的那样。一个恰当选择的隐喻可以提升具体化原则的影响。例如，"捆绑"④的观念很可能比《克莱顿法》第三条的字面语言更好地抓住了国会的

---

① Michael Boudin, *Antitrust Doctrine and the Sway of Metaphor*, 75 Geo. L. J. 397 – 398 （1986 – 1987）.

② "瓶颈"原则赞同将责任转嫁给被告，由他证明拒绝是正当的，因为这意味着"合理"的使用通常是可行和可取的。"瓶颈"的隐喻意味着应该自由流动的东西受到限制。

③ 本身违法原则是指如果某种贸易行为限制贸易，无论它是否实际上造成损害，都违反了《谢尔曼法》。参见 Bryan A. Garner ed., Black's Law Dictionary (8th ed.), Thomson West, 2004: 3618.

④ 捆绑协议指如果买方在购买卖方的某种产品或服务的同时，被要求同时购买其他产品或服务，卖方才会同意出卖自己的产品或服务。根据《谢尔曼法》或《克莱顿法》的规定，如果捆绑协议的效果非常不利于竞争，就可能是违法的。

担忧,让人们关注这样一个案件:卖方要求买方承诺不使用自己竞争对手的商品。更普通的案例是卖方不说出自己的竞争对手,但是把自己销售的产品结合在一起强加给一名不太愿意的买方。"捆绑"隐喻应对的就是这种情形,它用比任何成文法的抽象解释都更加简洁和生动的方式,概括了一个关联产品的基本概念,把成文法适用于一类重要的情形之中。

这些隐喻也用更加生动具体的方式使律师或法官们在未来的案件中更容易想起相关的原理。随着新隐喻在一系列案件中的不断使用,它更可能获得新的意义,自身开始被理解为对以前各种使用方法的一种总结。因此,久而久之,随着判决摘要和判决书中不断重复使用隐喻,反垄断隐喻影响逐步增强,虽然细微差别不断呈现。

隐喻最令人好奇的一个原因是它曾经是属于文学的一种修辞方法和一种推理方法。人人都熟悉美学和情感作用,这一点比较明显,但隐喻的推理作用有点陌生,某种程度上被隐藏。作为一种简洁化的类比,隐喻对精通普通法推理的律师具有天然的吸引力。按照普通法的传统,律师论证、法官判决的当前案件足以构成以前案件的"同类案件",这两个案件应当用同样的方式判决,这是一种具有正当性的可接受方法。法律推理基本的范式是用实例推理,是个案推理。① 反垄断案件中的隐喻事实上可以援引以往的反垄断案件,正如瓶颈隐喻经过充分的案件积累之后表现的那样,但是作用更广泛。隐喻式推理作为一种论证方法,对律师来讲可能"感觉理所当然",因为他们习惯于使用类比。

虽然隐喻可以包含类比论证,但它是隐性的论证。论证的隐性特点具有显著的效果,使隐喻成为一把锋利的武器,更难以避开。仔细研究反垄断案件中类比如何溶于隐喻中之后,这些后果就很好理解。美国诉石油公司案中,道格拉斯大法官为法院撰写的判决书恰当地实现了这个目的。该案中使用的隐喻是"竞争性定价是经济的中枢神经系统"。被告是一家大型石油公司,被控违反《谢尔曼法》第一条,采用了一个购买"灾难"石油管道的计划。这个灾难石油管道以很低的价格出售,在某些情况下可能低于成本。因为炼油厂无法单独维持经营,为解决这种情况,几家大型公司同意把自己比作出售灾难管道的独立炼油商的"舞伴"。然后,他们会按照一个以"市场现行的中等价格"决定的购买公式,每月购买独立炼油商的低价石油。②

---

① E. Levi, *An Introduction to Legal Reasoning*, 1 (1949). Quoted from Michael Boudin, *Antitrust Doctrine and the Sway of Metaphor*, 75 GEO. L. J. 395, 406 (1986).

② *United States v. Socony-Vacuum Oil Co.*, 310 U. S. 150, 170 – 180 (1940).

联邦地区法院的陪审团判决被告有罪，上诉法院推翻原判，发回重审，最终上诉到了最高法院。最高法院推翻了上诉法院的判决，重申了被告的有罪判决，判决书的许多内容直接回应了被告的各项观点。道格拉斯大法官认为：任何用不正当手段干预价格构成的联合都是非法行为。① 他用一个很长的脚注解释法院从来都没有接受过任何定价的理由，认为定价协议全部被禁止，权力或者影响力构成反垄断的违法行为都不是必需的，因为它们实际上或可能威胁到经济的中枢神经系统。②

这些有说服力的观点与一个隐喻结合在一起，把竞争性市场的定价默示等同于"经济的中枢神经系统"，这是一个使用类比的巧妙论证。价格机制和中枢神经系统都很灵敏，对脊柱的单次严重损害可能造成终身瘫痪，严重的价格同谋可能在一段时间内造成有限的损害；价格是所有市场关系中最灵敏的因素，任何对自由竞争定价的干预都危害很大。从这些方面分析，特定的中枢神经系统和竞争性市场定价在组织结构上有相似性。竞争性市场，像中枢神经系统一样，通过"信号"（价格—神经冲动）发挥作用。每个系统可被视为一个网或者连接整体（身体—经济）不同部分的网络。在每一个网络中，信号系统正常发挥功能被视为对实体至关重要，信号中断被视为威胁（神经疾病—资源不合理配置）实体。这些未曾明说的相似点构成了类比的基础，判决书的读者默认了这一点，就像庭审证人一样，不知不觉轻易认可了现在很明显的含义：如果定价体系等同于中枢神经系统，那么这个类比就鼓励读者假设定价制度也有这些特征，应当遵守禁止干预的相同规则。这个隐喻不仅否定了价格操纵是正当的，而且也拒绝考虑其影响力和实际效果。如果造成损害的可能性很大，而且又缺乏正当性，法官可以谴责这种初始意图，而不用担心它是否可能有效或者已经发生效应了。

这个隐喻除了具有作为类比论证的影响之外，还有更富有文学特点的其他方面的特点，就像一件精美的手工制品。它暗示了一个医学和生物学的对比，一种戏剧性的比较尺度，吸引人们注意这个观点：干扰中枢神经系统的意象唤起了令人不适和担忧的感觉，这无疑产生了效果，因为这能被人感觉到了，而不是被理解了。这些文学性的特点与必要的类比一起使隐喻具有了说服性。判决书为当下案件也为未来案件而写，借助情感联系，隐喻支持了法院的判决结果，而且道格拉斯大法官的隐喻在后来四个重要案件中不断

---

① *United States v. Socony-Vacuum Oil Co.*，310 U. S. 150，220 - 221（1940）.
② 同上，第226页。

出现。

还有一个特征促进了隐喻性说服推理的影响：隐喻促成了隐喻使用者和隐性类比解密者之间的对话。只要隐喻引导人们寻求未言明的相似性，隐喻就是施喻者和受喻者之间的对话。判决中的隐喻提出了这样的问题：隐喻暗示了什么样的相似性？它们有什么意义？受喻者默默地用自己的经验和直觉提供了各种答案，成为论证的"共犯"。于是毫无疑问，他不可能质疑自己揭示的相似性的价值。

5. 具体到具体：青少年罪犯是超级掠夺者

隐喻推理中，如果施喻者用现实中人们习以为常而又非常具体的现象来解释或说明另一个虽不太平常但同样具体的现象，隐喻就能马上激发人们的直觉理解，或者采用有利的图式，避免对问题进行辩论，说服当事人不假思索地接受源领域建议的观点，迅速提供一种短期的解决方案。这种案例在美国法院的审判活动中俯拾皆是。

20世纪90年代，美国心理学家提出了"超级捕食者"的隐喻，暗指不正常的家庭中长大的孩子没有接受道德教育，具有强烈的种族和阶级的色彩。此后，"超级捕食者"的隐喻最初在法律领域只是刑事被告的许多刻板印象中的一个，但是这个隐喻以及由它引起的貌似科学的故事变成了制定和执行有关法律的解释框架，影响了美国从立法到执法、起诉到审判法院的判决等各个方面。某些青少年罪犯是"超级掠夺者"的隐喻一直是联邦和州法律以及有关青少年犯罪政策的推动力量，体现了社会把犯罪性行为看作犯罪分子个人内在"罪恶"而不是一个社会问题的认识论。二十多年之后，在米勒诉亚拉巴马州案中，美国最高法院才否决了对未成年人判处无期徒刑并且不得假释的规定，在判决中提出了这个消极隐喻。

还有一个非常普遍而又具体的隐喻是"男人是女人的保护者"，早在1873年布雷维尔诉伊利诺伊州案中，美国联邦最高法院的布雷德利法官就使用了这个隐喻：

民法以及自然本身，总是认识到男女各自身体方面和命运的巨大差异。男人是，或者应该是，女人的保护者。属于女性的自然和适当的胆怯和微妙，显然使她们不适合从事公民生活中的许多职业。[①]

这个法律隐喻的影响至今依然存在。1998年，有关儿童监护权纠纷的扬诉海柯特案中，夫妇分居后，两个孩子主要由失业的父亲继续照顾，而且父

---

① *Bradwell v. Illinois*, 83 U. S. 130 (1873).

亲坚持认为诉讼发生的过去三年中，他是"主要监护人"。上诉法院所认为：初审法庭对这一论点有一定程度的怀疑，因为它有权这样想。① 事实上，初审法院和上诉法院无法接受父亲不在家庭之外从事一份传统工作的事实，驳回了这位父亲的诉讼主张，坚持认为父亲应该是养家糊口的人，母亲是照顾者和受保护的人。

从这两个例子可以发现，这类隐喻必须与人们的日常认知有很高的相似性，与他们的理解一致，从而建立直接联系。作为施喻者的法官从普通人的角度对隐喻进行解释。例如，联邦法院拒绝接受当事人主张自动贩卖机应被视为独立的零售商店，以获得联邦公平劳动标准规定的豁免资格的主张，认为这个类比没有意义，因为这与现实不符。自动贩卖机不像独立的零售商店，它只是单一企业提供零售服务的"无声的自动销售人员"，这些机器不是独立的实体，而是"操作人员的机械手臂"，它们仍然直接向客户销售。②

本节的实例深刻揭示了法律隐喻和社会现象的认知关系。法律是一种抽象的社会现象，需要通过隐喻不断地从物质世界、物体、身体和空间领域中借用人类已有的经验和知识，描述和谈论新的抽象事物或概念，使法律现象和法律问题"具体化"，以便法官和人们谈论它、思考它，最终用已有的法律规定解决这些新问题和新冲突。在这个过程中，法律用隐喻重新解释新的社会问题，有意识地表述期望实现某种特定法律效果的一种方法和心理模式。法律"具体化"的一个结果是，法律也是由隐喻和语言操作构成的存在于人们头脑中的认知方法。

第三节 法律隐喻的认知图式

经验主义作为认知语言学的两大哲学基础之一，强调经验在人们认知中的重要性，认为人类对意义的认知来自人们的经验，这种经验包括人们作为个体的身体经验和社会经验。③ 换言之，经验包括人们在认识客观世界的过程中与一切事物相互作用而产生的全部经验，包括物理的、生理的、社会的、

---

① *Young v. Hector*, 740 So. 2d 1153 (Fla. Dist. Ct. App. 1998).
② *Bogash v. Baltimore Cigarette Service, Inc.*, 193 F. 2d 291 (4th Cir. 1951).
③ George Lakoff & Mark Johnson, *Metaphors We Live By*, Chicago: University of Chicago Press, 1980: 267.

文化的、情感的经验等。

经验是意象图式的基础。意象图式是在人们认知的相互作用和运动中反复出现的模式，使人们的经验有连贯性和结构。① 意象图式极强的灵活性使它能适应相似但又相异的许多情景，因此意象图式与隐喻有密切的联系，隐喻的映射用与目标领域的内在结构一致的方式保留了源领域的认知结构，也就是意象图式结构②，隐喻使意象图式映射至抽象的领域，并保持意象图式原有的基本逻辑，隐喻不是任意的，而是以人体的经验所产生的结构为理据③，意象图式和隐喻制约着人们对概念意义的理解，即二者建立了某些理解和推理的模式。④ 在这个认知过程中，源领域的结构通过与目标领域一致的方式被映射保存下来，与目标领域不相符的隐喻蕴含没有映射过来。人们处理抽象或者不熟悉的现象时，源领域的逻辑很可能自己映射到目标领域，根据源领域的结构产生一套比较完整的推理。但是，处理熟悉的现象时，源领域和目标领域有自己的逻辑，产生意象融合。

意象图式是人们认知运动经验中不断出现的模式，通过这些模式，人们了解事物的体验和原因，也能用来帮助建构抽象概念，对思维中的抽象领域进行推理。因此，认知语言学中，意象图式的一个重要作用就是许可和限制一个概念向另一个概念的映射，隐喻的源领域概念和目标领域概念必须共享意象图式结构。⑤

意象图式有三个重要方面的特征：第一，意象图式是人们用身体来体验对人具有意义的重要内容，感觉运动经验中不断重复出现的建构物和模式的意义。第二，意象图式结构有逻辑性。第三，意象图式不能仅仅理解为是心理的或者身体的，而是杜威所谓的身心结构。意象图式来自人们不断重复出现的感知和身体活动，有自己的逻辑性，可以应用到抽象概念领域。意象图式的逻辑性成为对抽象实体和活动进行推理的基础，能使人们利用自身的感

---

① Mark Johnson, *The Body in the Mind*: *The Bodily Basis of Meaning*, *Imagination*, *and Reason*, Chicago: University of Chicago Press, 1990: xiv.

② George Lakoff, *The Contemporary Theory of Metaphor*, Cambridge: Cambridge University Press, 1993: 215.

③ George Lakoff & Mark Johnson, *Metaphors We Live By*, Chicago: University of Chicago Press, 1980: 275.

④ Mark Johnson, *The Body in the Mind*: *The Bodily Basis of Meaning*, *Imagination*, *and Reason*, Chicago: University of Chicago Press, 1990: 137.

⑤ Markus Tendahl, *A Hybrid Theory of Metaphor*: *Relevance Theory and Cognitive Linguistics*, UK: Palgrave Macmillan, 2009: 146.

觉运动经验来完成抽象实体和较高水平领域的认知活动，利用人们身体经验的各种来源进行抽象思维。

莱可夫和约翰逊对图式这个词语的最初描述明确突出了这种身体方面的感知：意象图式是人们日常身体体验中不断重复再现的比较简单的结构，如容器、路径、连接、力量、平衡，以及各种方向和关系：上下、前后、整体与部分，中心与边缘等。约翰逊提出的某些图式说明了这种图式与物质经验的清楚连接：整体与部分、中心与边缘、相连、联系、支持、平衡和容器。[①]以这些理论为依据分析英美法律解释中常见的几种认知图式，对于理解许多法律问题的推理逻辑很有意义。

一、连接图式

没有连接，我们不可能成为人。我们通过脐带与母体连接获得营养，维持生命，降临到世间。[②] 这种身体经验形成了连接图式的基础，这个图式提供了用隐喻解释生命的基础：人们与世界的联系就是连接。连接图式由两部分组成：甲和乙通过一个连接物联系起来，而这个连接物就是一种身体体验。每一个隐喻都借助一种经验基础连接起来，达到了理解的目的。

法律普通话语中，"诉权或主体资格"[③] 被视为一个特定的法律术语，一个概念或原则的标记。但是诉权的许多内容都能用隐喻和它们与人类认知的关系来理解。它的起源无疑来自法庭的实践行为：如果诉讼当事人能站在法庭上，法院将审理他的案件。因此，"站立"是法院斟酌诉讼当事人主张时一个自然而然的隐喻，人类的生活经验激活了这个隐喻。

"诉权"隐喻是神话，已经成了"字面意义的真理"，引导或者误导了英美法律人对审判的看法。它引导法院的审判见解符合嵌入在隐喻中的两个不同的"真理"，而且又把它们作为一个来理解。第一个是个人主义的"真理"：个体独自站着，站起来，站在一边，站出来，鹤立鸡群。"诉权"隐喻是透镜，法院通过它考虑谁享有权利和谁可以主张这些权利。通过它，法官

[①] Joseph E. Grady, *Image schemas and perception: Refining a definition*, Beate Hampe ed., *From Perception to Meaning: Image Schemas in Cognitive Linguistics*, Berlin and New York: Mouton de Gruyter, 2005: 37-38.

[②] Mark Johnson, *The Body in the Mind: The Bodily Basis of Meaning, Imagination, and Reason*, Chicago: University of Chicago Press, 1990: 117.

[③] "standing"在英美法中兼有"诉权，主体资格"的意义。

不仅看到了碎片化社会中互不联系的个体，而且这个视角模糊了个体只是作为团体或者更大的利益共同体中一分子的事实。它遮掩了相互依赖的世界中人们思考如何最好地保护和实现这些利益的能力。用这个隐喻建构诉权的法律世界中，没有森林，没有生态系统，只有树木，只有"站立"的树木——作为个体的人。

这个隐喻中嵌入的第二个"真理"是个体必须与他援引管辖权的法院有某种关系：法院只考虑如果当事人有诉权，他必须主张什么。这种观点影响了法官的看法，使他们关注当事人身份和法律的普遍概念之间的关系。

大法官马歇尔时期，"诉权"这个术语就在使用，第一次被作为隐喻来描述当事人之间的法律关系。林德戴尔遗嘱执行人诉罗宾逊遗嘱执行人案涉及债权人的优先顺序，法院认为：负有连带责任的担保人继承主债务人的法律诉讼资格。[1] 加洛韦诉芬利案是一个撤销土地购买合同的衡平法诉讼，法院认为如果买受人得知出卖人产权有瑕疵，他对出卖人提出诉讼时，法院不可能让他获得土地，让他废除协议。[2]

法院最后使用"诉讼资格"这个术语来说明当事人的法律地位，最常见的情形是美国最高法院用这个隐喻来证明当事人对案件事实缺乏权利主张，就像在路易斯安娜土地购置案中，那些以前具有西班牙产权的人在一系列案件中提出土地索赔时法院判决的那样。国会曾经规定产权必须得到联邦委员会的确认，但许多北美殖民地最初的定居者没有获得这样的权利确认，于是法院用"诉权"这样的术语裁定不支持他们的主张。里奇诉富兰克林县案中，法院拒绝当事人对案件事实的请求时，用"诉权"这个术语指代权利请求人，而不是请求权。李斯鲍伊思和里奇案中，法院用"诉权"这个术语来表示输掉了有关事实真相的诉讼。法院调查事实真相明显是为了确定"诉权"。利文斯顿诉斯托雷案中，法院也用"诉权"来解释当事人应当遵守宪法第三条规定的以当事人为依据的标的物管辖权。[3] 如切诺基部落诉佐治亚州案中，最高法院使用了隐喻，使判决很有特点：按照司法法，切诺基部落不能被理解为一个外国政府，因此，在法院没有诉权。[4]

"诉权"这个术语在19世纪出现了第三个用法，第一次出现在关于公共妨害的衡平法案件中。乔治城诉亚历山德拉运河公司案中，诉权的意义不是

---

[1] Lidderdale's Executers v. Executor of Robinson, 247. 25 U. S. (12 Wheat.) 594, 596 (1827).
[2] Galloway v. Finley, 249. 37 U. S. (12 Pet.) 264, 296 (1838).
[3] Livingston v. Story, 36 U. S. (11 Peters) 351, 414 (1837) (Baldwin, J., dissenting).
[4] Cherokee Nation v. Georgia, 30 U. S. (5 Pet.) 1 (1831).

学理方面的,而是认知的。在判决书的结尾,法院告诫:

上诉人似乎已经提出了一个与自己有关联的观点,乔治城的市政官员要照顾和保护公民的各项利益……但是……以自己的名义起诉,并且成为案卷中当事人的自然人必须自己对标的有利益关系。①

尽管这段话出现在一个只是关于衡平法救济原则的案件中,但它的语言预示了后来宪法原则中诉权的意义。因为乔治城案和后来的同类案件拒绝了衡平法以部分—整体图式为前提的代理模式。市政当局引用代理模式与市政法人的理念一致,这个术语本身就是一个有关人体的部分—整体隐喻。但是,法院只是否定了上诉人用乔治城的市政官员身份起诉的这个权利主张。在19世纪,美国法院的"法庭诉权"这个习语用来解释当事人从法院获得衡平法救济的权利时,主要问题是诉讼当事人要提出一个衡平法提供救济的某种权益或权利,这暗示诉权是一个管辖权问题。

富星汉姆案和海尔查德案时期,最高法院竭力把"诉权"从管辖权的观念中解脱出来。1926年,最高法院认为:原告寻求衡平法的救济,是否具有必要的诉权是一个需要事实真相的问题,它的决定是使用管辖权。如果诉权的解决不利于原告,恰当的裁定是因缺乏事实真相而驳回,而不是缺乏管辖权。②

这个隐喻的本体效应过于强大:"法庭上的诉讼资格"听起来像管辖权问题,因为站着是接受法院审判的前提。大法官霍姆斯、珀米洛伊和最高法院确实用隐喻争论,但是输了。按照《宪法》第三条,在更重要的可裁判性意义上,"诉权"成为一个管辖权问题。

美国宪法制定者的时代,可裁判性的概念用三段论这种形式主义术语来表述:当事人用法律规定的形式主张自己的权利,接受司法权的管辖时,司法权才能有所作为,然后它成为一个案件③,而不是用"诉权"这个词。因此,法庭上,法院调查起诉的案件是否符合某种法律规定的诉讼形式。

按照18世纪的普通法,权利与救济同义,救济和诉讼形式同义,按照代数逻辑,诉讼形式与可补偿的损害概念同义。④ 这种可裁判性标准反映了普通法在私权程序和实体诉讼形式方面的影响。法律是一套规则,被用来解释

---

① *Georgetown v. Alexandria Canal Co.*, 37 U.S. (12 Pet.) 91, 99 – 100 (1838).
② *General Inv. Co. v. New York Cent. R. R.*, 271 U.S. 228, 230 – 31 (1926) (citations omitted).
③ *Osborn v. Bank of the United States*, 22 U.S. (9 Wheat.) 738, 819 (1824) See Ibid., 1396.
④ 马布里认为制宪者的"当代法理思维模式"似乎用1:1的系数把权利和救济连接起来。参见 *Bivens v. Six Unknown Agents*, 403 U.S. 388, 400 (1971).

公民权利，而且为受害人提供一致的同等范围的救济措施。诉讼形式充当了这种制度的"看门人"。

二、部分—整体图式

转喻，或是传统上修辞学家们称为提喻的那种转喻，指人们用一种存在物来解释另一个相关的存在物，或者用部分指代整体。虽然隐喻和转喻是不同的修辞过程，隐喻主要用另一物来认知某物，主要目的是理解，而转喻主要是所指目的，使人们用一个存在物来代表另一个存在物，但是转喻具有隐喻的某些功能，在某种程度上相同，而且它使人们更关注所指事物的某一方面。与此同时，转喻又不仅仅是一种所指手段，也具有帮助理解的功能。在部分代表整体的转喻中，某物的许多部分可以代表物的整体，人们选择哪一部分决定了人们关注整体的那一部分。这些类型的转喻与隐喻概念一样，都是有条理的。转喻形成的概念不仅建构语言，也建构思想、态度和行为。转喻概念和隐喻概念一样，都来源于人们的经验。事实上，转喻概念的喻底通常都比隐喻概念的喻底更明显，因为它一般涉及直接的物理或因果联系。

17世纪、18世纪，虽然普通法的诉讼形式主导了当时的法律程序和法理学思想，但它们没有穷尽所有的诉讼形式，还有其他问题，它们具有司法权能够对其做出裁判的某种形式问题。这些问题既不符合普通法中私权利模式的七种诉讼形式的特征，也没有现代诉权原则"事实损害"范畴的特点，呈现了与"无诉权"的公诉或者"刑事自诉律师"模式极为相似的形式，但当时的诉权法律制度反对这些形式。

根据当时英国的习惯，针对政府违法行为的"无诉权"诉讼可以借助王室法院签发的执行职务令、禁制令、调卷令等特权而提出。这些令状没有一个含有只有个体才能是权利使用者的观点，它们不同于普通法的令状，不是用来源—路径—目的图式建构的，只能用部分—整体图式来理解：王室法院代表国王（政府的全部）监督下级部门（各个部分），有点像大脑控制身体。事实上，恰恰法院使用这个隐喻，把执行职务令描述为"王冠上的一朵鲜花"。[①]

私权利模式需要两个来源—路径—目的图式，一个用来建构模式的对象，

[①] Steven Winter, *The Metaphor of Standing and the Problem of Self-Governance*, Stanford Law Review (July 1988), 1398.

另一个建构模式使用的审判程序。类似地，特权令状体现的公权力模式需要二次使用部分—整体图式来建构审判程序。任何部分（公民）都能援引整体的权力来保障遵守法律，任何部分都能代表整体，这是法律上的转喻。这种模式因此不需要损害或者"诉权"。在普通法领域，这些令状在非当事人诉讼中使用：原告作为公民没有直接的利益关系，这并不要求法院忽视原告的申请，相反，由于这些令状援引王室的自由裁量权，法院有权评议或者撤销救济。①

历史上，英国的告发人程序也适用于衡平法，规定了这种部分—整体转喻的形式化程序。有关公权力或公共义务的争议中，如果英国总检察长能代表国王起诉，那么任何人可以寻求特权令状或者以总检察长名义提出禁制令之诉。② 诉讼当事人或者告发人，只需获得总检察长的授权或许可使用他的名字，这种许可理所当然会被批准。告发人一旦获得许可，就自担费用，无须总检察长指示，提出诉讼。③ 所以，作为一个历史习惯问题，告发人诉讼把司法救济的使用延展适用于没有受到诉讼影响的行为人，允许任何人以整体的名义和权力到法院代表整体利益进行诉讼。

一个真实的例子是英国1424年的一个有关惩罚海关职员侵吞商人税款的不成文法规定，任何与交易无关的举报人代表自己和国王起诉，如果胜诉，而法院决定对海关职员处以三倍罚金，举报人获得三分之一的判决金额。这种方法适用于政府官员行政或刑事执法情形，也适用于政府官员执行法律职责时。在其他情况下，这与私权利无关。例如，英国议会在后来的成文法中规定，如果官员没有宣誓效忠政府，举报人能获得500磅。④

英国的这些公权力模式做法作为殖民地法院和威斯特敏斯特法院的管辖事项，对美国的宪法缔造者而言非常熟悉。⑤ 海伯恩案说明，虽然美国没有告发人惯例的具体诉讼形式，但是公权力模式的部分—整体图式被美国所接受。⑥ 该案中，总检察长伦道夫向最高法院申请执行职务令，要求宾夕法尼

---

① S. A. De Smith, *Judicial Review of Administrative Action* (5th edn.), London: Sweet & Maxwell, 1995: 366 – 367.
② Bryan A. Garner ed., Black's Law Dictionary (8th ed.), Thomson West, 2004: 4030.
③ Lord Hailsham of Marylebone ed., *Halsbury's Laws of England*, London: Butterworths, 1982: 230 – 231.
④ Wilfrid Prest ed., *Commentaries on the Laws of England*, Oxford: Oxford University Press, 2016: 160, 262.
⑤ *Joint Anti-Fascist Refugee Comm. v. McGrath*, 341 U.S. 123, 150 (1950).
⑥ *Hayburn's Case*, 2 U.S. (2 Dall.) 409 (1792).

亚联邦地区法院执行国会规定的向内战退伍老兵支付残疾抚恤金的法律。最高法院真正考虑的唯一争议是总检察长是否有权起诉一位曾经担任公职的政府官员。海伯恩案维持了以部分—整体图式为前提的另一个审判模式，这种模式无须提出具体的人身损害主张：伦道夫，整体的代理人，被允许代表部分的海伯恩提出执行职务令的申诉。虽然该案损害了告发人诉讼的制度前提，但是美国法院继续受理以部分—整体图式为前提的同类诉讼，强调公共权力被侵犯或者造成普遍不公时，公民有责任，也有权利来提起诉讼。①

英属殖民地和美国各州在很多案件中使用了告发人制度的法律，包括行政法律和有关道德的法律。宪法缔造者发挥第一届国会议员的作用，制定了许多法律，创设和促进了告发人诉讼的主张。从1834年到1986年，美国历届国会继续用告发人诉讼这种模式来执行和设计有关公共权力的某些诉讼。

例如，美国衡平法以部分—整体图式为前提，发展了自己的特色构成模式：股东派生诉讼。在这一点上，法院用"管辖权"来解释，问题是衡平法能否根据股东作为部分提出的请求来防止对作为整体的法人实体造成损害的违法诉讼。这是一种派生诉讼，因为各构成部分的请求权以适用于法人实体的来源—路径—目的图式为前提，以此来提出公司损害的问题。上诉到最高法院的第一例股东诉讼是道奇诉伍尔西案，原告对公司的一项州税赋提出反对意见。最高法院引用了部分整体隐喻，指出英国和美国的衡平法院，根据一个或一个以上公司成员的请求，对整个公司都有管辖权。②

三、路径图式：来源—路径—目的

图式反映人们在客观世界里的运动经验和对其他事物移动的感知。日常生活中，人们的每一次运动，都始于某一个地方，结束于同一个方向上与起点连接的另一个地点。③ 这种图式是人们体验空间运动的结果，被用来理解人们的抽象经验部分。在日常生活中，如果人们为了实现某种目标，总要经历一个从某种初始状态到另一个最终状态的努力过程，这个过程类似从一个点移动到另一个点的路径，于是初始状态或未实现目标前的状态就被理解为

---

① Steven Winter, *The Metaphor of Standing and the Problem of Self-Governance*, Stanford Law Review (July 1988), 1406.

② *Dodge v. Woolsey*, 59 U. S. (18 How.) 331, 341 (1856).

③ George Lakoff & Mark Johnson, *Metaphors We Live By*, Chicago: University of Chicago Press, 1980: 275.

路程的起点，最终状态和目标是路程的终点，为实现目标所付诸的行动就是从起点到终点的移动。这个先于概念存在的经验用来源—路径—目的图式建立，成为从空间领域到抽象领域进行隐喻映射的基础。容器和路径是本原，建立了丰富的意象，在这个意义上，它们是意象图式。

美国《侵权法》中用一种特定的认知模式来解释个体和诉讼之间的关系，通过以来源—路径—目的图式为前提建构的两个隐喻形成一种普遍的侵权之诉模式：因果关系的来源—路径—目的隐喻和补偿性的来源—路径—目的隐喻。如果用因果关系图式的要件来确定诉讼标的，被告的侵权行为是起源，因果链条是路径，原告的损害是目的。补偿性的来源—路径—目的隐喻实际上是因果关系隐喻的镜像：原告受到的损害是他提出法律诉讼的起源，诉讼的目的是获得法院对损害补偿的命令，连接它们的路径是原告证明被告行为造成了自己的损害。这两个来源—路径—目的隐喻的镜像特点产生了损害赔偿金和其他法律救济手段的概念，它们被用来使原告恢复到法律上的违法行为发生之前所处的状态。[①]

这种模式是侵权之诉的理想认知模式。诉权的三要素标准注重损害、因果关系和可补偿性之间的关系，所以是从私权模式的起源—路径—目的图式推断而来的结果。这种简化的法律标准是"诉权"隐喻本体效果的自然附带结果。此外，决定什么人有诉权就决定了形成和建构社会的方式，在建构和制定法律关系的全部内容时，诉权法律必定规定分配权利和其他法律利益的方式。因此，诉权问题也就是美国人的社会关系本质和他们维持社会的能力问题。它通过强化个人之间相互冲突的自我利益，同时又把人们的普遍利益融进了社会之中，对个体进行划分。最终结果是诉权疏远人们之间的关系，于是人们控制不了政府，最终决定不了自己的命运。

此外，第三人权利的观念来自迪安·托马斯·库雷对各州执行职务令案件所做的解释。克拉克诉堪萨斯市案中，铁路公司对一部州法律豁免农业用地免于城市兼并提出质疑，认为该法对农业用地所有人和其他所有人区别对待，也在各种农业用地所有人之间进行区别对待，这违反平等保护条款。法院引用托马斯·库雷和斯坦利的论述来证明法院不会听取一个权利没有受到影响，因此对败诉没有利益关系的一方当事人对行为合宪性的反对理由。[②] 该案中，法院使用了私权模式的来源—路径—目的隐喻：因为铁路公司没有

---

① Steven L. Winter, *The Metaphor of Standing and the Problem of Self-Governance*, 40 Stan. L. Rev. 1371, 1388 (1987–1988).

② *Clark v. Kansas City*, 176 U.S. 114, 117–118 (1900).

遭受法定的损害,也就是没有补偿性请求的来源,所以铁路公司没有诉由。

西蒙案中,美国最高法院用诉权的三要素标准:事实上的损害、因果关系和可补偿性,驳回了贫困者的主张,认为美国国内税务署有关 501(c)(3)条免税医院规定的变化违反了法律的有关条款。[①] 按照法院的观点,当事人之间案件或争议的存在取决于两个方面的分析:被告被指控的行为是否造成了损害,有利的判决是否有可能对损害进行补偿。就这种分析的每一个方面而言,最高法院认为这种路径的联系不确定:医院或许已经决定,由于其他原因或者税收因素,拒绝对穷人提供医疗。在那种情形下,法院命令恢复执行国内税务署规定的任何裁决(需要把穷人作为具有慈善条件的待遇)都不会给原告带来期望的结果,因为医院或许决定放弃税务利益来避免提供服务。

四、平衡图式

莱可夫和约翰逊的认知隐喻观认为,隐喻是概念图式从一个领域向另一个领域的投射或者映射,人们通过对前者的理解方式形成后者的概念。古德曼称图式是单个基本隐喻表现的语言多样化,按照康德的哲学意义,人们理解隐喻就是图式。约翰逊从哲学角度认为这种"基本图式"的起源就是人们身体经验形成图式的行为。[②] 人们与周围世界交往的实际能力创造了思想中的图式表征,使我们把图式应用于其他情景,最后的结果是图式形成概念。例如,"平衡"概念的发展起源于人类基本的身体体验,人们在生命之初学着保持身体平衡,学着站立,然后,人们从视觉角度学着识别其他物体通过维持平衡而立起来,发现了重力与各种坐标和点的对称和不对称,最后产生了非常抽象的概念,如数学等式,试着以更抽象的方式使用这样形成的图式:

我的主要观点是……隐喻投射从身体感觉(用它的表现图式)发展到心理、认识和逻辑领域。根据这个假设,我们应能发现人们身体平衡的经验和对平衡的认知以什么方式与人们对人格平等、观点相等、系统平衡、等式相

---

① 美国国内税务署最初裁定,如果医院没有对贫困人口提供某些免费医疗服务,就会被排除在"慈善"医院的解释之外。新的判决明确说明,虽然受益人阶层不包括社区的贫困人口,但促进社区卫生健康本身就有慈善性质。

② Mark Johnson,*The Body in the Mind*,Chicago:University of Chicago Press,1987.

等、力量对比、正义的天秤等联系。①

因此，用"平衡"图式可以表示许多对称关系的不同经验。② 约翰逊在关于平衡物及物性的关系上，认为：

如果甲等于乙，乙等于丙，那么甲等于丙。假设甲在左手，乙在右手，它们相等。现在假设我用丙取代了甲，相等存在，也就是乙等于丙。然后，我马上知道甲和乙相等，尽管没用一个称另一个。③

在话语的语义结构中，人们能发觉概念领域之间不同程度存在的平衡关系。④ 民事和刑事司法制度建立在平衡的基本理念之上，法律论证吸纳了普通理性论辩的所有典型特点，正义的天平以奇特的方式象征了这种概念。美国律师为了陪审团的裁决向他们倾斜，使用令人困惑的大量事实来支持自己有证明力的证词，罗列一个又一个的观点，增加公认权威的影响力，祭出法律传统的重要性。法律的正义被理解为恢复已经被违法行为破坏的合理平衡。按照某些虚构的计算，法官必须评估损坏的价值，决定与损坏和赔偿相等的惩罚性赔偿金。人们从语言上已经对这个司法隐喻的表现形式进行了编码，如"以牙还牙""罪刑相等"。

综上所述，隐喻以间接类比的方式，利用人们熟悉的概念，设法隐性地将推理和结果从一个领域转移到另一个领域，首先帮助人们了解如何看待和解释新信息，然后帮助人们决定如何处理它，不仅使人们更容易理解、解释和交流经验，也帮助人们预测接下来会发生什么。这些嵌入的隐喻概念无意识地影响法官对当前案件中人物和事件的直觉理解，而这种理解反过来又会引导决策者预测案件结果的最初倾向。在这种认知过程中，历史、文化和个人经历中普遍存在的故事和意象构成了人们在一段时间内构建的许多模式，所有的图式在认知角度都很有效率：把事物组合在一起，把它们分为不同范畴，帮助人们把重点放在重要的事物上，帮助人们知道把新信息置于明显恰当的时间和地点。当人们能够将新信息融入一个长期熟悉的图式中时，就能无意识地推论，然后这种推论引导人们做出决定和行动。因此，它们无意或有意地指导人们的判断。

因此，词语会触发人的"图式"或与某个词的连接。这些图式可以是其

---

① Mark Johnson, *The Body in the Mind*, Chicago: University of Chicago Press, 1987: 87.

②③ 同上，第97页。

④ Elisabeth Cathérine Brouwer, *Imagining Metaphors: Cognitive Representation in Interpretation and Understanding Copyright*, Amsterdam: Institute for Logic, Language and Computation Universiteit van Amsterdam, 2003: 36.

他的词语、事件、印象和情绪。① 例如，人们的大脑使用"非法"这个词，就自动连接到"犯罪"和"违法"等词，这就是心理学家所说的"扩展激活"的例子。扩展激活是词汇启动的一个重要的说服性优势。通过扩展激活，人们的大脑会把读到或听到的词语和其他有联系的词之间快速连接起来。在任何决策语境中，隐喻可能会触发多个不同的图式。选择哪一种图式取决于许多变量，这给了施喻者一个机会，使他们或读者倾向于其中的一个或另一个。如果法律人专注于使用一个特定的词，就能使它获得解释某个问题的优势。因为通过使用一个已经存在但之前没有与这个目标联系在一起的新特征或隐喻，法官就已经暗示了自己对判决的选择方案。

第四节　法律隐喻的理性基础

隐喻在话语中的使用非常普遍、明显、引人注目。日常交流和科学、哲学、宗教、法律等学术话语中，这样的例子比比皆是，不仅是为了修饰语言，也是科学论证的生命力之所在，因为隐喻提供了接受或不接受某个结论的必要性。但是，传统上，人们解释事物的合理性时往往不考虑隐喻推理这种方式。于是，必须考虑一个问题：接受隐喻推断的结论合理吗？正当吗？② 或者有时隐喻能用于理性推理，有时不能吗？什么原因使隐喻推理有时合理，有时不合理？

认知科学认为隐喻和类比是经常使用的推理方式。③ 隐喻推理是效力最高的形而上学原理④，是类比推理的一种形式，类比的隐喻思维……对法律至关重要⑤，并且对精通普通法推理的律师自然而然就有吸引力。⑥ 隐喻推理是特殊的类比方式，是几乎用魔法般的能力释放创造性思想的语言工具。在

---

① Linda L. Berger and Kathryn M. Stanchi, *Legal Persuasion: A Rhetorical Approach to the Science*, London and New York: Routledge, 2018: 114.

② G. Harman, *Rationality*, E. E. Smith & D. N. Osherson ed., *Thinking: Invitation to Cognitive Science*, Vol. III (175–211), Cambridge, MA.: MIT Press, 1995.

③ Bipin Indurkhya, *Rationality and reasoning with metaphors*, 25 New Ideas in Psychology (2007), 16–36, 16.

④ See Jacques Derrida, F. C. T. Moore *White Mythology: Metaphor in the Text of Philosophy*, in *Margins of Philosophy*, Alan Bass trans. (1982), 212.

⑤ James E. Murray, *Understanding Law as Metaphor*, 34 J. Legal Educ. 714, (1984).

⑥ Bernard Hibbitts, *Making Sense of Metaphors: Visuality, Aurality, and the Reconfiguration of American Legal Discourse*, 16 Cardozo L. Rev. 229, 235 (1994).

法学这类看上去事物之间毫无关联的学科中,创造性见解尤为重要。法律推理不只是逻辑和合理,通过隐喻的使用,律师和律师行业富有艺术性、诗性和音乐性的方面被解放出来,可能很有益处。①

隐喻把一个概念等同于另一个概念,描述或者说明后一个概念。第一个概念(莱可夫图式中的"目标")和第二个概念("来源")之间是归因关系。把源概念的特征归因于目标概念时,人们用一个人对源概念属性的理解来传递有关目标概念的意义,但表达意义的是这种归因关系,不是所用的词语。事实上,理解一个新概念或者难懂的概念时,人们从认知角度设法把未知观点与已知观点联系起来,使新概念或者难懂的概念变得更明白易懂。②很多情形中,这种归因关系无需有意识的思考就能产生。③

隐喻推理设计了两个独立的领域,源领域的内涵复合体或者知识被用来对目标领域进行推理或者提出主张。这种推理一般分为两类:以相似性为基础的隐喻推理和创造相似性的隐喻推理。④

1. 以相似性为基础的隐喻推理的合理性

以相似性为基础的隐喻推理中,人们指出源领域和目标领域的相似性,从这些已知的相似性中约定目标领域的更深一层相似性。这些约定的相似性使源领域的内涵复合体产生了关于目标领域的各种主张。这种推理被定义为无变化推理,因为它单纯扩展了对目标概念的了解:隐喻绝不会使那些无法从目标概念中得出的任何结论有效,但增加了新结论。无变化或单调推理中,源领域和目标领域之间的已知相似性在推理中发挥关键作用,使隐喻蕴含的理性"正当化"或提供了正当性的基础。

无变化的隐喻推理通常被称为相似性推理或者类比推理。源领域和目标领域之间的相似性提供了约定更深层相似性的合理依据,具有重要作用。相似性推理的理性基础可以分为两类:逻辑性和经验主义。为了证明推理的逻辑依据,通常需要证明来自相似来源的推理比任意性推理的或然性更高。⑤

---

① James E. Murray, *Understanding Law as Metaphor*, 34 J. Legal Educ. 714, 719 (1984).

② George Lakoff, *Women, Fire and Dangerous Things: What Categories Reveal about the Mind*, Chicago: University of Chicago Press, 1990: 276 - 278.

③ George Lakoff & Mark Johnson, *Metaphors We Live By*, Chicago: University of Chicago Press, 1980: 11.

④ Bipin Indurkhya, *Metaphor and cognition*, Dordrecht: Kluwer Academic, 1992.

⑤ Hesse, M. B., *Models and analogies in science*, Notre Dame, IN: University of Notre Dame Press, 1966: 101 - 129.

科学研究中，人们认为许多复杂的数学理论体系可以用两种方法中的一种来证明。按照归纳法，思路是要证明源领域和目标领域之间的相似性构成了这个假设的证明实例：源领域和目标领域相似。按照总结法，已知相似性暗示推论相似性的假设用前件和后件的范围来分析，总结的或然性与前件的范围成正比，与后件的范围成反比。因此，如果用总结法从大量已知的相似性中推出了少数几个相似性，这种或然性要高于从少数的已知相似性中推出的概括或然性。

但是，这些方法都存在问题。如果两个不同的领域与目标领域共享一系列相似性，那么归纳法就可以对不同领域得出的两个相互矛盾的结论的或然性进行归因，但总结法不能这样，因为它使源领域的存在成为多余，总结或然性的归因完全在于前件和后件的范围。

要证明相似性推理的经验依据，通常的方法是证明心理试验和现实世界解决问题的情境中推理过程实际获得了成功。① 但是这些方法也有争议。心理试验都满足"正确"来源的前置条件：来源能成功解决问题，实验者了解这一点。换言之，假如具备"正确"来源，人们从这些实验中得到的结论是用与目标相似的来源推理有效。对现实问题来讲，如果没有这样一个可以征求意见的哲人，相似性是否带来实际应用的成功，尚未可知。

找到相似性推理的合理性最终与发现任何假设的合理性没有不同之处，因为仅凭相似性不能使自证的观点增加丝毫的正当性，它们只是掩盖背景假设的认知烟雾，支持者证明概念的正当性或者为它辩护时无需尽职尽责。这种背景假设只是论点依据相似性的保障，如果不清楚，应当证明清楚。做不到这点就会把以相似性为依据的推理变成认知的盲点，哄骗人们接受某些结论具有合理性，而事实上根本没有被证明。

2. 创造相似性的隐喻推理的合理性

创造相似性的隐喻推理不是建立在源领域和目标领域之间相似性的基础之上。事实上，这一类隐喻的许多例子中，源领域和目标领域之间没有已知的相似性。但是，施喻者使用隐喻之后，如果成功了，就使目标领域看上去与源领域有了相似性。换言之，隐喻创造了相似性。创造性隐喻的推理被称为变化推理，因为它通常引起目标领域形成方式的根本变化，隐喻产生的推理可能与隐喻产生之前源领域存在的内涵复合体无法融合，在变化推理中不

---

① Clement, C. A., Gentner, D. *Systematicity as a Selectional Constraint in Analogical Mapping*, 15 *Cognitive Science* (89 – 132), 1991.

发挥作用。

隐喻的变化推理不是以源领域和目标领域之间的现有相似性为基础，相反，源领域和目标领域之间原本不存在相似性，但是，如果这种隐喻使用成功，就能创造二者之间的相似性。隐喻的变化推理是一种创造性地解决问题的模糊手段。从认识的起源看，人类总是在某些语境中形成有关物体和情景的本体论和观点，反复遭遇这些物体和情景，人们就逐渐熟悉和理解了这些观点，它们也能在相似语境中很好地发挥作用。但是，如果在完全不同的情景中遇到相同的物体和情景，又想达到某些目的，这就成为一个问题，熟悉的观点不再适合于解决新问题。而且，语境截然不同，任何一个已知观点的单一引申义都不会起作用。

许多语境中，尽管当时两个现象之间没有已知的相似性，源领域还是被用到了目标领域。这些类比也被称为"前理论模式"或者"物质模式"，一般有如下作用：人们对目标现象知之甚少，而对源现象的理解更具体、更全面，但是这两个现象之间没有联系或者移情，对源现象的理解就形成源现象用于目标现象时具有的意义基础。有时候，科学家脑海里只有模糊的想法，甚至模糊的想法都没有，只有情感冲动促使他们寻找某种联系。但是，一旦找到了联系，这种模式就开始确立。如果人们把模式确立前后源领域和目标领域的状态进行比较，就能很明显地看到相似性的产生。如果之前不存在这个本体的话，源领域就能创造目标现象的本体论。在这个过程中，为了形成完全不同的概念，从另一个本体角度理解目标现象，需要不过于强烈地依附于研究问题的传统或者熟悉方式。隐喻的非单调推理不是由源领域和目标领域之间的现有相似性引发，而是构成它们这种相似性，这在科学发展中具有重要作用，不能从理性话语中排除出去。①

用这种方法，隐喻能从本质上改变目标的本体，创造它的新观点，使原有的表征不包括在新观点之中，并且这个新信息经常包含解决问题的关键内容，但从熟悉的角度似乎无法解决这种问题。隐喻的这种作用，虽然本质上不是算法规则启发驱动的，但不应从合理性的解释中排出，因为，如果不这样，人们就必须承认不合理性是人类思想和话语主要方面的关键特点。

在隐喻的变化推理过程中，整个问题被简化为把本体变化迁移融入合理性中。这个迁移允许引入新概念和范畴来描述当前面对的物体或情势。更进

---

① Bipin Indurkhya, *Rationality and reasoning with metaphors*, 25 *New Ideas in Psychology* (2007), 16-36, 25.

一步讲，新概念和范畴不总是添加到原有概念或者范畴中，而是在现有问题的语境中，可以替代它们。因此，合理性的任何解释必须明确考虑表征的本体，包括改变本体的机制，以及允许相同物体或现象的不同表征共存，并且能够在任何特定语境中评估它们的相对价值。①

因此，隐喻的变化推理在于从某个角度运用创造性改变本体，但要排除任意变更本体，或者至少限制改变后的某个本体推论从理性角度能被接受。这种推理的合理性问题很明显等同于创造性隐喻的问题，也就是为什么有些隐喻能创造目标领域的新颖、有意义的观点，但许多其他隐喻没有这种效果？这与人类认知的过程相似：认知行为人如何能用许多不同方式来看待一个物体（或者一个事件或一个现象），但不可能用一种武断的方法？

在认识论的意义上，认知是认知主体与外部客观世界之间的交流，主体和客观世界在决定认知结构，包括科学理论中，具有同等作用。人们对客体（或者经验或某个领域或某种环境）和它的表征进行明显区分，表征是指认知行为人的内部状态，本体是用来描述客体的本源集合，结构是用来描述本源相互关联的特定方式。认知行为人有内在状态时，这种状态集合构成表征的本体，状态转移的各种用途构成结构，每一个结构都预设一种本体。

在关于认知的上述叙述中，表征的形成过程与概念网络竞争，认知行为人利用感觉运动数据集构建概念网络，而外部环境形成了感觉运动数据集。这些结构相互独立，彼此互不干涉。这被认知科学家称为认知的不连贯性。

某种理论的形成是为了解释一种现象。理论是现象的表征，为了明确讨论应用于现象的不同理论以及应用于其他现象的理论，人们切断了现象和表征之间的关系。现在理论与人们的概念网络一致，现象变成了感觉运动数据集合。当然，认知行为人通常用理论来理解现象，并且与现象交流，所以，概念网络的结构实际上是从概念层面理解的现象结构。

某一个时间点，理论对现象做出了许多正确的预测，之后，人们发现事件与理论做出的预测相互矛盾——表征被证明不一致。理性要求人们承认这种矛盾，因为简单忽视已有证据而坚持理论的正确，这无疑很不理性。但是，有两种方法可以用来解决这种认知的不一致性。

一种方法是保留相同的本体，但是通过调和来改变概念网络的结构，换言之，修改理论叙述来吸收有问题的观察资料。

---

① Bipin Indurkhya, *Rationality and reasoning with metaphors*, 25 *New Ideas in Psychology* (2007), 26.

另一种方法是用投射来改变现象的本体。发现现象的新属性和关系，用它们对客体和事件重新划分范畴，关注这些新范畴之间的相互关系，创造新理论来表述这些关系，这样就能改变本体。或者人们可以采用不同理论，也就是过去不是在这种现象的语境中产生的理论，试着用新理论来理解现象。新理论投射于现象的这个过程受到两方面的限制。一方面，概念网络的现有结构体现了理论最初产生的现象结构，反对以任意方式使用；另一方面，反对任意性的范畴。如果投射的这个过程发生了，结果就是现象新本体的产生，这种现象的结构体现新理论的结构。

认知通常与范畴有关。人们通过感知器官来获得不同的感觉刺激，可以分为不同的概念和范畴。从概念层次看，这个世界比感觉层次的世界更简单化、更有结构性。在无限复杂的世界中，这种简单化对人类用自我的有限和有限的思想生存下来很有必要。但是，范畴化的行为必然关系到信息的丢失。许多客体归属某个范畴时，它们潜在的差异就被忽略了，也可以说认知过程丢弃了这些差异。与此相似，两个客体置于不同范畴时，它们潜在的共同基础也被丢弃了。虽然用一种方式对世界分类的简单化世界观使认知行为人更容易与世界交流，但行为人也因此被剥夺了许多其他的世界观。[①]

行为领域需要本体的某种稳定性时，就像科学和法理一样，通常倾向于调和。本体的变化迁移应当有节制地使用，只有在现有本体论中已经用了每一种方法来解释问题，但没有获得任何成功的那些罕见情形下使用。因为从认知角度看，概念投射的代价很大，在断定新本体是否达到理想目标之前，需要费尽心力尝试使新理论在现象的语境中有意义。但是，如果一个问题用熟悉的观点很难解决，理性的行为人应当意识到，这可能是因为现有观点的概念中漏掉了某些关键信息，而新本体可能需要这些信息。忘记这一点，行为人就会用老套路，总是从同样的旧视角看新现象，于是与创造性擦肩而过。这就是为什么高登吹嘘"让熟悉变得陌生"是创造性解决问题的关键所在。

因此，合理性不是论证预示成功的特点，相反，它是认知行为人的一种态度：承认不连贯，决定什么时间和用什么方法做出本体变化迁移，对世界的自发结构给予相当的尊重。

隐喻类比的说服功能也是基于这种相对的合理性。类比的说服性价值源于它通过利用人们的知识储备帮助人们理解经验和思考问题的能力。例如，

[①] Bipin Indurkhya, *Rationality and reasoning with metaphors*, 25 *New Ideas in Psychology* (2007), 16–36, 33.

许多科学发展都归因于进行类比。用类比的视角思考问题，不仅进一步探索不熟悉的现象，有时还会解决问题。正如它在说服方面的作用一样，通过类比论证并不能证明论点的真实性，但是提供了一种建构思想，主动地思考问题或在问题中进行反思。

熟悉的类比和隐喻提供了面对新问题和新现象时当事人期望的理想结果，因为施喻者依赖那些已经验证可靠的、最熟悉的比较，根据自己过去的经历拼凑了这个场景。当面对一个不熟悉的类比时，人们会寻找表面的相似性以及平行连接和结构方面的一致性，更喜欢以因果关系而不是独立匹配联系的系统来理解新事物。首先，施喻者必须确保源域和目标域的特性之间至少有一些表层相似性。其次，受喻者预期目标域和源域之间的结构一致。最后，受喻者会检查施喻者提供类比的目的，如果特定的类比能有助于一方的案件而不是另一方，这个目的将影响另一方理解这个类比是否合适的看法。实践中，发现最初的相似点之后，如果说服推论了从源域到目标域的更多相似性，并且这些相似性有助于当事人的案例，类比就进行了说服。因此，有效的类比利用熟悉的环境，避免了无意识的联想，并在情感上与观众产生共鸣。[①]

法律解释中也会遇到类似问题。普通法系中，法律推理伴随着用熟悉的过去案件进行推理的过程，以前的案件经常是法律的唯一渊源。即使在成文法系，就像欧洲大陆的多数国家一样，过去的案件成为指导成文法如何适用于特定案件细节的重要灯塔。很大程度上，如果特定案件的具体情况表明某些法律概念和范畴可能与过去的案件相关，过去的案件汇集了许多概念和范畴，用它们可以得出具体案件应如何判决的不同观点，那么法律推理就沿着熟悉的设计思路进行，也就是法律人熟悉的思路。但是，有些情形下，法律推理需要创造某些新范畴，或者对本体做出改变，特别是正在进行非传统和创造性的论证时，法官和律师就创造新的概念和范畴，把先例适用于特定的案件事实，或者对它们进行区分。此时，创造的范畴能使不同案件的事实看上去相似，或者在其他情况下在似乎相似的案件之间进行区分。

没有说服，法律不成其为法律。法庭是对法律包含或体现的各种价值观的解释和使用进行辩论的场域。因此，英美法系国家中，司法判决书不仅是法院意见的体现和权威的象征，也是在维护法律制度合法性的同时进行说服的一种手段。如果法院决定应当改变或者重新制定法律，就必须证明它偏离

---

① Linda L. Berger and Kathryn M. Stanchi, *Legal Persuasion*: *A Rhetorical Approach to the Science*, London and New York: Routledge, 2018: 90.

先例的正当性，但是，在这个过程中，绝不能引起对司法制度或者法律合法性的质疑，这就需要法院承担更多的说服责任。

在这些变化的关键时刻，最迫切需要的就是有力的语言，隐喻成为法官语言工具箱中的重要部分。隐喻不仅连接词汇和短语，还连接潜在的思想或概念。法律的抽象概念是由感性经验的联想形成的，这些概念为抽象思维和语言隐喻提供了基础。隐喻能跨越抽象和具体之间的鸿沟，用相似性的各种要素来实现常识看似自然的感召力，决定法理的未来发展。首先，隐喻用熟悉的客体来说明抽象概念时，连接了抽象和具体两个领域。其次，隐喻解释普通客体的特点时，具有了"常识"的感染力。最后，隐喻的映射关系一旦建立，意义对等的逻辑就能有效决定最终理解抽象概念的方式。隐喻的这些选择作用在法律话语中特别有效，每一种作用都促进法律推理，为司法判决树立权威。

精心设计的隐喻推理可以提供更广泛的论据，建立一个判决者最初的积极反应。一旦法律人认可类比的源领域和目标域在某些方面相似，就可以推断存在更多的相似性。这些相似性可以说服他把有用的特征、关系和结果从源域转移到目标域。但是，建构类比具有挑战性，法律人要仔细检验它们，确定这些基本的相似性能成立。受喻者除检验相似性的表面特征、关系目的之外，更容易利用熟悉的环境接受类比，避免无意识的联想，促进情感补偿。

法律概念隐喻化的过程就是司法判决书正当化的过程，这具有三个目标：第一，判决必须维护法律程序的权威性和统一性。第二，判决意见书必须为法院决定的抽象法律问题争取权威性。第三，特别是在法院偏离既有法律的案件中，判决必须说服公众正义已经实现。

因此，司法判决中隐喻的使用是法院超越具体案件，整理争议法律问题的各个方面和特点，拓展其法律原则或概念的一种方式。司法判决书中隐喻的使用促成了司法判决推理的一个总目标：说服。法律要维持正当性，必须使观众信服司法机关正在做出公正、恰当的结论。

第六章

法律隐喻的叙事研究

伴随着法哲学的发展,法律倾向于采用更温和、更谦让的方法解决各种纠纷,法律叙事成为法律解释中的新问题。认知科学研究发现,叙事是人类的认知手段,是理解和建构世界的重要范畴之一。叙事和隐喻一样,都是棱镜,帮助人们理解生活的价值意义。

第一节 隐喻与叙事的认知关系研究

何为叙事?彼·艾维克和斯尔必这样解释:

一个具体的交流要成为叙事,必须具备三个要素或特征:首先,叙事取决于选择性地使用过去事件和人物的某种形式;第二,叙事的事件必须有时间顺序,这要求所选事件以开头、中间和结尾的方式呈现出来;第三,事件和人物必须相互联系,并与某种主要结构有关,经常是在对立或斗争的背景下。叙事性这个特征有各种名称,如"各部分的相关性"或者"情节化",时间和结构顺序保证"叙述完整"和"叙事因果关系",换言之,重新讲述事件以什么方式和为什么发生的说明。①

许多研究发现故事对事实的构建和传递至关重要。杰罗姆·布鲁纳就认为,故事是一种基本的心理能力,是文化表达的认知和语言过程引导生活叙述的自我讲述,获得了构建感觉经验、组织记忆、一点一点有目的地建构各

---

① Cornelia Wunsch, *Legal Narrative in the Neo-Babylonian Trial Documents*: *Text Reconstruction, Interpretation, and Assyriological Method*, in *Law and Narrative in the Bible and in Neighbouring Ancient Cultures*, Klaus-Peter Adam, etc. ed. , Germany.

种生活事件的能力。① 对布鲁纳来说，故事不仅是讲述人类生活的一种方式，也不仅是讲述各种生活故事，更是一种文化和精神的工具，没有它，人们就无法感知、记住或讲述自己的生活和世界。这不仅是一种表达事实的方式，也是一种文化和认知结构，是事实的基础。

认知科学家罗杰·斯康克和罗伯特·艾贝尔森强烈支持这种观点，认为：第一，人类几乎所有的知识都建立在围绕过去经验而建构的故事基础之上；第二，新经验是根据旧故事来解释的；第三，故事记忆的内容取决于是否用某种方式对他人讲述故事，这些重新改编的记忆构成了个体记忆的基础。因此，故事不只是人类理解的一个重要建构，更是人类理解的最好建构。②

这种关于故事的观点在本质上都认为思维和理解是功能性的，普通的思想和理解是作为社会交往的一部分来进行的。由于社会交往以故事指示和交换为特点，人们通过把彼此的故事映射于自己相似的故事来理解对方的故事，这很有意义。重要的是，斯康克和艾贝尔森所指的故事不仅仅是脚本或情景记忆，它们都适用于已知的情况。通过故事，人们根据已知故事的情况来了解未知的情况。

他们也认为，理解这个世界意味着用一种与你已经相信的事物相符的方式来解释各种事件。因此，如果理解者具有各种故事的记忆，他的任务是确定哪些故事中的某个故事与当前情形最有关联。所以，旧故事被作为解释新故事的手段。③

斯康克和艾贝尔森的故事就是理解的观点也受到其他人的批评和质疑。威廉·布鲁尔反驳说，故事记忆是人类记忆中有趣和重要的一部分，但是，非常明显，人的记忆是一个有许多房间的大厦，包括空间记忆、因果记忆和音乐记忆。④ 大卫·鲁宾的意见更简单：所有的知识都不能归结为一个单一的系统，即使这个系统有许多故事。⑤ 但是，这些反对意见并不否认这一点，故事可能并不是人类理解的全部，但它无疑是其中很重要的一

---

① Jerome Bruner, *Life as Narrative*, 54 *Social Research* (1987), 15.

② Schank, Roger C. and Robert P. Abelson, *So All Knowledge Isn't Stories?*, Robert S. Wyer Jr. Hillsdale ed., *Advances in Social Cognition* (Vol. 8), NJ: Erlbaum, 1995: 227-234.

③ 同上，第5页。

④ William F. Brewer, *To Assert That All Human Knowledge and Memory Is Represented in Terms of Stories Is Certainly Wrong*, Robert S. Wyer Jr. Hillsdale ed., *Advances in Social Cognition* (Vol. 8.), NJ: Erlbaum, 1995: 113.

⑤ David C. Rubin, *Stories about Stories*, Robert S. Wyer Jr. Hillsdale ed., *Advances in Social Cognition* (Vol. 8.), NJ: Erlbaum, 1995: 153.

部分。

因此，有一点不容置疑，这些观点都认识到了故事具有普遍性，故事对建构、记忆和传递事实和信仰必不可少，而事实和信仰是人类理解真理的各种说法，故事至少是人们卷入真理和谬误的基本方式，叙事是人类的认知工具，它构成了人们理解和建构世界的一大范畴。[1] 在一定程度上，任何特定的叙事都会建立在罗兰·巴特所谓的信念之上，他认为信仰是一套建构人们理解日常事件的未经检验的文化信仰。[2]

隐喻和叙事有关联吗？

亚里士多德很早就认为最好的比喻是那些"呈现于眼前"的隐喻，就是"象征着参加活动的事物"的隐喻。现代的叙事学理论中，"呈现于眼前"就是使连续的目的性行为引人注目，这是故事重要的功能。但是，故事与隐喻交织在一起的具体方式远远超出了亚里士多德修辞研究的范围。

首先，隐喻是微叙事，这已经被亚里士多德和其他人注意到。大多数隐喻可以转变为微叙事，这就暗示了隐喻和故事之间的流体界面。然而，它也给出了一个简单的转换机制，就好像隐喻和故事之间的关系实际上是一个各种选择形式和详细叙述程度的问题。[3]

按照这种观点，有人把隐喻看成是故事的根源。唐纳德·勋伯认为问题的构想经常取决于形成问题背景的各种故事中内在的隐喻。[4] 故事在构想问题中起着重要作用，而特定的隐喻习惯上与某些问题的背景故事相联系，这一点很正确，但假设隐喻能构成"任何故事"，就好像它是故事的隐藏起源一样，这一点并不正确。同样，理查德·博兰和拉尔夫·格林伯格将隐喻看作是"组织的神话、意象和故事"的创造者。[5] 唐纳德·麦克洛斯基尽最大努力解释隐喻和故事之间的关系，认为在经济学中，所有的故事都用隐喻回答，而所有的隐喻都由故事来解释。他的研究发现，经济学家的隐喻不仅是故事的种子，而且是带有修辞立场的隐喻和故事的必要部分。他在对话关系

---

[1] David C. Rubin, *Stories about Stories*, Robert S. Wyer Jr. Hillsdale ed., *Advances in Social Cognition* (Vol. 8.), NJ: Erlbaum, 1995: 416.

[2][3] 同上，第418页。

[4] Donald A. Schön, *Generative Metaphor: A Perspective on Problem-Setting in Social Policy*, Andrew Ortony ed., *Metaphor and Thought*, Cambridge: Cambridge University Press, 1993: 138.

[5] Richard J. Boland and Ralph H. Greenberg, *Metaphorical Structuring of Organizational Ambiguity*, Lewis R. Pondy, Richard J. Boland, and Howard Thomas ed., *Managing Ambiguity and Change*, Chicester: Wiley, 1988: 75.

中将隐喻和故事相关联，但是树立为对立面。①

有些故事与隐喻相矛盾，但本质上隐喻并不是与故事相反。人们选择自己的隐喻时，就确认了这些故事；反过来，人们用故事来理解这个世界时，就准许了自己选择的隐喻，而非其他隐喻。此外，隐喻认可的故事决定了映射更具体的功能，因此故事是人们理解和利用隐喻的主要手段之一。换句话说，隐喻认可的故事帮助人们确定特定隐喻映射的可行性，并指导人们认可隐喻。②

其次，隐喻是简洁的故事，具有隐喻和叙事要素的象征性结构，这被称为叙事隐喻结构。③ 这种结构可能是隐喻故事，即具有隐喻基本特征的故事，也有可能是故事化的隐喻，就是有明确或暗含的叙事要素的叙事隐喻。④

隐喻和叙述有一些重要的共同特点，这可以从保罗·利科和马克·特纳截然不同的观点中发现。虽然他们二人都是叙事学家，但利科从现象学和诠释学中找到了自己的思想根基，马克·特纳的思想来自认知科学，但他们都认为隐喻和叙事具有某些基本的共性，坚信想象力和创造力对人类认知和创造或理解意义具有重要意义。

利科对此有很深入的研究，认为隐喻和叙事至少有五个相互关联的共同特点⑤：

1. 隐喻和叙事是康德图式理论的产物，都是合成物。

2. 隐喻和叙事都把某些物描述为好像是其他物一样。隐喻和叙事都是棱镜，人们透过它们看事物，通过故事的镜头把某一事物看成其他物。

3. 隐喻和叙述至少在三个不同的词义中创造新意义：(1) 在语言学意义上，隐喻通过为两个明显不同的概念创造新的重叠意义而创造了语言的新意义。(2) 隐喻和叙述都能几乎逐字地帮助人们理解对象和事件，也就是说，它们通过创造新意义来使事物可以被理解。这两种方式通过用某些众所周知的东西来向人们描绘未知的事物，帮助人们理解事物。叙述通过创造性地描

---

① Donald McCloskey, *Storytelling in Economics*, Christopher Nash ed., *Narrative in Culture*, New York: Routledge, 1990: 5.

② Philip Eubanks, *A war of words in the discourse of trade: the rhetorical constitution of metaphor*, Carbondale and Edwardsville: Southern Illinois University Press, 2000: 105.

③ Jonathan K. Van, *Metaphor And Persuasion*, South Dakota Law Review, 58 S. D. L. REV. 295, 2013.

④ Stefán Snævarr, *Metaphors, Narratives, Emotions: Their Interplay and Impact*, Netherlands: Rodopi B. V., Amsterdam-New York, 2010: 234.

⑤ 同上，第235~240页。

述事物的因果关系和逻辑联系,有助于理解明显不同的事件。(3)在生存意义上,利科显然认为这两个都在生存意义上创造意义,帮助人们理解生活或它的某些方面在价值指向上有意义。叙事神话和其他宗教甚至政治叙事可以帮助人们找到生活的目的。隐喻给生活的消极面带来这种意义,而叙事赋予积极的意义。

4. 叙事的重新比喻和隐喻的所指意义是同一枚硬币的两面,它们普遍具有上述分离的所指意义,有在某个意义上真实,在另一个意义上不真实的特点,也就是说,它们形成了自己的对象,同时也阐明了一些更重要的意义。叙事意义通过指明某物是某个整体的一部分,而某些事物是其他事物的原因而产生。

5. 叙事话语是一个扩展的隐喻,按照预定的方式描绘世间的行为和痛苦。叙事情节有隐喻环节,至少不是因为它按照虚构的,而是用广为人知的现实关系来描述一个人类知之不多的现实。文学体裁的叙事提供了距离、自主和形式的寓言,而隐喻过程则开启外向的话语,也就是生命和解释的无限形式。寓言形式表达的信息来自限制叙事形式和隐喻过程之间的张力,这种张力越过了叙事的界限。叙事依赖隐喻,反之并不如此。此外,人类的想象力借助类似隐喻的过程创造了人们的世界,叙事是这个过程的产物。可以肯定的是,叙事很有影响,它们就像隐喻皇帝的权臣。

最后,尽管肯定不是使隐喻有意义的唯一因素,但隐喻和故事共同努力来确定特定隐喻的修辞定位以及它的真理价值,这并非偶然。隐喻和故事交织在一起,这让人们有理由质疑隐喻,经常暗示什么。具体来说,隐喻的"沙文主义"立场显示人们揭示重要隐喻时,是以一种独特的无声方式。通过这些方法人们理解和评价这个世界。但是把隐喻理解为一种修辞,并且看到隐喻和故事之间的关键互动时,"揭示"隐喻就意味着截然不同的东西。揭开隐喻并不是揭示思想的默示基础,而是要隐约闪现复杂的评价过程,这涉及隐喻、故事,无疑还有其他的辞格,如转喻、提喻、交错配置。从这个意义上说,隐喻和故事有助于共同构成思想,通过这种方法,人们决定什么是真实,什么不真实,未来可能发生什么,不会发生什么,应该做什么,不应该做什么。

隐喻和故事在其构成中都有着深刻的社会性。反过来,特定的隐喻和故事通过整体互动所证明的那种思想比"认知"更具有"社会性"。因此,人们确实需要注意隐喻和故事共同揭示的那种修辞活动中的信号,需要把认知看成分布式的而不是被抑制的,人际的而不是私人的,公有的而不是个人的。①

思想的公有特点符合修辞和隐喻的本意。除非考虑到修辞的变化，否则人们无法理解隐喻的作用，这种变化影响人们创造、重新叙述、理解、认可和拒绝隐喻的方式。换言之，人们用隐喻做什么不能和隐喻的使用方式分开。同时，不研究其他形式和辞格，只研究所有人赞美的卓越修辞隐喻是不可能的。

第二节 法律叙事的理论研究

卡多佐认为，在司法判决的荒野上，文学风格不仅不是一种罪恶，只要运用得当，它甚至具有积极的益处。然而，将这种胜利认同再向前推进，就会存在令人忧虑不安的条件阻碍。②但随着法哲学的逐渐发展，法官倾向于运用更温和、更谦让的方式解释法律，法律的发展越来越多地被视为一个调适的过程。因此，简明扼要型、家常健谈型、劝服说明型等风格被应用于法律判决文本中，尤其是法官需要对案件的法律适用进行解释之时。法律叙事就成为法律解释中的一个新问题。

然而，长期以来，法律否定和压制文本的叙事内容和形式，各种限制性规定抹掉了法律的叙事，或者是视而不见、避而不谈这个问题：叙事普遍存在并且贯穿于整个法律中，任何法律裁定都涉及许多层面的故事，不同讲述和重述故事的方式有不同的效果。法律叙事是一种社会实践行为，因为如果胜诉方的故事符合规范、有感染力，法院就能宣告他的故事符合事实，将被告送进监狱，甚至处决。在法律意义上，"有罪判决"起因于对那些评价故事的人进行了成功的说服。

近几十年来，特别是过去二十年，日益多样化的社会科学领域见证了对叙事的兴趣的巨大增长。从社会心理学的角度来看，叙事方法的成就相当显著，很容易看出叙事手段在社会科学中的使用正在不断增加，叙事学被理解为由共同的描述性词汇构成的整体。③瓦德·寿翁把叙事学解释为：表述个

---

① Philip Eubanks, *A War of Words in the Discourse of Trade: The Rhetorical Constitution of Metaphor*, Carbondale and Edwardsville: Southern Illinois University Press, 2000: 132.

② [美]本杰明·N.卡多佐著，董炯、彭冰译：《演讲录 法律与文学》，中国法制出版社2005年版，第113页。

③ Wolfgang Kraus, *The Eye of the Beholder: Narratology as Seen by Social Psychology*, *Criticism*, Jan Christoph Meister ed., *Narratology beyond Literary: Mediality, Disciplinarity*, 2003: 265.

人生活经验的故事中，体验和明确表达的人类生活的整体。格根强调这些自我故事非常容易改变，但只是在特定的社会文化框架中，每个社会都有许多自己的故事和建构故事的规则。因此，讲故事的人在所讲的故事中并不能随心所欲，他们只有遵循故事的这些模式，并且得到其他个体的认可，故事才会被接受。①

尽管格威茨认为：……法律确实隐含地几乎潜意识地认可讲故事的影响②，但现实中，法律界长期以来却是一筹莫展：一方面，法律似乎充满叙事，其依据是对现实的叙述性建构；另一方面，承认叙述是理解法律问题的法律范畴之一，这在法律原则中是徒劳无功的。法学界有这样一种印象，叙事主要是法律的成本：它是法律未经理论化甚至被抑制的内容，或者更准确一点，法律人能发现法律事实上与叙事有交集，但对此的反应却是不安和怀疑，所以忽略叙事是法律的一个范畴可能就是一种抑制行为，试图对法律的叙事性视而不见。③

法律人的这种态度与他们对叙事的理解有关。叙事不完全是从表达层面解释事实故事，故事可以被转述，可以改写为其他表现方式，可以概括，可以"用其他词语"重述，仍然被认可为"同一个故事"。更重要的是，叙事属于人的认知手段，构成人们理解和构建世界的重要范畴之一。法律人尝试理解法律叙事的场所和用法时，就需要关注法律话语的叙事分析。

更进一步来讲，当法律人开始思考通常情况下法律讲故事的作用时，这个主题开始扩散，并显示出它与每个人的相关性。在叙事的意义上，那些在审判法庭中讲述的事实全都与竞争性法律故事有关：故事从证人的陈述中获得，经控辩双方重新改编为貌似可信的各种版本，提交给陪审团进行关键性评判，到上诉法院重讲这些故事，这个过程中必须特别注意讲故事的规则，当事人的叙事必须符合讲述和听的规范；最后到最高法院，叙事必须把当前具体案件的故事和宪法解释的历史结合起来，根据遵循先例的惯例和各种判

---

① Wolfgang Kraus, *The Eye of the Beholder*: *Narratology as Seen by Social Psychology*, *Criticism*, Jan Christoph Meister ed., *Narratology beyond Literary*: *Mediality*, *Disciplinarity*, 2003: 272-273.

② Gewirtz, P., *Narrative and Rhetoric in the Law*, P. Brooks and P. Gewirtz ed., *Law's Stories*: *Narrative and Rhetoric in the Law*, New Haven: 1996: 6.

③ Peter Brooks, *Narrative in and of the Law*, James Phelan and Peter J. Rabinowitz ed., *A companion to Narrative Theory*, MA, USA: Blackwell Publishing Ltd, 2005: 415.

例法，因为允许反对意见，经常有两种不同的故事讲述方式，结果也会不同。①

对律师而言，法律辩护人了解如何讲故事已有数千年历史。从古希腊起，修辞学，包括用叙述论证，主要是训练律师在法庭上证明自己的主张。出庭律师知道自己需要讲故事，在法庭出示的证据必须相互关联，用叙述的方式展开。现代司法诉讼中，很少直接连贯地讲述故事。审理时，律师逐个推导，意图使它们符合证据和程序规则，然后向听取证据的陪审团用说服性修辞重新系统阐述。法庭上，叙事看似碎片化、自相矛盾和含糊不清的呈现方式应符合许多规则，法律试图用这些规则制定故事的规则，限制它的自由发挥和范围。

所有的"证据规则"，包括著名的"证据排除规则"禁止非法获取证据，都触及故事的指导规则问题，法官必须了解和执行这些规则。当事人从审判案卷的素材中挑选法律故事，在上诉中重新讲述时，上诉法院评价它们与法律规则一致且合适，而不应当事后评论案件的"事实审判者"，根据这种评价作出裁定。在这个层面，所有的叙述都是一种范例：它们证明某个法律问题、审判中的重要争议、个人和政府的关系符合叙事规范。所以，法律发现某些叙述有问题，就会担心是否应当允许它们在审判中有用武之地，或者它们应具有什么地位。但是，法官认可自己压制的叙述内容和形式，通常都以消极方式出现。这种压迫使法律叙述被抹杀了。②

此外，法律叙述不是简单地重新清点事件，而是使事件有了具体表现，论证它们的含意，使它们具有法律意义，宣布其结果。在著名的帕尔斯格雷夫诉长岛铁路公司案中，令人感兴趣的不是其他事实，而是卡多佐如何以令人惊叹的简洁事件叙述控制了法律叙述，把对事件的理解限定于法律故事之中，使它存在于法律监督完善的边界之内。卡多佐和多数法官一样，好像仅仅讲述审判事件的故事，但他改变故事事件，使事件有了法律意义，成为用法律原则可以认可的叙述方式。通过这种叙事方式，他想证明，被告的铁路保安不可能合理预见对原告的损害。卡多佐对铁路站台上事件的简洁叙述是一种反向叙述，因为它试图准确破坏关系，证明原因和结果的某种连接是"奢侈的"。它违背了人们通常在叙述中寻找的各种联系。③

---

① Peter Brooks, *Narrative in and of the Law*, James Phelan and Peter J. Rabinowitz ed., *A companion to Narrative Theory*, MA, USA：Blackwell Publishing Ltd, 2005：415.

② 同上，第417页。

③ 同上，第420页。

法官威廉姆·安德鲁有说服力的反对意见是一个比卡多佐的叙述更加精彩的事件叙述，为读者呈现了许多假设：基础有瑕疵的大坝破了，对下游的财产造成了损害；一个男孩把石子投进了池塘，水面升高了，池塘的历史永久性地改变了；萨拉热窝的谋杀可能是二十年后伦敦一起暗杀行为的必然前情；一个打翻的灯笼可以烧毁整个芝加哥。

　　很容易理解，法律故事的叙述本身是回顾性的，它的意义只有在结束时才变得清楚，故事的讲述总是通过对这个结局的期望来组织，也就是故事的"中心意思"、故事的顺序和它们的意义变得清晰的时刻。从回顾的角度看，只有事后的认识才能建立"时间链条"。在这个意义上，法律叙述没有指导原则，只有事件的因果序列联系，叙述能够表达的具体细节。

　　卡多佐曾经在演讲中有说服力地宣布：随着判例法制度的发展，当事人可怜而悲惨的纠纷是最终形成伟大而卓越的规则的要素。这个观点非常清楚地说明了帕尔斯格雷夫案中原告的日常琐事被演化为非常有价值的法律叙事的逻辑依据。但是，可以肯定，帕尔斯格雷夫案本质上的那些伟大而卓越的法则取决于叙述的建构，取决于"悲惨"的故事细节。该案的各种判决意见压制了这一点，虽然法官都认可它们的重要性。卡多佐和安德鲁都承认要讲一个故事，特别是在反对意见中都注意故事的建构方法，最终结果区别很大，但是他们都挑选了眼前的具体故事，事实上在他们自己的假设性叙述中花费了更多的时间，提供了更多的细节。他们对故事重要性的认可被他们的判断所否定：故事的存在只是为了找到法律先例和规则的"伟大而卓越的原则"。法官们的姿态几乎能够类比为弗洛伊德否定和压制的经典剧本，如儿童对性别差异同时出表现承认和压制。①

　　尽管如此，越来越多的美国学者和公众开始关注法律故事，许多故事以独特的方式讲述当事人的利害关系。把法律作为叙事和修辞来审视，就可能意味着许多不同的事物：考察故事与法律观点和理论之间的关系，分析法官、律师、诉讼当事人构建、塑造、利用故事的不同方式，评价为什么某些故事在审判中有问题，或分析司法判决书的修辞等。但更普遍的看法是，把法律当作叙事和修辞来看待，就意味着事实不仅是规则、形式，而且更多的是实质内容，语言更多是作为被表达的思想使用（实际上，人们把所用的语言很大程度上看作被表达的思想）。法律叙事不仅意味着研究如何找到法律，而

---

① Peter Brooks, *Narrative in and of the Law*, James Phelan and Peter J. Rabinowitz ed., *A companion to Narrative Theory*, MA, USA：Blackwell Publishing Ltd, 2005：420.

且也意味着如何制定法律，不仅是法官如何做出命令，而且是如何构造和形成命令。①

这种法律叙事的认识在审判中有所体现。美国最高法院的一份判决意见似乎破坏了防止叙述理念在法律原则中使用的压制性规定。老酋长诉美国案中，双方争议是否应当允许过去被定罪的被告对以前的有罪判决"做出约定"，据此在他的新罪的案件中，否定检察官用提出过去重罪事实的方式进行控告。地区法院的法官做出了不利于他的裁定，以前犯罪和定罪的全部故事被用来作为证据使用。根据控方的使用枪支威胁、占有和使用暴力的所有陈述，老酋长被认定有罪。他提出上诉，第九巡回法院维持了他的有罪判决，基本重述了传统立场：控方有权按照自己认为适合的方式证明案件。该案上诉到最高法院时，奥康娜大法官在伦奎斯特、斯卡利亚和托马斯赞同的反对意见中，支持了这种传统立场。②

但是，苏特法官执笔的判决书中，多数法官（苏特、斯蒂文思、肯尼迪、金斯伯格和布雷尔）反对这个观点，认为采用过去犯罪的全部故事可能是不公正、有偏见的，这可能使陪审团依据被告的"不良名誉"定罪，而不是新罪的具体事实，因此必须排除老酋长过去犯罪的故事，因为这可能在过去和现在之间造成许多的叙述联系：可能从被称为"名誉"的叙述中创造许多推论，使陪审团依据"不良名誉"做出有罪判决，而不是当前故事的细节。

但是，苏特判决书中最有意思的观点出现在持反对意见法官的观点中，他们认为控方需要提供所有证据，包括非常具体的过去犯罪和定罪的故事。他承认提交案件时需要证据充分和叙述完整，而不是新罪的具体事实。他认为：用证词和物证证明案件……用丰富的描述讲述一个生动的故事，随着一个个证据连接在一起，叙述获得了动力，不仅有能力支持结论，而且能支撑陪审团愿意为做出任何诚实的裁定进行推论。具体细节的这种说服力往往对陪审员履行法定义务的能力至关重要。

他认为三段论不是故事，法庭上未证实的主张可能与将用来证明它的大量证据不匹配。人们听故事时被抽象概念的空白打断，在缺失的章节中会感到迷惑……可以用节约的方式讲述一个令人信服的故事，但是当节约中止了证据叙述的自然顺序时，确信缺失的连接实际存在，这绝不是最好的。③

---

① Peter Brooks, *Law's Stories: Narrative and Rhetoric in the Law*, Yale University Press, 1996: 2-3.
② *Old Chief v. United States*, 519 U.S. 172 (1997).
③ 同上，第189页。

苏特转回到老酋长案，认为控方主张需要讲述以前的犯罪故事没有正当性，因为那是另一个故事，它完全处于被告被控考虑和实施现在的违法行为的自然顺序之外。老酋长的约定没有造成故事中的"间歇"，没有"从连续的序列中去掉一章"。

"三段论不是故事"这个短句中，苏特似乎认可了法律界之外的几个学者最近论证的观点，法律用推理和分析这些法律工具解决案件的普遍假设可能被误解了，叙述分析不需要这些工具。所以，苏特违反了被称为法律压制的无意识的因素，开始重视传统上没有承认的叙述内容和形式。在反驳讲故事的影响时，苏特承认了它的感染力。但苏特关于叙述的专题论文在后来最高法院的判决书中没有被引用过。

由此可见，司法审判中存在故事，法律需要叙事学，法律叙事学特别对叙述传播和交互作用情有独钟。换言之，讲述和听取案件情境中的各种故事时，不仅要探究法律人如何建构和讲述这些故事，而且也研究当事人如何听、如何承受这些故事，做出回应，故事如何实际发挥作用。最重要的是，法律中的"被讲述人"，包括听众、陪审团、法官们，如何听取和构建故事。在法律意义上，定罪源自评价故事的那些人创造的坚定信念。所以，对法律叙述形式的高度关注可以极大地解释实现这种信念的途径。

第三节　司法判决中的隐喻叙事和叙事隐喻

隐喻是用一件事情去理解另一件事情的过程，常常用类比映射方式。"甲是乙"是去语境化的理想范式，这种范式遮蔽了隐喻的动态性特征，而隐喻跨越映射和在线整合，具有动态性。反观体现人类生活的时空隐喻，许多是微型叙事，用行动范式"甲 + ing 是 B + ing"表达更加合适。因此，隐喻是事件场景和叙事过程的投射，即"事件结构隐喻"。[①]

"事件结构隐喻"由"基本隐喻"组成，向上由叙事构成复杂的"大链条存在隐喻"。复杂隐喻之间的连接超出了认知范式，文本中隐喻出现的顺序差别、概念隐喻之间的动态性连接、整合，决定了隐喻的叙事性质和情感态度表达，会形成不同的主旨，引发作为受喻者的读者的不同反应。因此，

---

① C. Forceille & E. Urios-Aparisi, *Multimodal Metaphor*, Berlin and New York: Mouton deGruyter, 2009: 11.

隐喻理解过程中的隐喻识解是读者与文本、叙述者、作者的协商中形成情感共鸣和态度评价的过程。

传统文学研究中的认知隐喻理论不足以分析文学作品中复杂的宏大隐喻，因此，特纳强调关于"寓言隐喻"的"叙事整合"观点，即一个故事向另一个故事的映射，注意到成语、警句中包含了故事映射，并对隐喻和叙事的关系加以发展，提出来隐喻叙事。其后，利科明确提出隐喻和叙事形成的配对关系。他们分别从认知学、诠释学和符号学的角度提出隐喻与叙事的关系，而符号的隐喻性、意向性、象征性连接了语言学和文学叙事。

文学理论这样解释叙事：每一个叙事文本都由两个层次组成：第一层包含叙述，第二层包含事件和人物。但是当某个人物讲述自己的故事时，文本就包含了三层：叙事的层次和故事的两个层次，故事的两个层次包括叙述者的故事和故事人物的故事。后者被称为"嵌入故事"，而在嵌入故事结束之后返回的故事是"背景故事"。[①] 用这种方法来看待法律与法律中存在的叙事之间的关系，法律就是嵌入的故事，法律中偶然提到的历史事件为法律受众和读者打开了背景故事的窗口。作为叙述人的法官用故事的开头和结尾的套路进行界定，决定背景故事出现在法律之前还是之后。

根据"背景故事与嵌入故事"这种模式，法律与叙事同时保持着两种关系：从属与独立。形成法律的叙事层面服从于主要故事所处的叙事层面，而法律的叙事层面则存在于一个分离因而独立的层面。这两种共存的关系表面上冲突，凸显了支配关系的相互性，但实质上相互依赖。

法律在推进主要故事方面起着核心作用，因为它们构成了实现神圣方案的必要条件。法律本身，即使忽略它们的内容，也构成故事情节，因为国家的持续存在取决于接受和遵守法律的情况。背景故事严重依赖嵌入的法律。另外，许多法律对过去的"历史"事件和未来事件的引用，说明了主要故事对法律内容的各种影响。它们表明，法律对情节做出回应，由情节引发，并为法律目的服务。[②]

用这种观点分析法律中的隐喻，挖掘作为简洁叙事或微型叙事的法律隐喻叙事，有助于人们揭示、分析和理解法律隐喻中嵌入的文化情景叙事。这可以通过两种方式来进行：首先，通过研究判决书和案情摘要来发现隐喻是否含有典型故事情节的各个阶段，就能分析和理解隐喻故事。正如阿姆斯特

---

① Assnat Bartor, *Reading Law As Narrative: A Study in the Casuistic Laws of the Pentateuch*, Atlanta: Society of Biblical Literature, 2010: 19.
② 同上，第20~21页。

丹和布鲁纳的描述，典型的情节从一个"稳定状态"开始，被"麻烦"冲突打断，最终通过回归到原始或新的稳定状态而得以解决。其次，通过分析肯尼斯·伯克的叙事五要素——人物、事件、场景、方法和动机之间的关系，来分析、评估法律隐喻对判决结果的影响。①

下文将从研究英美法律中抵制这个隐喻故事的重要事件入手，通过研究具体的案件场景，分析和解释故事人物英美法官、案件当事人如何选择案件叙事，强调特定情节，从而将故事重点转移到一个个主要的要素方面，借此弱化其他要素，改变故事留下的印象，影响判决结果，最终揭示隐喻叙事和叙事隐喻②的法律意义。

抵制的隐喻特征描写。范畴化能力是人们认识世界的最基本能力，使客观世界在人脑中不再是原来的客观世界，转变为以概念范畴为结构的世界，这种概念范畴具有原型效应的特征。就范畴与原型的关系而言，原型是范畴内最有代表性的成员，范畴是以原型为中心构建起来的，范畴中的其他事物能否成为某个范畴的成员则以它们是否与原型有相似性为标准。

法律中抵制的原型源于爱尔兰佃农和封建领主之间的地租纠纷。1880年秋季，爱尔兰梅奥郡，穷困潦倒的佃农和地主之间由于地租问题发生了冲突。为人刻薄、声名狼藉的博伊科特驱逐了无力交付地租的三户佃农之后，所有的矛盾都集中到他一个人身上，佃农们联合起来，断绝了与他的所有社会经济关系。最后，他和妻子逃离了爱尔兰，回到了阿齐尔岛。乌尔斯特和都柏林的新闻界后来把梅奥郡发生的事件和南非的部落暴动进行类比，把佃农描述为"嗜血的祖鲁人"，而对博伊科特表示同情。③ 这些事件之后，人们开始用"抵制"这个词来描绘爱尔兰人对博伊科特上尉的社会经济放逐，而"祖鲁人"这个隐喻也长久保留下来。

从词源上，法律中的抵制范畴一开始就有两个成员（意义）：支持博伊科特的人用这个词来象征"野蛮人"对毫无防御的个人主张自己的集体权利

---

① Linda L. Berger and Kathryn M. Stanchi, *Legal Persuasion: A Rhetorical Approach to the Science*, London and New York: Routledge, 2018: 43.

② 隐喻认知的叙事理论认为，隐喻的本质是认知语用，关注隐喻语境，而语境本质上是一种关系，是一个隐喻场，社会历史事件作为基本隐喻和事件结构隐喻构成的隐喻，其背后包含着叙事隐喻和隐喻叙事。隐喻叙事利用隐喻设计的叙事线索或者模式，由叙事方式或策略构造，而隐喻叙事在方法上表现出的非常规性的叙事形式就是叙事隐喻。参见张立新：《隐喻认知语用研究》，世界图书出版广东有限公司2014年版，第41~50页。

③ 1853年，博伊科特曾经在驻扎在爱尔兰西北的英国军队服役，后来成了爱尔兰大封建主厄恩（Erne）伯爵的土地代理人。

时可能造成的危险。对有些人而言，梅奥郡的抵制暴民们就像非洲的祖鲁人（反对英国法律，杀死英国士兵）。从博伊科特和爱尔兰地主的视角看，爱尔兰佃农拒绝打交道，象征着他们严重违反了对英格兰有产阶级的义务。对地主阶层而言，贫困佃农的抵制行为就像大叛变中英国士兵拒绝遵守上级命令，被统治阶级视为对公民社会的严重危险，能煽动其他平静的人们实施谋杀这样的犯罪。博伊科特上尉作为"受害人"，成为地主阶层理解抵制意义的一个隐喻。但对于广大的爱尔兰佃农来讲，博伊科特代表了土地所有专制权力的罪恶和残暴，把博伊科特比作掠夺者的隐喻很恰当，对他的抵制行为使爱尔兰佃农们获得了主张法定权利的途径。因为佃农的抵制有效果，抵制很快就成为对抗专制和不正义行为的普遍方式。

但是，范畴内成员的地位并不平等，有些成员是范畴里最有代表性的成员，而有些成员是范畴里最不具有代表性的成员，所以，范畴成员有原型成员和边缘成员之分。英美法律中，抵制的第一个意义成为范畴的原型意义，也是后来美国判例中经常引用的抵制原型，而第二个意义就成为边缘意义，经常被法院忽略，只在极其有限的案件中被使用。在这个隐喻范畴的原型意义的选择中，施喻者的意识形态起了非常重要的作用。考察美国判例法中有关抵制的案例，就更能充分揭示隐喻叙事中原型效应对法官判决的影响，以及法官在选择不同的概念隐喻展开叙事时的意识形态。

抵制的叙事隐喻。典型的叙事包含叙事者（作者）、接受者（读者）和故事三个要素的交互，处于语用交际的话语世界层面，而故事进入了语篇文本世界，包含情境、人物、事件、结果和评议等要素。隐喻，特别是事件结构隐喻、隐喻语篇世界与叙事相结合，形成叙事隐喻，通过叙事，构建隐喻的认知语用模式。

埃莉诺·罗什发现，人们依据直觉用原型范畴对事物分类，认知思想受到依据主观判断做出选择的影响，这种主观判断就是某些范畴类型优于其他范畴的实例。如果人们偏离典型的普通情形，模糊性就会出现，需要新范畴来解释新情况。从抵制一词用于描述爱尔兰的抵制活动伊始，隐喻就决定了有关背景故事的词语意义，从规范角度决定了这个词语具有了某种原型效应。第一次使用，它就与源自19世纪30年代南非祖鲁战争语境中生动而又非常规范性的隐喻相联系。不久之后，在美国，康涅狄格州的法官参照爱尔兰劳动抵制案例中博伊科特上尉的事件，把一个其他方面都和平的劳动抵制比作"一只野生的嗜血老虎"，认为这种抵制近似于谋杀。抵制者是"嗜血老虎"，抵制是"谋杀"这些想象的表征似乎很奇怪，但能证明它们对抵制范畴的原型效应带来了法官需要的意义，把劳动抵制现象与未开化的动物行为等同起来。

  法官用隐喻对各种现象进行思考时，引用完整意象并把它应用于某种情景，这种意象是把那种情景整体概念化的一种手段。① 美国的判例中，法官用"抵制"一词同时唤起破坏性以及崇高两种内涵。一方面，法官把团体抵制比作嗜血的老虎，并且分析抵制行为，认为它就像一种疾病感染了人体的内部生理机制一样。另一方面，法官把团体抵制比作煽动演说术，认为抵制行为是一种特殊形式的政治演讲。抵制于是和犯罪性的观念以及表达自由和群体集会等具有煽动性而又崇高的观点联系起来。

  法官的这种认知模式与当时的社会政治情况密不可分。19 世纪末，美国的工人动乱和暴力到处发生，社会处于无政府状态的边缘，劳资关系就像 19 世纪 70、80 年代爱尔兰的地主和佃农的关系，法官们有理由认为抵制代表了对社会的危害。法官认识中存在的工人阶级不守秩序的成见使法官们依赖原型特征来理解工人集体行为的意义，这种特点至少与爱尔兰发生的抵制运动的许多想象观点一致。但是，在爱尔兰，抵制是用来促进爱尔兰民族主义的一种抗议技巧，在美国，抵制成为工会用来促进工人团结、工人权利和工会运动的一种策略。

  这种矛盾的认识与当时的美国社会现实密切相关。19 世纪末，美国法官采用财产权的理念来支持资本家反对工人的权益，隐喻成为他们这种意识形态正当性的宣告人。因此，法官对同样由个体组成的工会和商业组织选择使用了不同的意象：商业组织是按照章程和各州法律组建的，对外表现出有序、合法的表象，可以隐藏行为人，但是工会却具有潜在的暴民团体的外在表现。这些外在的迹象解释了 19 世纪末期普通法官处理劳资关系的态度差异。工会的意象是喧闹和愤怒的工人群体，法人是明理和理智的人的意象，这就能解释为什么最初对劳动和商业抵制采取双重标准。② 法官们援引博伊科特的名字来宣布对和平的工人抵制行为进行严苛的法律限制，否认工会组织的活动和发展具有正当性。法官实际成为资本的法定代表，制定了许多缺省隐喻，从意识形态方面消除工人针对资本家的财产权，进而对法律本身的权威性进行抵制的行为。

---

 ① Edward Rubin and Malcolm Feeley, *Creating Legal Doctrine*, 69 So. Calf. L. Rev. 1989（1996），2021.

 ② Gary Minda, *Boycott in America*, Carbondale and Edwardsville: Southern Illinois University Press, 1999: 68-69.

另外，在美国，大多数法官认为工会是雇佣关系的局外人，并且有关合同、财产和侵权的普通法规定可以被用来作为保护雇主财产和管理层权益的正当理由。对阶级团结和冲突的恐惧促使法官用这种方式来思考问题。反对工人纠察的各种禁令和反对劳动抵制的传统观点都用想象的法律话语来证明合理性。这些话语甚至把和平一致的劳动行为与暴力和侵害行为相联系。法律话语有偏见。法律话语证明这些法律是美国制度的自然结果。美国法官使用抵制者是"嗜血老虎"，抵制是"谋杀"等隐喻范畴对工人抵制进行消解，把这类行为理解为刑事共同犯罪。

但是，美国的陪审团主要由工薪阶层成员组成，他们经历过劳动纠纷，非常同情抵制者的境况。因此，陪审团支持抵制者的悲惨遭遇，把抵制对象视为掠夺者，拒绝对抵制者定罪或者处以严厉的刑罚。所以，美国人对抵制的意义有不同的想象理解：一种是法官的法律想象，另一种是公民经验的想象结果。但是，陪审团制度的约束效果随着美国法律制度开始依靠劳动禁令来管理抵制而变得越来越不重要。劳动禁令使法官控制抵制的意义，因为禁令和各种限制令仅仅由司法程序签发，而不需要陪审团评议。

一般意义上，罢工是指工人拒绝与不承认自己的工会或拒绝与工会协商解决纠纷的雇主打交道。这个情形下，普通罢工不同于抵制，任何情况下工人都停止提供劳动，请求其他人中断与罢工对象的关系，以此对他进行惩罚或者迫使他放弃这种立场。作为拒绝工作的普通方法，罢工就像每一个抵制运动中拒绝交往的普通方法一样，这一点已经在现代劳动法的后来发展过程中造成了严重混淆。

例如，1887年，康涅狄格州诉格利登案中，工会请求公众支持，想迫使康涅狄格州的一家出版公司加入工会组织，承认工会。工会支持者散发传单，劝导公众不要保护出版商。康涅狄格州最高法院对工会支持者发出禁令，对他们做出共同犯罪的指控。卡朋特大法官认为不加掩饰地主张这种权利令人吃惊：

> 如果被告享有自己主张的权利，那么所有的工商企业都同样要受到它们的支配。没有人能平安交易，因为没有人知道智慧还是愚昧将指导自己的商业活动，法律是否保护商业，或者兽性的暴力将无视法律，控制商业活动……如果许多不负责任的人超越法律，要求获得和得到法外权力，不应该期望他们将满足于有节制、合理地使用这种权力。全部的历史证明滥用权力和暴行无法避免。人类不负责任地行使权力，就像老虎尝到了人的血腥味，会产生无法

满足的欲望，渴望更多。①

按照卡朋特的观点，被告任意妄为，因为他们放任"更多"、更高工资的集体欲望，会变得像动物一样，热衷于兽性的暴力。这样，抵制活动就被类比为野生老虎一样的行为，渴望尝到人类的血腥，这种方式就像将爱尔兰农民的抵制类比为祖鲁人的行为一样。该案中，野生老虎的心理意象构建了法院认定被告集体行为的法律意义。在爱尔兰，祖鲁人的心理意象构建了爱尔兰抵制的意义，至少是在那些同情博伊科特立场的人心目中。动物和野蛮人行为的兽性意象就这样决定了美国法律中抵制的意义。

判决书中，卡朋特重述了博伊科特的故事，提供了理解"抵制是老虎"这个隐喻的意义和起源的线索。他一开始描述梅奥郡原始、美丽，接着指出，被博伊科特从土地上逐出的贫穷的爱尔兰佃农们突然以一种最出人意料的方式报复了，用非常彻底的方法抵制博伊科特。博伊科特和他的家人被描写为孤立无助的受害人，他们的生命似乎陷入危险之中，必须派警察和士兵来"防止内战"。工人们突然报复，就像野生老虎一样，迫使无助的财产所有人离开自己的土地。爱尔兰农民的抵制意象被消极地打上了野蛮和兽性行为的烙印，抵制被描述为野蛮和危险。

这样，抵制范畴在美国法中就有两个意义：一个是原型理解或原型意义，成为法院的核心认知模式，另一个是边缘理解。它们被用来对抵制的案例进行不同分类，产生了两个相反的想象叙事。一种叙事创造了概念隐喻结构或者储存的故事，把博伊科特想象为掠夺者，抵制团体是参与执法行为；另一种叙事创造的概念隐喻结构把博伊科特设想为"受害人"，抵制团体参与了违反法律的行为。这在许多判决中得到了体现。例如，全国有色人种协进会诉克莱本案中，最高法院判决，按照州的侵权法，民权运动抵制组织者可能没有责任，因为他们的抵制活动受到第一修正案的保护。但是，国际码头工人协会诉联合国际有限公司案中，用同样的术语，最高法院又判决，工会组织抗议苏联入侵阿富汗的政治抵抗活动不受第一修正案的保护。联邦贸易委员会诉初审法院律师联盟案中，最高法院裁定，根据联邦反垄断法，刑事辩护律师团体组织抵制活动来寻求提高小时收费，构成本质上的违法行为。虽然律师们认为他们的行为符合受保护的政治抵制，但是法院认定，律师们参与了定价共谋。总之，最高法院在这些案件中的判决证明，法院对政治和经

---

① Gary Minda, *Boycott in America*, Carbondale and Edwardsville: Southern Illinois University Press, 1999: 36.

济抵制进行区分，对政治意义较强而经济意义较弱的抵制给予较高程度的宪法保护。如果抵制追求政治目标，就受到第一修正案表达自由的保护，除非工会介入其中，或者抵制涉及律师寻求促进自身经济上的自我利益，而不是他们委托人的宪法利益。在这些案件中，如果抵制团体被认为正在提升法律的权威，就采用抵制的原型意义，法官就更容易认可抵制的法定权利。如果团体的抵制行为被理解为威胁到法律的权威，就用边缘意义，结合许多生动的缺省隐喻，要么谴责抵制，要么否定抵制团体的行为受到宪法或其他法律的保护。

因此，隐喻真正的影响是它能把对不同现象分类的画面反复使用，从而深深印在人们的想象中。用隐喻对客体分类，不是用线性的理论术语，而是用普通案例或基础实例、储存的故事，或者对概念标准进行比较形成的理想化认知模式的原型效应，发现相似之处，使法官形成依据原型或核心案例而产生的意义的局部理论，然后在不同领域进行推理。原型理论也解释了法官在认知理论家称为放射范畴的基础上如何从概念角度对事物或现象分类或归类。想象中源自核心案例而不是从逻辑规则演绎而来的、从特定文化和人类经验中习得的各种亚范畴就是放射范畴所指的内容。正如斯蒂文·温特的解释：放射范畴构成外延不同的核心模式或案例，虽然在某些方面与核心案例相关，然而不可能产生自规则。按照这种观点，博伊科特的核心案例就被理解为具有像光线一样的典型特征，这些特征沿着不同的叙述路径传播，赋予"抵制"这个词汇不同的意义。一束意义的光线映射出把抵制视为对目标的掠夺行为的理解，另一束意义光线沿着不同的叙述路径运动，把抵制视为破坏性的力量，威胁无辜的受害人。①

抵制的隐喻叙事。隐喻叙事的认知理论认为，隐喻有双层结构：在故事的语篇世界内部，底部是认知层，也是由基本概念隐喻构成的信息层，语篇内部形成延伸隐喻，即上位的事件结构隐喻。语篇世界的叙事方式或策略构造了文本的隐喻叙事，方位隐喻、本体隐喻、关系隐喻构成事件结构隐喻或事件空间架构，可以用具体的隐喻加以实例化，用来阐述一个事件。事件不仅存在于现实的物质世界和社会世界中，人类也把生活经验建构成故事，以叙述方式说出来，于是就有了个人生命进程的体验和个人内心世界的表达，进入了由叙事构成的心理世界。叙述者把自己的经验片段组织成有情节的完

---

① Gary Minda, *Boycott in America*, Carbondale and Edwardsville: Southern Illinois University Press, 1999: 68-69.

整故事时,故事中隐藏在情节后面的意义便凸显出来;叙述者通过语篇世界和接受者发生交互时,两者根据已有的知识图式,结合相关语境对语篇进行加工、推理,构建认知世界,完成交际。用这种认知理论分析美国判例中有关抵制的具体细节,可以清晰地说明这种隐喻叙事图式自上而下是蕴含关系,在抵制这个主题隐喻涵盖下,与其有关的一系列隐喻进行组合,统领相应事件命题群。因此,隐喻作为叙事框架,以主体—蕴含—命题—词汇的形式组织文本,也揭示那些隐藏的缺省隐喻的重要意义。

隐喻是认知引擎[①],使美国法官在思维中对团体抵制以不同方式分类。爱尔兰博伊科特案的出租人—承租人纠纷标志着该词的隐喻源头,这些早期的隐喻起源建立了核心案例,美国法中抵制的辐射范畴源于它们。但是,决定这些范畴在具体案件中如何发挥作用的,却是缺省隐喻,美国法官对它们的理解中想象性地创造了某些有关抵制的核心案例的典型特点。

法院的老虎隐喻所隐藏的概念意义可以用生存链条谚语的隐喻理性来解释。按照莱可夫的观点,生存链条是一种文化模式,关系到各种生存物和它们的特点,它们都处于一个垂直的等级,等级较高的生物及其特点优于较低的生物及其特点。从古代起,生存链条就被用来叙述故事,为理解人类在宇宙的地位提供了常见的理论,使人们认为人类和动物相比,处于"较高的链条"。生存链条隐喻使人根据低等生物属性特点的知识来理解人的具体行为,允许法院在格利登案中把野生老虎的生动形象赋予抵制行为,把抵制置于事物的顺序之中,据此形成行为意义。生存链条的隐喻推理也使法院把工人抵制的暴力和嗜血老虎的兽性暴力联系起来,使人相信工人出于兽性的本能和动物的欲望做出抵制行为,使用了"危险的手段"。于是,工人的抵制被理解为危险,有些人感到受到了威胁,这种方式就像人们无法理解野兽的本性会威胁到一个人一样。

生存链条隐喻也解释了爱尔兰新闻界使用的类比"祖鲁人"的认知意义。把佃农类比为"野蛮的祖鲁人",爱尔兰新闻界实际是鼓励读者把抵制的意义理解为对文明社会的严重威胁,最终参加抵制的工人就被置于一个危险的范畴,而创造这个范畴是用来解释未开化和无法预测的"下层"生物的行为。这样,法院就把低等生物的特点赋予了人,用老虎的形象来否定"下

---

① 认知理论家认为,从概念角度来看,推理过程"是隐喻的",而不是类比的、逻辑的或客观理性的,隐喻通过使用已经成为理解和交往的逻辑决定因素的意象而发挥作用,使经验获得意义,使人们用隐喻思考、行为,甚至做梦。在这个意义上,隐喻就是认知的引擎。参见 Gary Minda, *Boycott in America*, Carbondale and Edwardsville: Southern Illinois University Press, 1999: 68-69.

层"人的权利。

1888年，弗吉尼亚最高法院在格朗普诉弗吉尼亚案中引用卡朋特的判决意见。该案中，方特勒罗伊大法官采用了格利登案中大法官对抵制的叙述，认为无论在爱尔兰还是美国，抵制的基本思想是许多人通常秘密地联合，其意图是伤害他人，因为害怕共谋者会造成不自在、迫害和报复，阻止任何人与被抵制的人有交往。①

格利登和格朗普案说明了法官在早期的判例法中想性地创造了辐射范畴，赋予劳动抵制法律上的意义。这种辐射范畴从博伊科特核心案例典型特征的亚特征延伸而来，"野生老虎""非法共谋"和"谋杀行为"都与这个辐射范畴相联系，用来解释劳动抵制的法律意义：博伊科特是受害人，抵制者是"杀人的祖鲁人"的想象观点。

美国有色人种协会诉克莱本案中，最高法院把民权抵制与新隐喻联系起来，而这个新隐喻更多地保留了爱尔兰土地战争时期理解抵制的方式，以及美国殖民地居民在革命时代理解群体抗议的方法。这个隐喻把抵制类比为执法，把抵制的客体与暴力、动乱、叛乱相联系。最高法院用抵制的不同法律意义来决定，根据该州的侵权法，如果民权组织抵制了密西西比州克莱贝恩县白人商人和民权领导人的种族歧视行为，是否可能对抵制造成的损害承担民事责任。最高法院判决，密西西比法院不能依据宪法强制执行补偿企业经济损失的侵权判决，这些损失是企业因为抵制造成客源损失而产生的。史蒂文斯法官用想象的概念结构来证明自己判决的正当原因，使用了许多基本的概念隐喻，例如"观点是物体""词语是容器""交流是看见"，以及起源—路径—目的意向图式。史蒂文斯大法官认识到该案中的抵制不仅涉及和平集会，强调抵制关系到各种观念，观念就像容器，通过团体行为进行交流，为实现第一修正案保护的目的或目标在空间运动。他还把民权抵制描绘为政治行为，关系到为实现政治目的而维护集体经济权利。

法官对隐喻的认知判断是一个复杂的过程。隐喻的认知评判包括判断（心理、社会）和鉴赏。事件过程从现实世界映射到心理世界，外在动力成为内在逻辑之力，形成主体对命题和潜在将来事件的认知、判断和态度，因而具有了主体性，集中体现于认知情态。情态一方面表明说话者的观点，同时不排除其他观点，实现主体间话语互动和对话。情态的介入，使得话语随着主体认知扩展或收缩；隐喻跨域映射形成级差或聚焦，使主体情感发生变

---

① *Grump*, 84 Va. at 939.

化，调节人际空间关系。这些人际空间构建是主体对客体的认知从心理世界进入社会世界，触发了主体的意识形态和道德判断，与认知情态共同形成认知评判。社会法规、伦理道德、习俗习惯、传统、宗教等社会文化是社会认知判断的准则，这些准则构成对情感的约束，形成对情感的认知评判。[①]

史蒂文斯大法官认为抵制具有崇高性质的原因与民权抵制的新辐射范畴有关，法官偏爱用其他隐喻解释来达到某种结果。概念隐喻，如"观点是物体""词语是容器""交流是看见"，帮助大法官史蒂文斯理解了这个范畴的性质和意义。这些隐喻使他和其他多数法官把抵制行为理解为宪法保护的言论。抵制是喻体，在抵制宣传的容器中传送观点——表达之物。源自第一修正案的各个隐喻使法官史蒂文斯看到民权团体的抵制将如何关系到宪法的崇高目标性质。民权团体进行抵制，反对任性和不公的社会法律体制。抵制的辐射范畴与合法性相关联，最高法院认识到南方白人文化的种族等级制度和这种文化的非正当性，改变了劳动案件的隐喻，进而采用一个新的"崇高"隐喻，目的是确立抵制和民权运动之间的相似性。民权的"崇高"性质被用来唤起平等、正义和公正这样的法律认可的价值观，支持法院的判决。

该案也通过展现民权运动的"情感"来解释抵制的法律意义。移情能尊重对方的社会文化背景，拉近与对方的距离，增加亲密度，建立良好的人际同盟关系。交际主体借助隐喻等认知方式理解对方的情感、态度，移入说话者对当事人的赞扬、评判或调侃之情，是社会认知评判后的"制度化情感"。移情缺乏时，会违反社会评判的标准，形成情感框架乖讹和交际失衡。当交际一方理解了对方的情感时，框架间乖讹消解，恢复平衡。从失衡到平衡的过程，形成叙事情节，激发情感，情感向社会域投射形成"制度化情感"，彰显说话者评判或赞扬的意图。[②]

民权运动的情感在沃伦法院时期影响很深。史蒂文斯在认定抵制的意义具有现实的崇高性质时，降低了保护抵制目标自由的重要性以及限制抵制强制效果的重要性。"力量"隐喻在该案中发挥作用，因为抵制被理解为政治杠杆手段，用来调动立法机关采取行动。

联邦贸易委员会诉出庭律师联盟案中，在哥伦比亚特区执业的出庭律师根据该区的刑事司法标准代理了贫穷的刑事被告，但他们发动抵制活动来要

---

① 参见张立新著：《隐喻认知语用研究》，世界图书出版广东有限公司2014年版，第41~50页。

② 马丁著，王振华编：《马丁文集（2）：语篇语义研究》，上海交通大学出版社2010年版，第207页。

求获得较高的小时薪酬。他们意图用抵制来迫使立法机关修改法律，最终提高支付给法律援助律师的小时薪酬。代理律师请求其他律师和公众支持律师的抵制行为。但是，特区政府提起诉讼禁止抵制，认为它代表了对贸易的非法限制行为。

出庭律师在法院为自己的抵制行为辩护时，认为自己的抵制行为是受到第一修正案保护的行为，自己的请求是为保护第六修正案赋予当事人的权利，从宪法角度而言是必须的。如果律师报酬太少、工作量太大，他们将不会合理地代理当事人。最高法院拒绝了他们的辩护观点，三票支持，一票反对，裁定抵制构成非法的定价同谋，本质上，《谢尔曼法》适用于商业抵制，禁止此类行为。

史蒂文斯大法官首先对他在克莱本案中的判决意见进行区分，认为第一修正案对民权抵制的保护措施不同，因为这些措施被限于抵制者没有寻求个人特定的经济利益的情形，出庭律师的抵制超出了该案的范围，律师受经济动机驱动来安排自己的服务价格。他借此重新解释自己在克莱本案的判决意见仅适用于抵制目的超越了抵制人自己经济利益的案件。本案中，对出庭律师进行区别，因为参加抵制的律师对抵制的结果有直接的金钱利害关系：抵制的成功决定了他们代理刑事被告将获得的代理费的数额。①

史蒂文斯法官开始支持市场模式建构的理想化认知模式，这个模式由"观点是物体""言论是管道""行为是运动"等概念隐喻激发，这个模式被用来评价抵制表达的法律意义。他好像用这个认知模式来发展这样一个原则——政府维护市场竞争的利益高于劳动团体集体参与自我发展的价值。

史蒂文斯法官在出庭律师案的判决书中，用反垄断法的本身违法规则与莽撞驾驶和飞机特技飞行进行类比。用这些想象的类比，他描绘了出庭律师的抵制是对市场自由进行威胁的场景。人们知道莽撞驾驶、飞机特技飞行、价格垄断同谋都对社会有害，抵制和定价也是这样。把莽撞驾驶和飞机特技飞行的典型特点与律师的抵制行为联系，出庭律师的抵制就有别于克莱本案的民权抵制。然后，用这些典型特征引申出抵制的反竞争意义。抵制的反竞争意义是从商业抵制而不是劳动抵制延伸而来。

显然，史蒂文斯的辐射范畴区别了出庭律师和克莱本案的关键因素是经济动机：如果抵制被理解为个人从抵制中获利，那么抵制将被作为莽撞驾驶和飞机特技飞行来对待，因为这可能是危险行为而受到谴责。但是，如果参

---

① *FTC v. Superior Court Trial Lawyer's Ass'n*, 493 U. S. 411（1990）.

加抵制的人没有获得经济利益，抵制将属于克莱本案的崇高隐喻，受到保护。

正如史蒂文·伯顿的评论，法律案件是特定种类的故事，而这种故事也可视为先例，能作为法律论证的基础。[①] 这些案件的隐喻叙事中，隐喻作为叙事框架，以主题—蕴含—命题—词汇的形式组织司法文本，一场土地地租引发的抵制行为演变成了一个法律的理想化认知叙事模式，用来解释法律文化中抵制一词的意义。虽然这个词的流行用法已经脱离了它的起源意义，但是，核心案例的隐喻标志语继续影响法官在法律中理解该词的方式。法律中，抵制一词开始象征许多不同意向，有些消极，有些积极。这些意向与团体行为的意义有关，这些行为与各个抵制团体的抵制关联。

隐喻理解过程中，隐喻识解是借用此经验来理解彼经验的过程，任何隐喻的理解都离不开主体的经验。隐喻隐含着施喻者自我的表现成分，表明其感情、立场和态度，从而在话语中留下自我印记。这些自我的主观性标记出现在说话人说话的过程中，同时也表明了他对话语的评论和态度。在疑难案件中，法律范畴的必要充分条件无法告诉人们为什么法院用不同方式处理劳工、民权或者商业抵制，但隐喻的叙事过程可以解释这一点。

认知模式或者概念框架提供了法官对各种现象进行分类和赋予意义的认知参照点，能告诉人们法官解释现象的法律意义。因此，抵制的法律范畴是法律思维为抵制的各种理想化理解而创造的想象范畴。抵制范畴通过形成概念发挥作用。分类的框架概念在关于抵制的法律中起作用，产生了抵制一词的各种法律意义。抵制范畴的原型意义成为抵制的核心理想化认知模式，是一种不同于法律范畴分类的想象叙事的集束模式，隐喻建构的理性形式在语言和权力之间起作用，这种理性形式的想象构建来自缺省隐喻，它们最初把劳动抵制的集体行为与炸弹或者不受控制的民众暴乱的破坏性力量联系起来。法官参照这种理想化的认知模式建构的想象范畴在以后的类似案件中组织自己的知识叙事和思想表达。

抵制的普通案例确立了许多辐射范畴或家族相似性，给了各种团体的抵制活动不同的法律意义。这些辐射范畴对审理抵制纠纷具有独特的规范后果。抵制辐射范畴的原型效应由缺省隐喻决定，解释了抵制一词的法律意义。这些不同的抵制隐喻把抵制的其他意义排除在法院的判决过程之外，于是，各个隐喻在裁判中有了缺省的结果，而缺省隐喻的法律意义被证明在规范意义

[①] Steven J. Burton, *An Introduction to Law and Legal Reasoning*. Boston: Little Brown & Co., 1985: 11.

上充满各种价值观和假设,具有意识形态的特征。从这个意义上讲,隐喻并不是价值中立的。

抵制的核心概念是文化界定的几个规范模式的集束模式,包括劳工模式、民权模式和商业模式。抵制的核心概念能够带来关于抵制的各种想象观念的集束模式:抵制是破坏力;抵制是政治表达;抵制是竞争过程等等。抵制的这些不同规范观念创造了法律中抵制的各种法律范畴,但是,理想化认知模式的辐射外延能证明法律范畴的合法性。辐射外延的证明通过审查各个生动的概念隐喻的规范语迹就能理解,法官用这些概念隐喻构建抵制的各种法律意义,如执法行为或损害法律的行为,把目标解释为掠夺者或受害人。本质上,法官利用家族相似的范畴来调节和证明它们给予社会团体抵制行为的法律待遇。

从隐喻角度审视,英美法律中概念隐喻"抵制"的产生、发展和充实过程,有关抵制的判决意见能够被解释为各种想象的叙事和观点,如力量、平衡、控制、部分和整体,它们限制和促进了这些叙事。这些想象的观点对法律认知过程非常重要,具有来自英美社会文化语境和公民个人身体经验的具体而清晰的起源。此外,这种认知过程的隐喻转换创造机会使法官在审判时从事立法活动而无须表露个人真实的意识形态角色。大法官史蒂文斯认为这个过程最终是虚构的意识形态过程的纯概念产物,是由具体化了的法律想象构建的。因此,法律判决书中出现的抵制隐喻不仅是令人感兴趣的隐喻或明喻,而且在法律中起到一种无声但重要的、合法化的作用,通过这种作用,司法推理从概念上变得可能。①

在更宏观的意义上,英美判例中抵制隐喻的发展历史清晰地证明了法律案件就是一种特定种类的故事,就是一种叙事,这种叙事涵盖着另一个或者一系列的叙事,而身处案件之中的诉讼当事人、律师或者警察清楚地理解了案件的叙事特点。控辩双方都收集、整理相关证据,分析和探讨各自的证据、事件的叙述以及证人证言的叙事可信性,如何用有效的叙述方式在法庭上使法官和陪审团相信自己故事的可采信度。法官在法庭上听到的故事绝不是和现实完全相符的案件讲述,也只是通过控辩双方的叙事性表述而呈现的故事版本,并以此来判决。随着时间的推移,判决成为先例,而这种故事也就隐蔽地被视为先例,具有了解释或论证未来某个法律事件具有何种法律后果的

---

① Gary Minda, *Boycott in America*, Carbondale and Edwardsville: Southern Illinois University Press, 1999: 55-56.

功能，可以在特定的类似案件中据此定罪或处罚。

　　法律案件就是一种特定种类的故事、一种叙事，它浓缩了主要故事（法律事实）、原型、过去的经历以及特定时期法律人的信仰，以完全不同的方式解释不完整和片面的法律故事。在法律解释的隐喻叙事过程中，影响司法判决的潜在库存故事或固有成见以熟悉的概念和常见的故事情节出现，成为组织经验、铺设记忆之路，不仅引导现在的生活叙述，而且指向未来的方案，法官甚至可以在解释过程中用隐喻巧妙地改变一个故事，并对它进行处理，使它适合自己对现实或经验的认识，使其更有序或更容易理解、阅读或更有意义。

　　法律解释中的隐喻，通过将事件、人物和因果关系以隐秘的方式交织在一起，讲述了一个有意义的故事，在情感上与听众产生共鸣，使故事的意义最有效地传达给读者或听众。因此，法律解释中构建事实或法律论据的隐喻叙事，不再仅仅是故事，而是为法官和当事人提供做某件事情的理由，无论这些理由是显性的或隐性的。

第七章

法律隐喻的话语意识形态分析

意识形态的影响不是生而就有的，选择何种意识形态是由各种社会文化心理所形成的许多隐性过程驱动的。司法审判中，法官不可能完全没有意识形态，不受任何偏见的干扰，事实上，疑难案件中，法官以非常微妙的意识形态方式选择使用何种隐喻解决问题。

第一节 意识形态概述

18世纪末，法国哲学家安东尼·路易斯·克劳德·特雷西寻求发展"科学的思想"之时，创造了意识形态这个词。根据特雷西的观点，意识形态是基础科学，是语法、逻辑、道德的源泉。① 在它的萌芽阶段，意识形态的内涵是不定的，从哲学和智识的宏观意义到贬义的政治煽动性，无所不包，但社会科学对意识形态的一个典型定义是：一套关于社会的合理秩序和如何实现它的信念。②

拿破仑公开谴责意识形态是阴暗的形而上学，是公平的法国存在各种弊病的潜在罪魁祸首③，之后，意识形态的负面内涵影响至今，成为标注持不

---

① Kennedy, E., *Ideology from Destutt De Tracy to Marx*, 40 (3) Journal of the History of Ideas (1979), 355.

② Erikson, Robert S., & Tedin, Kent L., *American Public Opinion: Its Origins, Content, and Impact* (8th Ed.), New York: Longman, 2010: 64.

③ 1812年，拿破仑在俄罗斯惨遭失败返回法国后说：我们必须把法官面临的弊病归咎于意识形态，这种虚无的形而上学巧妙地寻找立法的最初原因，而不是利用人们心中和历史教训得出的法律。这些错误不可避免并且事实上导致嗜血者的统治。参见 E. Kennedy, *Ideology from Destutt De Tracy to Marx*, 40 (3) Journal of the History of Ideas (1979), 300.

同意见者的一个方便标签。迄今为止，人们通常会把其他人而不是自己的意识形态看成是一种改变思想的脑病毒，它会扭曲他们清楚思考的能力。公共话语中引用意识形态时，往往视它为一种认知污染物。

但是，意识形态有更广义和更狭义的意义在起作用。例如，在少数情况下，意识形态泛指对世界的任何一种信仰或理解方式，不限于关于社会的合理秩序和如何实现这种秩序的各种信念或理解。根据这个更普遍的概念，意识形态只是关于普遍认为的不言而喻的真理的许多假设。这种图式和范畴的共同集合使人们在面对无限的信息输入时，单独和集体地解释和理解他们的周边情况。除了关于社会的合理秩序之外，这类意识形态信仰的例子很多，例如，什么是人们做出某种行为的广泛认知的真理？为什么有些社会群体处于有利或不利的地位？某些制度或机构如何合理运行？①

有时候，人们对意识形态的理解不一定总是如此宽泛，而是把它解释、描述为群体成员共有的社会表征的基础。这意味着意识形态允许作为群体成员的人来组织各种关于事实是什么、好或坏、对或错的社会信仰，并依其采取行动。②意识形态的这种观念与马克思主义关于意识形态的经典定义有某种共同点，它把意识形态看作是"虚假意识"，一种误导性的表征，上层建筑掩盖和扭曲了物质现实。③葛兰西把马克思主义的意识形态观发展为霸权理论，这取决于意识形态被自然化为常识，于是意识形态就具有了隐性的特点。④

但是，意识形态不是只有其他人有。事实上，它经常像人们呼吸的空气一样无法察觉、无处不在。毕竟，人们都是一个社会的成员，都具有这个社区或社会的思想和语言，这使人们在这个社会中可能采取某种行为。虽然意识形态普遍存在于思想中，但某些意识形态或理解世界的方式可能比其他意识形态更有用，即使同样的意识形态也可能同时有利有弊。因此，将意识形态看作有影响力、有用和能适应，或弱小、扭曲和不适应，都是有意义的。⑤所以，原则上人们对意识形态，甚至对特定的意识形态，持一种矛盾的态度。

---

① Jon Hanson, *Ideology, Psychology, and Law*, New York: Oxford University Press, 2012: 4.

② Andrew Goatly, *Washing the Brain: Metaphor and Hidden Ideology*, Philadelphia: John Benjamins North America, 2007: 1.

③ P. E. Jones, *Cognitive Linguistics and the Marxist Approach to Ideology*, R. Dirven, B. Hawkins and E. Sandicioglu ed., *Language and Ideology vol.1*, Amsterdam: Benjamins, 2000: 227-252.

④ A. Gramsci, *Selections from the Prison Notebooks of Antonio Gramsci*, Louis Marks (trans.), New York: International Publishers, 1971.

⑤ J. M. Balkin, *Cultural Software*, New Haven and London: Yale University Press, 1998: 126.

意识形态的意义中有一些珍贵的东西要搞清楚。高尔布雷斯、克林顿和波斯纳的代表性批评意见使人们明显摆脱了意识形态是次等替代品的普遍设想。根据已有的认识论准则，有关社会的合理秩序和政策态度的各种意见，都应以有意识的、中立的、有创见的、深思熟虑的和原则性的推理为基础，并经过对现有证据的仔细分析而形成。这种"推理规范"长期以来一直是许多重要社会制度（包括科学和法律在内）的所谓推理规范。

第二次世界大战后直到最近，社会心理学家转变对政治意识形态的态度，从不太关注到研究持不同政治信念的人所具有的特征和他们的各种社会处境，这种转变不容易符合理性和选择形成政治偏好的假设。意识形态以及它们需要的知识结构和所提倡的认知捷径，在某种程度上是不可避免的。此外，脑科学家们发现意识形态是无意识联想、隐含动机和情感反应的一种表现形式，就像它们是认真推理和明确选择的结果一样。因此，当人们接受一种意识形态或宣称超越这种意识形态的时候，无论是公民、法官还是学者，这种选择通常是由人们的各种社会心理状况所形成的许多隐性过程驱动的。这些发现对那些赞同并声称遵守推理规范的人构成了重大挑战，包括法律思想和法律理论的兜售者。

第二节　法律语言的意识形态认知研究

法律人认为法律制度是根据推理规则，摆脱政治意识形态的扭曲影响而运行的众多制度之一，正如邓肯·肯尼迪的观点：法官应该超越、放下、抵制和超脱于他们的个人利益、本能或直觉上的同情、他们的党派团体身份以及他们的意识形态承诺。他们应该屈服于更大和更高，而不是他们自己。[①]

在某种程度上，如果人们普遍认为法官或司法判决受意识形态的驱使，那么法官和判决的合法性就会受到质疑，并且，如果人们认为许多法官都是如此，那么整个司法机构，甚至法律体系本身的合法性就会受到损害。因此，那些最有影响力的法律理论和法学理论家都恪守法律推理不受意识形态影响的观点。

在这种观点的影响下，审判法官的书面判决意见不阐述意识形态方面的理由，因为他们认为在司法判决过程中意识形态没有作用。亚历山大·汉密

---

① D. Kennedy, *A critique of adjudication*, Cambridge, MA: Harvard University Press, 1997: 5.

尔顿认为逻辑"评断"指引法官，而不是偏袒的"意志"。① 首席大法官罗伯茨青睐这样一个现代类比：法官就像裁判员。裁判员不制定规则，他们运用规则。究其原因，法律人普遍认为意识形态是一种不适当的司法动机，这源于司法和司法审查的理由：司法权仅仅存在于法官公正地执行法律和捍卫宪法原则的过程中，立法和行政部门具有明确和公认的政治动机，司法部门不同于它们，应根据法律和宪法原则行事。

但是，法官们有个人观点，并受到它们的影响。② 法学界长期关注的一个重要问题是如何协调法官的意识形态与非意识形态的司法职能之间的关系。传统上，"法律形式主义"的观点试图解决这一两难境地，建议法官通过简单地将法律应用于事实，通过透明的逻辑推理这种方式做出判决，声称法官对司法作用的高度推崇有效隔绝了他们司法思维中的意识形态。虽然彻底隔绝这种不适当的司法动机确实能产生动人的规范法学，但正如霍姆斯大法官所言，这并没有准确地描述法官的实际行为。许多研究发现并揭示了法官的意识形态与他们的司法意见之间存在关系，这些判决就像人类的许多决策一样，受多种动机影响，是复杂思维过程的产物，有意的意识活动在某些过程中并没有发挥作用。因此，充分理解司法判决需要理解人类思维的各种过程，这些过程使意识形态影响了那些只希望被法律驱动的法官的行为。

这种认知模式能够洞察意识形态在法律体系中常常被遮蔽的影响。例如，美国的许多法官慎重考虑并仔细选择一种"解释方法"来帮助解决宪法问题。这些法学家假设，并且在判决书中也这样写，在一个特定案件中，统一适用许多规则会产生令人信服的合理结果，鼓励在许多相似案件中一直用它判决。格里斯沃尔德诉康涅狄格州案中，道格拉斯法官声称，按照他的首选方法，通过广泛阅读宪法和司法判例，法院需要宣布康涅狄格州的节育法无效，因为它侵犯了宪法文本中抽象的"边缘"和"发散"创造的"隐私权"。③ 与此相反，布莱克大法官对宪法进行了限制性解释，在反对意见中辩称，既然宪法的某些特定条款没有禁止，该法就符合宪法规定。虽然有些法律观点明显支持选择一种方法论，但许多学者认为，意识形态似乎影响了法官偏爱的解释方法。④ 如果情况确实如此，在选择一种法律方法时，意识形态动机如何决定和演化严谨的法律推理？

---

① A. Hamilton, *Federalis*, No. 78, *Independent Journal*, 1788, June 14.
② P. M. Wald, *A Response to Tiller and Cross*, 99 Columbia Law Review, 1999: 235 – 261.
③ *Griswold v. Connecticut*, 381 U. S. 479 (1965).
④ Jon Hanson, *Ideology, Psychology, and Law*, New York: Oxford University Press, 2012: 685.

公共话语中使用意识形态时，往往视它为一种认知污染物。法官理查德·波斯纳，这位法学界依然健在的最有影响力的学者和司法界引用最多的法官，认为法律社会学作为一个研究领域，不接受法律和经济学的各种远见卓识，因为前者完全由"左"倾学者控制。① 在波斯纳看来，意识形态腐化、有偏见的影响造成了该领域的偏狭。瓦莱丽·凯瑞诗对女权主义和批判性法律理论等当代问题进行了创造性的研究，把这些问题与法理学的各种争论、法哲学和法社会学联系起来，提出法理学是一种法律理论范式。作为一种法律意识形态的范式，她的研究揭示了法律运行中不公正的社会能动性，认为这种不公正的社会能动性是法律帮助创造的。② 这表明法律意识形态有助于矫正社会不公，其态度与传统的意识形态观有很大的不同。

另外，语言学的发展有助于消除法官没有个人意识形态的神话。今天，语言学家更倾向于承认各种概念存在一种修辞的亚结构，概念不是存在于世界中的超语言实体，等待被思维发现，等待哲学家的解释。由于隐喻理论的发展，人们已经清楚地意识到，人类的思维创造概念，思维与语言一起在语言中发挥作用，建构有意义的思想结构，研究某些法律概念的来源就有助于理解法律语言意识形态的内在根源。

大多数社会学家、政治分析家和哲学家都关注概念的意识形态内容。他们提醒人们词语不是没有意识的，政治制度、具有统治地位的意识形态和各种相互竞争的世界观，都在设法形成和限定法律中"公民""个人""政府"和"国家"这些词语的内容。③

从历史的角度看，西方法律制度强调权力、财产、自由和竞争，但这些观点都是中世纪之后西方法律意识形态选择的相对崭新的历史发展产物，与中世纪时期认为社会是一个共生的、相互关联的有机体的观念直接冲突。在中世纪，每一个社会运动或个人动机使群体反对群体，或个人反对个人，这似乎不是生活不可抑制的活力，而是对各种乱象的抱怨；利己主义是一个恶魔，诱导个人为财富和进步奋斗。④ 因此，在中世纪早期的清教徒看来，财产是一个必要的邪恶。托尼总结了这种态度：

---

① R. A. Posner, *The sociology of the sociology of law: A view from economics*, 2 *European Journal of Law and Economics*, 1995: 265-284, 274.

② Valerie Kerruish, *Jurisprudence As Ideology*, New York: Routledge, 2005: 45.

③ James W. Underhill, *Creating Worldviews: Metaphor, Ideology and Language*, Edinburgh: Edinburgh University Press Ltd, 2011: 3.

④ James W. Underhill, *Creating Worldviews: Metaphor, Ideology and Language*, Edinburgh: Edinburgh University Press Ltd, 2011: 337.

第七章　法律隐喻的话语意识形态分析

人追求符合自己身份的生活所需要的财富没有问题。追求更多就不是进取心，而是贪婪，贪婪是一种致命的罪过。贸易是合法的：不同国家拥有不同资源，这是天意所为。但这是一个危险的事情。一个人必须保证他是为了公共利益而从事商业活动，而他所获得的利润不得超过劳动所得。私有财产是一种必要的制度，至少在一个堕落的世界如此。商品私人所有时，男人努力工作，纠纷减少。但它作为对人类弱点的让步而被容忍，不是因商品本身受人欢迎。如果只有人性能超越它，理想的状态是共产主义。①

中世纪的神学家认为时间不应该是金钱，劳动是光荣和必要的，贸易是危险的，金融如果不是声名狼藉，也是肮脏的。中世纪的理论家认为持续不断和无限制地增加物质财富是一种罪，高利贷违背《圣经》教义，因为为了蝇头小利，邪恶的放高利贷的人抢劫那些使用借款本应获得利润的人；高利贷本身不公正，因为出借人的贷款利益不能超过本金的价值，否则就违背健全的法律原则，因为当一笔贷款产生时，出借物的财产转移给了借款人，为什么债权人要求一个现在仅仅使用自己财产的人付款？②

近代资本主义的经济哲学家所赞美的美德实质上代表了一场深刻的思想政治和法律意识形态革命。早期资本主义哲学家的意识形态体现了对中世纪末期观念的背离。霍布斯、休谟和斯密时期，私有财产神圣的意识形态已经确立。霍布斯认为君主的权力是保障法律和盟约、约束人类的自然竞争力和敌意的措施，人们创造法律就是为了限制特定人的自然自由，通过这种方式，他们可能不会相互伤害，而是相互帮助，并联合起来反对一个共同的敌人。③按照霍布斯的观点，牺牲个人自由，把权力让渡给君主，恰好是为了建立财产权，以调整人类对权力和财产的欲望。在主权政体产生之前，任何人都有权获得任何物，这必然引起战争。因此，财产为和平所需要，并取决于主权，是为维护共同和平而采取的一种主权行为。只有在私有财产概念出现的情况下，正义的观念才会形成。因此，没有属于自己的物，就没有财产，就没有正义。更进一步讲，需要主权的强制权来维护这种正义，而财产权则成为让渡权力给主权的奖赏。

休谟秉承人类进行自然竞争而不是合作，政府需要通过司法限制这种竞争的思想，认为人类在本质上是自私的，相互冲突无法避免，某个人的自爱

---

① R. H. Tawney, *Religion and the Rise of Capitalism*, Harmondsworth: Penguin, 1938: 44-45.
② 同上，第55页。
③ James W. Underhill, *Creating Worldviews: Metaphor, Ideology and Language*, Edinburgh: Edinburgh University Press Ltd, 2011: 134.

与另一个必然相反,冲突只有通过财产所有制度才能预防。① 为换取安全,人们自愿放弃自由,人们在政治社会中享有安全和保护,处于完全自由和独立的状态时,永远无法实现这种安全和保护。安全需要限制人类生而就有的邪恶和不公正,由于他们的激情、短期利益,他们永远带着这些特点来违反社会的所有法律。他把财产权利和对财产的保护措施视为万灵药,没有人怀疑,在任何情形下,财产分割契约和占有的稳定性对建立人类社会都是必需的,约定、制定和遵守规则之后,维护社会和谐就是举手之劳了。休谟在马尔萨斯之前就把自利、财产和正义的这种相互依存理论与人类性本恶和自然界具有稀缺性的观点联系起来。

对斯密来说,人的进步和社会发展可以从日益扩大的财产权范围来衡量,在商业社会中,财产权扩大到包括合同权利和纯粹的象征性财产(如纸币、信贷)的所有权。斯密甚至不仅把这一进程看作是财产范围的延伸,而且是人格的延伸。②

就财产而言,私有财产的主张作为一种意识形态,最早出现在英国1489～1640年农村人口减少、圈地运动迫使佃农离开土地之时。圈地运动的理由是财产是国家出现之前业已存在的一项权利,没有所有人同意,国家就无权取得任何人的财产。克伦威尔本人也承认,只有自由地产保有人才构成了政治主体,他们可以按自己的意愿使用自己的财产,而不考虑封建领主、普通人或自耕农。圈地将增加羊毛和谷物的产量。每个人都知道他的土地适合生产什么,而让他自由地生产它,将会给人们带来最大的利益……平民的发展有利于社会。

现代经济哲学家所赞扬的财产美德代表了一场意识形态革命。从路德和加尔文开始,这些中世纪关于资本主义、投资和财富获取的观点逐渐被削弱。早期的加尔文不再怀疑整个世界的经济动机与精神生活格格不入,或者不信任资本家,认为他必定为富不仁,或者贫穷本身值得称赞。加尔文教或许能被称为承认和赞扬经济美德的第一个系统宗教教义。尽管对于改革者来说,救赎靠信仰而不是工作,但路德和加尔文都强调了神的感召这种思想,响应感召取得成功成为一个人获得救赎的证明,因此基督徒必须非常严肃地从事

---

① James W. Underhill, *Creating Worldviews*: *Metaphor*, *Ideology and Language*, Edinburgh: Edinburgh University Press Ltd, 2011: 581.

② K. Haakonssen, *Adam Smith*, Edward Craig ed., *Routledge Encyclopedia of Philosophy*, vol. 8, London: Routledge, 1998: 815-822.

商业活动，就好像它本身是一种宗教。①

从这些对资本主义发展产生深远影响的法律核心概念产生的历史来讲，语言把预先制成的各种范畴传递给人们时，它们无意识地传递某种本体或意识形态，但人们可能并没有意识到这一点，而是把它们视为常识，天真地认为语言传达了关于现实世界的信息。但事实上，人们只是有意识地进入被投射的世界：这个世界是思想无意识地组织起来的，只有通过这些组织过程，事物获得了思想表征时，人们才能谈论事物。② 因此，语言通过文化传播常识的本体论对意识形态产生影响，并证明意识形态如何影响语言和非语言行为。在这个过程中，知识通过话语或语言被认可或合法化而变得真实，通常就具有了客观常识的表象，因为当人们没有认识到意识形态，意识形态被隐藏，或者技术上讲是隐形意识形态之时，语言对人们的思想和对现实的感知影响最强大。③

霍布斯相信隐喻和语言文字事关权力和颠覆的问题。他把隐喻的目的视为争夺、煽动和蔑视，可能反对合法权威。言外之意，表意清楚的文字带来的好处就是接受、服从和尊重。认知语言学理论已经证实了霍布斯曾经相信的这种观点。例如，原始隐喻可以消除现有语言文化的范畴、本体论和意识形态的优点、语言和文化类别的价值以及它们所表现的本体和意识形态，并提出新的范畴或者价值。如果把原始隐喻称为"活的"或"积极的"，这确实是因为它们是新的，并且要求人们主动解释它们。如果把传统隐喻称之为"死的"或"不积极的"，这是因为它们是旧的，解释它们不需要太多有意识的活动，但这并不意味着它们对人们的认知影响较小。事实上，正是因为它们已经变成一种习以为常的现象，它们更可能从潜意识的层面影响人们的思想，人们却没有意识到这一点。

莱可夫和约翰逊认为，语言并不是简单地证明了一个有组织的现实世界，语言组织和建构人类对现实和经验的感知和概念。莱可夫和洪堡一样，坚持语言和思想本质上都是"富于想象力的"。用这种观点，莱可夫解释说，在个人言语和作为整体的语言中，如果某些概念不直接根源于经验，就使用隐喻、转喻和心理意象，抽象思想只能通过隐喻来表现。在这个意义上理解法律语言和法律概念，就能深刻理解法律的意识形态特征，就会明白法官没有

---

① R. H. Tawney, *Religion and the Rise of Capitalism*, Harmondsworth: Penguin, 1938: 119.
② Andrew Goatly, *Washing the Brain: Metaphor and Hidden Ideology*, Philadelphia: John Benjamins, North America, 2007: 25.
③ 同上，第27页。

自己的意识形态充其量只是一种虚幻的理想或者神话。

第三节　法官意识形态的隐喻表达

　　意识形态不需要总是做广义解释。特定的意识形态提炼和传达某个群体、阶级或社会广泛但并不一致的共同信念、观点和价值观，不同的意识形态代表社会共享但相互竞争的人生观和应该如何生活以及如何治理社会的看法和观点。在这个意义上，有理由认为，不同的意识形态至少应该表露和表达支持者不同的社会认知和动机的风格或倾向。[①] 许多研究表明，个体与他人联系、分享彼此理解的需要激发了人类共同的态度和意识形态，包括团体间的偏见和证明维持现状合理的意识形态。在这种意义上，意识形态充当了解释的包装单元，有助于调节社会和政治生活。

　　21 世纪迎来了法律思想的重大转变。一个有趣的现象的是，通过提高跨学科方法的可信度，借鉴法律以外的理论来帮助理解法律，并加强对社会科学认识论的密切关注，法律理论越来越多地接受社会心理学、社会认知和其他心智科学的方法和理论。[②] 例如，施瓦茨考察了经济学观点对法律正义的影响，证明人们在法律和其他制度中的利己主义意识形态假设创造了影响巨大、自我实现的各种期望和情形，描述了允许市场意识形态支配社会交流的各种问题。卡伦和凯假设法律和法律体系与人们自利、竞争和不值得信任的假设隐秘地联系在一起，假设这种意识形态可以自我实现，说明各种方式。借助这些方式，一方面，文化用通俗的描写创造法律制度之间的各种隐含联系，另一方面，社会文化创造了自私自利的对抗式竞争。他们的研究表明，当受试者被"灌输"有关法律信息时，更有可能以利己的方式行事，并对其他人越来越不信任。[③]

　　美国的政治学家和越来越多的法律学者研究人的判断能力，倾向于分享这样一种观点，如果解释司法行为不吸收意识形态的作用，这种解释是不完整的，因为在几乎所有对司法判决的政治学解释中，意识形态扮演一

[①] J. T. Jost, C. M. Federico, & J. L. Napier, *Political Ideology: Its Structure, Functions, and Elective Affinities*, 60 Annual Review of Psychology, 2009: 307 – 337.

[②] Jon Hanson, *Ideology, Psychology, and Law*. New York: Oxford University Press, 2012: 10.

[③] 同上，第 17~18 页。

个即使不是核心是重要的作用。① 政治学家认为，法官们试图通过使法律符合他们自己的政治承诺来最大限度地满足他们的意识形态偏好。按照某些政治学的解释，法官在自己真诚的意识形态态度与案件事实相比较的基础上完成审判任务，而不是其他方法。根据其他政治学观点，大法官通过有策略的行动寻求实现自己的政策目标，即考虑那些有能力阻挠实现其政治目标的行为者的偏好和可能行动，包括国会、总统和他们自己的同事。这两种有关法官意识形态的说法在细节上有所不同，但它们都强调政治而不是法律对法官的影响，都不假定法官是中立的、有原则的决策者；相反，两者都赞同史汀的观点，即意识形态是政治的推动力，包括在审判活动中。从传统的条文主义解释来评价，这些理论提供了一种完全不同的观点，因为传统的条文主义解释不承认意识形态的作用。②

美国学者研究和证明意识形态对法官具有影响的最常见的经验方法是分析法官的党派认同与总统任命的法官以及法官在可以辨认出意识形态意义的争议中所做裁决之间的联系。除例外情况外，许多研究调查了州各级法院和联邦法院的判决，不出所料地发现了意识形态和司法判决之间的联系。通过对 84 项研究结果的分析发现，法官的意识形态和许多不同法律纠纷，如公民自由、刑事司法和经济规制，二者之间存在很强的联系。即使有些研究限制了案件的法律差异、法院合议庭审理案件的法律差异、合议庭中其他法官的意识形态，关联度降低了，但这种关系依然存在。③

具体而言，保守派和自由派法官可能倾向于不同的宪法解释方法，从而产生特定类型的政策结果。当原告的政策偏好与法官自己的偏好一致时，法科学生更倾向于相信原告拥有起诉资格。法科学生和州法官对证据的评价也取决于证据是否与评估者自己的意识形态相一致。法科学生对法律合宪性的判断受到法律的政策意义是否与他们自己的意识形态匹配的影响。这些累积的实验结果补充了压倒性的观测证据，证明了意识形态不同于任何其他因素，可以使不同类型的法律评价产生偏见。④

更微妙的是，意识形态也可以塑造法官经常用来指导他们法律解释的解释性偏好。尽管早期研究意识形态与解释偏好之间关系的实证研究数量不足，

---

① Jon Hanson, *Ideology, Psychology, and Law*. New York: Oxford University Press, 2012: 705.
② 同上，第 705~706 页。
③ 同上，第 686 页。
④ J. Furgeson, L. Babcock, & P. M. Shane, *Behind the mask of method: Political orientation and constitutional interpretive preferences*, 32 *Law and Human Behavior*, 2008: 502–510.

内容相互冲突,而且研究法律解释性偏好的少量成果往往侧重于制定法的解释,但都发现在意识形态和解释性偏好之间存在复杂关系。最高法院大法官在判决过程中的主要目标是政策目标……大法官做出判决时,他们希望结果尽可能接近那些偏好。① 法官试图实现自己的政策偏好,但他们在策略上调整自己的判决意见,避免上级法院或国会通过立法或修法程序推翻自己的判决。②

最近的一项研究特别关注意识形态与宪法解释方法中两个普通层面之间的关系:解释的来源和广度。来源是指法官在宪法语言不明确的情况下应使用何种信息来理解宪法语言的类型,例如,最初意图、最初本义、当前含义、貌似真实又吸引人的意义和先例。解释的广度指应如何宽泛地解释可适用的宪法语言。弗格森、柏克和夏恩在法律助理中发现了政治取向和解释偏好之间的紧密联系。自由派法律助理比保守派法律助理更有可能倾向于"宪法文本的当前意思"和"最振振有词和最有吸引力的意思",而多数保守派法律助理倾向于宪法的"最初意思"。在解释偏好的广度上也存在着巨大而显著的意识形态差异:法律助理越开明,越倾向于扩大解释。对法科学生进行的后续实验研究表明,控制司法机关尊重立法机关(司法克制)的可感觉性政策含义可能会改变解释偏好的初始广度,提供初步证据证明政策偏好和解释性偏好之间有因果关系。

即使初审法院的法官也不能免俗。政治学家会说,这些法官与所有其他法官没有区别,他们希望看到法律反映自己的意识形态价值观。但是,和所有其他法官一样,他们也面临一些司法限制。首先,法官尽力保持他对法庭,特别是对被告的控制。其次,解释程序法时,法官之间存在着意识形态支配权的斗争,以程序为导向的法官或以案卷为导向的法官、控制较少的法官或控制较多的法官、自由派法官或保守派法官,谁是正确的?最后,历史上政党与组织起来的律师之间存在斗争,不仅是对初审法院法官作用的意识形态解释的控制,而且决定谁将实际控制法院的程序。因此,法官的意识形态丰富且多元,总体上,有三种不同的意识形态框架渗透到法官的司法行为中。

否认政治意识形态。初审法院的法官承认自己有政治意识形态,这是因

---

① G. Schubert, *The judicial mind: The attitudes and ideologies of Supreme Court justices*, Evanston, IL: Northwestern University Press, 1965: 1946 – 1963.

② P. Spiller & R. Gely, *Strategic Judicial Decision Making*, K. E. Whittington, R. D. Kelemen, & G. A. Caldeira ed., *The Oxford Handbook of Law and Politics*, New York: Oxford University Press, 2008: 34 – 45.

为他们成为法官的程序在一定程度上受政治和政治意识形态的影响，但他们不认为自己的政治意识形态影响他们在法庭上的审判行为，虽然有理由相信上诉法院的法官在保守派与自由派的政治意义上有意识形态，并期望这对上诉法官所制定的法律产生影响。但对初审法院法官来说，由于他们的职能或作用不同，这一点并不明显。① 整体而言，法官可以被看作具有政治意识形态立场，不管有意识还是无意识。以程序为导向的法官采取更开明的立场：代表国家意愿承担保护个体的角色，认为个体需要国家的帮助来获得正当程序；以案卷为导向的法官采取了更为保守的立场，他们避开保护人的角色，不认为法律要求他们这样做。

法律意识形态主导地位明显。法官的主要法律意识形态立场是他们认为自己的工作、在法庭上的法律行为不具有意识形态。他们之所以采取这种立场，是因为他们担任法官的政治氛围。在美国初审法院法官的任职氛围中，一方面，初审法院法官需要对当地社区的价值观和政治进程作出回应，另一方面，他们在解决冲突时必须不偏不倚。这两者之间存在一种张力。但近几十年来，美国律协律师的政治竞选活动给法官造成了压力，强调他们的公正性，淡化其政治性质，并成功地模糊了司法任命的政治性质。例如，如果审判法官未能考虑上级法院所确立的先例，他们的判决就有被撤销的风险，也就是上级法院可以用他们最不喜欢的判决结果来取代审判法官最青睐的规则。② 在这种情况下，审判法官不是为注意先例而专注于先例，相反，他们充分利用自己的政策偏好来遵循先例，避免采用他们最不喜欢的规则。换言之，遵循先例的原则，或者更直截了当地讲，司法等级，对法官的政策偏好起到了限制作用，而不是本身的目标。

控制普通的意识形态这种意识形态相当明确，但法官认为这与审理案件的关联性很小。初审法院的法官描述自己的执法行为很少或根本没有不成文法之间或成文法与口头法之间的分歧，这使他们的语言具有权威性。当法官把程序的顺序结构组织成前后一致的各种主题，指示并创造了成文法之间的文本间关系时，他们再现了法律解释视角的支配地位。他们遵守这种意识形态，并用它影响其他人。这种情况在不同的有罪答辩审理中经常存在。这种法律文本间关系的性质对不是法律解释实践当事人的那些人秘而不宣，这在成文法中无法获得，也很难有如何把成文法表述为口头法律实践的专业培训。

---

① Susan U. Philips, *Ideology in the Language of Judges: How Judges Practice Law, Politics, and Courtroom Control*, New York and Oxford: Oxford University Press, 1998: xii.

② Jon Hanson, *Ideology, Psychology, and Law*. New York: Oxford University Press, 2012: 706.

因此，局外人、非法律职业人士卷入诉讼，不明白由于各种解释和文本间行为的隐形特点造成了各法律文体之间存在的实际分歧时，就能留下法律整体性的印象。

在审判话语中，以程序为导向的法官使用各种策略，在不同案件中改变程序，次数明显多于以案卷为导向的法官，因为他们认为，要使被告有见识、主动，他们应该为其修改程序，以便更有效地交流他需要知道的信息。这类法官向被告提供更多的信息，通过询问被告更多的问题，也得到更多的信息。从他们的角度来看，这是设法让被告更多地参与诉讼，从而使被告更了解案情。

相反，以案卷为导向的法官并不认为被告需要这种调整来理解法官对他们说了些什么。而且，以案卷为导向的法官关注程序的标准化。每一次审理案件，他们的一言一行严格遵循成文法的规定，这样上诉法院就不会推翻他们的判决。这类法官并不认为被告需要知道他们正在放弃有罪答辩审判中的正当程序权利。并且，他们认为如果被告涉及某些程序是不必要的，他们可能会破坏程序，因为被告说的内容可能与在法律程序上有效而必须讲的内容不符。

因此，法律意识形态并不是法官审理案件中使用各种策略而制定的唯一一种意识形态，也可以理解为他们制定了自由派和保守派的政治意识形态。以程序为导向的法官使用这些策略而提供的理由暗示了国家作用关涉个体的自由派概念，他们认同这种观念，被告需要法官帮助来获得正当程序的保护，而且法官愿意以国家代表的身份承担个人权利保护者的角色。以案卷为导向的各种策略以及法官为使用这些策略所给出的理由暗示了国家与个人关系中的保守作用，他们不认为被告需要自己的保护，而且在某种程度上，他们回避了自己作为国家代表的保护者身份。他们查看案卷以证明被告了解其各项程序权利时，寻找证据来证明其他人（律师，甚至警察）将这些权利告知了被告，而且这样做，自己也和其他人一样承担了对被告的各种责任，而不是由自己完全承担，就像以程序为导向的法官那样。

除法律因素可能限制法官追求自己的意识形态目标之外，其他因素也可能约束法官裁判的能力。肯尼迪从外在观点和内在视点两个角度对司法中立的不可能性进行了论证，前者是一种语言学（即结构主义）进路，研究法官所使用的语言，后者是一种现象学进路，研究法官判决中的心智状态，即在司法造法中法官对意识形态信条的矛盾心态，认为"政策是意识形态的一个潜在木马"[①]，通过对意识形态取向下的法律工作与法律解释中的策略行为等

---

① 邓肯·肯尼迪著，王家国译：《判决的批判：写在世纪之末》，法律出版社2012年版，第98页。

进一步分析，证明了一个基本的结论：不管承认与否，法官就是一个意识形态执行者。

这与心理学的研究结果相符。心理学研究证明，虽然个体一般都准确和公正地处理信息，但经常意识不到许多认知偏见。有许多理由相信，法官的目标是严格按照法律的指引，作出不偏不倚的判决。虽然法官有保持中立的志向，但潜在的目标可以被激发，影响有意识的认知之外的行为，法律案件引起的情感反应使法官的政策目标开始起作用，然后，无意地使后来的信息处理存在偏见。如果法官个人没有认识到信息处理有偏见，那么准确裁判的有意识动机就不足以做出公正的判决。威尔逊和布雷克称这个过程为"心理污染"，这种心理上的偏见在意识中不需要，但却难以避免或消除。①

人们处理信息的方式与他们的隐性目标一致。心理学和政治学理论的研究揭示了一个无意识的过程，决策者的隐性知识和经验直观地影响了他的感知和印象，而这些反过来又汇聚为一个不断一致和凝聚的整体。② 司法判决是一种直觉和评议判断的结合。直觉或司法"预感"，有助于产生问题的解决方案，可以帮助他们解决问题，并在心理上模拟它们，帮助测试解决方案的有效性。但是，直觉也会导致不准确的判断和偏见，因为它经常依赖于诸如刻板印象和启发式等各种捷径。换言之，直觉使法官看到问题的全部解决方案，但有时它会产生不准确的解决方案或判断。这种情况发生时，法官可能会坚持第一个"仓促"的判断，然后寻找法律和事实记录中的各种理由来支持它，或者法官可以重新评估和拒绝原有的直觉判断，并通过更深思熟虑的评议性思考来推翻它。

法官也容易受到认知偏见的影响。正如杰罗姆·弗兰克所指出的那样，法官是人，通常都具有凡人的美德和弱点。英美法官的案件审判任务很重，必须迅速做出判决，这两个条件可能会导致他们过于依赖现成的框架和捷径，在这个意义上，他们甚至更容易受到一些认知偏见的影响。

实证研究表明，在其他偏见中，法官和非法律人士一样，容易受到锚定偏见、事后偏见和自我中心偏见的影响。锚固偏见是在作出判决时依赖不相关信息的一种倾向，例如，在建议调解金额时，从诉讼的裁判金额入手。事后偏见使法官相信自己会预测正确的结果，即使没有客观的证据表明如此。

---

① T. D. Wilson & N. Brekke, *Mental contamination and mental correction: Unwanted influences on judgments and evaluations*, Psychological Bulletin, 1994: 117–142.

② Linda L. Berger and Kathryn M. Stanchi, *Legal Persuasion: A Rhetorical Approach to the Science*, London and New York: Routledge, 2018: 25.

自我中心偏见导致法官高估他们的决定多么正确，大多数法官预测自己不太可能被"普通"法官推翻。

法官也容易受到"连贯性偏见"的影响。他们对疑难案件做出判决时，往往倾向于支持更直接和明显连贯的叙述，流畅性超过复杂性。法官与陪审员一样，往往也无法忽视已引起他们注意的不可采信的证据。法官们也像大多数其他人那样无法准确地评估可信度，他们对人们是否撒谎的判断也是凭运气。

因此，司法判决是一个具有许多复杂动机的结果。法官不是单纯地以法律目标为动机，而是通过一个复杂的多维的过程来做出判决，包括相互交叉的认知、各种直觉、情感、政治偏好、经验和实用性。这些目标和制约因素包括法官有意识地意识到的和那些直觉地感知到的因素。在任何具体的判决中，某些要素的强度或显著性大于其他因素，法官通过平衡所有最有力或最突出的因素来做出判决。换言之，判决基于对各种竞争性行为和目标的"整体评估"而选择一个路径。

更进一步讲，复杂的判决，如果涉及判断，需要处理大量的事实、概念、价值观，把它们整合成一个独立的选择。这一推理过程考虑和整合了各种因素，往往会把复杂的案件与多个相互竞争的论点转化为更连贯、直截了当的叙述。虽然多元化的各种动机可能会歪曲司法判决，但法官们很可能只认真考虑其中的几个因素。换句话说，推理过程往往把复杂的问题变得简单、明显。

法官在决定判决结果的过程中思前想后，改变和调整对案件材料的看法，使其与更有吸引力的各种论据相匹配。这个过程既不是线性的，也不是有意识的，它是递归的或"双向的"。法官积极建构案件情境的心理模型时，他对证据的认知发生变化。换言之，法官的推理倾向于一个特定的叙述时，他对辅助性法律材料的看法发生改变，这种方式使他更接近于作出表面上更一致的判决。他开始把选择的叙述理解为法律材料更支持的观点，从而导致其对法律材料的看法进一步改变，诸如此类。最终结果是，过去被认为复杂的案件现在变成直白、看似"容易"的判决，这不是由法官的政治倾向或个人感情影响作出的，而是法官心安理得地相信是由事实和法律权威做出的判决。法官确信法律和事实说服了他们，但对某些影响因素，以及如何权衡这些因素并且与其他因素竞争，可能存在认识错误。

因此，法官是一个意识形态执行者本质上就是隐喻，暗示了审判过程中法官的意识形态矛盾：（1）许多法官坚信情感和政治在法律决策中没有用武之地，但隐喻的认知研究解释情感、经验和文化是法官决策和说服的重要内容；（2）法官和其他人一样，容易受到认知偏见的影响，尽管他们可能有专业经验使自己对法律推理和解释问题作出更好的判断；（3）法官在疑难案件的审理中，利用情感和偏见进行隐性论证，使自己的法律解释推理与当事人对判决结果的期望相联系，达到了说服目的。

第四节　法律隐喻的批评话语分析

随着跨学科研究的进一步发展，认知语言学[①]对隐喻的解释与批评话语分析相互交叉，产生了批评隐喻分析，解释了英语词汇和语法中隐喻模式的重要性，展示了隐喻的意识形态和社会实践特点。很多学者已经开始认真研究隐喻的意识形态效果。斯托克韦尔引用了菲尔克劳夫的观点，认识到隐喻选择的重要性就是意识形态的标志，但是他强调，对很多研究者而言，认知语言学传统上认为隐喻是一种语言普遍功能的体现，而不是历史的意识形态表现。巴尔京提出了批评话语分析和认知语言学交叉的理论基础，认为隐喻是意识形态的一种认知机制，会产生意识形态影响，意识形态的分析并不以证明特定信仰或象征的形式部分或完全错误或歪曲而告终，它必须追问这种虚假或歪曲可能以何种方式造成或维持不公正的社会现实条件或社会权力的不公正关系。[②]

这种认知语言学方法，深刻地应用了意识形态话语的内在语义资源，可以补充具体地体现马克思主义对历史上概念化（社会意识）和社会实践（社会存在）之间的特定外部关系的意识形态分析。它强调了这两种方法之间的共同点，语言不是人们据以思考的透明媒介，但它塑造人们的思想和实践。因此，在种族、性别、政治、国防、经济、环境等话语中的传统隐喻，往往决定了在这些社会领域的思维、意识、行为或者实践。[③]

从认知的角度来看，隐喻可以被简单地解释为把甲物认为好像就是乙物，

[①] 认知语言学对隐喻的研究始于莱克夫和约翰逊的《我们赖以生存的隐喻》一书，代表人物有乔治·莱克夫、马克·约翰逊、马克·特纳、伊芙·斯维瑟、雷蒙德、吉布斯、杰拉德·斯蒂恩、佐尔坦·科弗塞斯、冈瑟·拉德登和安东尼奥·巴塞罗那等。

[②] Balkin, J. M., *Cultural Sofware*, New Haven and London: Yale University Press, 1998: 111.

[③] P. E. Jones, *Cognitive linguistics and the Marxist approach to ideology*, R. Driven, B. Hawkins and E. Sandicioglu ed., *Language and Ideology vol.*1, Amsterdam: Benjamins, 2000: 243.

在语言学上，这会出现一个词条或以不寻常或新的方式使用的文本扩张。要区分隐喻与其他修辞，必须约定用源领域理解目标领域需要建立连接甲物和乙物的相似性或类比。这个过程可以称为映射，发现的相似性或类比关系可以称为喻底。

概念隐喻理论最重要的一个观点认为，概念隐喻中的许多基本环节可以追溯到明喻，如因果、活动和地点。隐喻"言论是火"的历史叙事是一个绝佳的例子，说明了美国法院法官的意识形态和司法判决以及隐喻解释之间相互影响的关系。

20世纪初，美国面临着武装冲突和意识形态斗争的戏剧性事件，出现了人类学家维克多·特纳称之为社会范式之间的"阈"时刻。根据特纳的分析，这种分裂的过渡期是充满各种可能性的时刻，实验的各种场景都展现出来，语言中语法的变化也不可避免。火作为一种言论表达的主题出现在社会极为不和谐的时期，历经三个案件。这三个案件的判决中，法院对隐喻的语言选择很好地解释了第一修正案在何种范围内保护言论自由的观点。

申克诉美国1919年判决的申克诉美国案象征着第一修正案中第一次出现了火的主题。查尔斯·申克和伊丽莎白·贝尔邮寄把征兵与专制统治等同的传单，被判违反《反间谍法》。上诉审中，霍姆斯的判决意见维持了原判决，把被告的行为随意地比作在剧场中虚假地喊叫"着火了"，引起恐慌，即使第一修正案最慷慨的解释都不会保护这种行为。虽然原判决中的这句话没有使用火的隐喻，但是用当前案件的具体情形编织了一个以火为基础的假设，用火来创造了一种紧急感，达到了促使法院司法干预政策的预期效果。

这个简短、朗朗上口、没有法律职业人行话的陈述，就像一个司法咒语，在现实的火灾席卷美国之时出现，本身就成了一个可以引用的法律隐喻概念。20世纪初期，在大多数美国人的脑海中，许多剧院发生的著名火灾历历在目，而当时公共剧院的出口以及消防技术极其糟糕。1876年，纽约的布鲁克林发生了美国历史上最具破坏性的剧院火灾，近300人在观看《两个孤儿》的演出时死于大火之中。1903年12月30日，芝加哥的易洛魁剧场上演《蓝胡须先生》。演出进行到第二幕时，保险丝融化后发出的火花点燃了背景幕布，15~20分钟内，大火席卷了整个剧场，602人死亡。虽然"在剧场中虚假地喊'着火了'"被嘲笑为琐碎和误导，但它已经在法律文化中起到了双重作用：首先，这个意象代表了不受法律保护的言论表达行为的典型；其次，作为具有司法影响的咒语，它被广泛使用，欢迎和接受各种解释性选择。一次、两次、三次、反复吟诵，这个格言萦绕在美国人的脑海中，魔法般地演变为言论主要威胁公共秩序的一个意象。

申克案判决几天后，法官们维持了按照《反间谍法》对雅各布·弗洛维科的有罪判决。弗洛维科发表文章，质疑美国征兵法的合法性。霍姆斯在为法院撰写的全体一致的判决书中说：不可能这样解释，文章在轻呼一口气就可以引起熊熊火焰的地方发表，这个事实人所共知，而且取决于发表文章的人，但人们可能没有发现这一点。

弗洛维科案和吉特罗案一样，火的隐喻让人联想到认知语言学家所谓的"经验格式塔"或"理解框架"。这是一个可重复的语言组织结构，整合了文化事件、信仰模式、世界观和人们熟悉的各种感觉。根据火的隐喻激活的理解框架，演讲就像火一样，被作为纵火者的说话者点燃。弗洛维科的"轻呼一口气"变成了吉特罗的"熊熊火焰"，火象征法官希望人们认真思考言论的主要特点。当神圣的火焰以这种方式点燃时，人们的本能反应就是开始害怕，而对危险的本能反应立刻被激发后，注意力集中于识别和避免或摧毁威胁的来源。火变为不稳定的、有倾向性的观点的象征物。这是一种古老的学理分析技术，正如语言方法所暗示的那样，革命言论的"火花"如此易燃，如果不加制止，它将无情地引发一场"大火"，毁灭美国社会。用这种方式，许多美国人的童年经历被转化成理解法律行为的一种方法。

这两个案件中，法官充分利用了美国20世纪初的社会经验认知和政治意识形态，使火和言论的象征性结合变得特别引人注目。当时，各种社会争论和重大事件暗潮涌动，最终爆发。世纪之交，美国每一个大城市，从旧金山到芝加哥、纽约，都发生了大火，摧毁了整个街区。1906年，旧金山的地震和大火夷平了2.5万座建筑，造成500人死亡，还有数以百计的无家可归者，旧金山获得了"厄运之城"的名称。费城、纽约和新泽西州的大火灾分别发生于1910年和1916年，1918年明尼苏达州的森林火灾导致了559人伤亡。①

圣彼得堡的布尔什维克胜利不到两年后，美国人本杰明·吉特罗出版了革命时代的"左翼宣言"，一本致力于国际共产主义斗争的周刊。

除非那些坐在法庭上审理吉特罗案的保守派法官已经准备好将该宣言视为"仅仅是学术上无害的讨论"，否则他们别无选择，只能担心它是"由一个阶级倡导的行动，这将破坏所有其他阶级的权利"。

---

① 参见 William E. Nelson, *The Legalist Reformation*: *Law*, *Politics*, *and Ideology in New York*, *1920–1980*, North Carolina: The University of North Carolina Press, 2001: 28–30.

吉特罗案的 7 名多数派法官和自己的同行们都感到了威胁，认为"一个革命的火花［可能］点燃一堆火，焖燃一段时间，［可能］会成为一场到处肆虐的毁灭性的大火"。多数派法官还认可政府必须恰当地在"点燃火焰或烧起熊熊大火之前熄灭火种"。即使是未来的自由主义者，哈伦·斯通也可能同意吉特罗案强调阶级压迫与冲突的判决意见。事实上，所有参与审理该案的 24 名法官中，只有路易斯·布兰代斯、卡多佐、霍姆斯和庞德四位法官无所畏惧地提出反对意见，质疑保守派的观点。

首席大法官爱德华·桑福德从弗洛维科案（以及霍姆斯撰写的尖锐反对意见）获得了一点线索，在吉特罗案的判决书中提出了火的隐喻的完整意向。火的厄运：一个革命的火花［可能］点燃一堆火，焖燃一段时间，［可能］会成为一场到处肆虐的毁灭性的大火。人们不能说国家对保护公共安全与和平所必需的措施进行判断时，行动鲁莽或不合理，它不能等到火花燃起或熊熊大火之时才想办法扑灭火焰。

在许多非刑事案件中，法院同样压制了威胁到社会精英的和平与安全的言论。因此，大法官们支持对美国社会主义者协会经营的兰特社会科学学校发出一项禁令，理由是：这属于立法机关制定法律……防止讲授教义，鼓吹用暴力推翻政府的权限范围。最后，他们维持对极端报纸，甚至电影新闻进行审查的制度，就如本杰明·吉特罗的革命年代一样。

这些言论自由案件的判决中，火的隐喻在美国人的脑海中形成了一个经验格式塔：纵火犯—说话人威胁法律秩序，国家通过行政控制试图扑灭火灾，法院认可这种行动，宪法平衡被恢复。"说话人就是纵火犯，代表了对政治法律秩序迫在眉睫的威胁"这个意象在不断出现的裁决和公共话语中重复展现，故事的台词暗示虽然危险很大，但法院通过分开和隔离纵火犯，很容易改善社会紧张关系。火的隐喻的意象也将人们定性为脆弱的、固定的对象，而不是充满活力、完全自治的宪法主体。它预示易受干扰的路人，就像恐慌的剧场顾客，必须从煽动性的言论中被解救出来。这个隐喻整体上把全体公民当作革命火花的易燃物、燃料。

火的隐喻不仅对言论自由的法律范畴影响很大，而且提供了巴尔京所称的法律创新的"文化软件"：先是法学家，然后是当事人，在宪法立法过程中对隐喻重新编程，文化和语言奇妙融合的格式塔属性完全成为一种模块，在知识界、诉讼摘要和裁决中、专家和公众的评论中反复出现。每一个相互渗透的源领域反过来又唤起火的神话，形成法律原则的新路径。火最初被作为"不良趋势"标准，但最终从教义基础演变为言论和行为之间的界限。另外，它一开始作为危险言论表达的简略方式，到了20世纪末，已经演变成了威胁自由的法律象征。在第二次世界大战前的几年中，法官可以预见性地描绘火让人恐惧的特点，组织和抽象出法律学说，批准国家压制革命言论。与此同时，法律语言和思想的这些模式被保存在"文化基因"中，它们促进了美国法律文化的传播。

霍布斯把隐喻看成是对语言的一种滥用，认为词语有一个预定意义，而对意义的改变或不精确性使用等同于语义反叛，这是对秩序的威胁。如果语言和话语构成了自己的现实世界，为了颠覆社会的权力和知识结构，那么语言或认知的颠覆将是必要的。正是在这一点上，法官可以把隐喻作为一种颠覆认知或表征的手段来使用。隐喻通过新的或不同寻常的方式使用语言或建构概念，有可能挑战知识的各种常识范畴。

在这个过程中，传统的概念隐喻建构和复制了意识形态，证明或再现了某些行为。穆雷·埃德尔曼认为：

> 因此，隐喻解释人们做出反应的感知模式，强化了所选的认知，忽略了其他，从而帮助人们专注于优惠的公共政策所期望的后果，有助于人们忽视他们不需要的、不可想象的或不相关的前提和后果。每个隐喻都以一种微妙精巧的方式突出你想相信的事物，并避免你不愿面对的事物。[1]

意识形态是组织人们观察和理解世界的必要工具，意识形态常常掩盖了人们准确诠释自己世界的能力。事实上，人们面对不一致的证据，或者满足引发某种意识形态的各种动机时，就支持了某种意识形态，无意识地以偏颇的方式过滤信息，不愿意客观衡量其他选择性观点。广义上，如果权威性的政策决定被认为来自有权机构的行为，根据理性规则，对公众而言就比来自自己的个人偏好更具合法性。诺尔斯和迪托用心理学、政治学和法律研究的结果来证明，偏好以作出判断的个人无法看到的微妙方式影响推理和判断过程，虽然表面上判断因原则而产生，而不是偏好，但越来越多的证据表明，人们面对形形色色的意识形态时，根据原则支持自己优选结论的方式，有选择性吸收道德原则。[2] 当出现相互矛盾的多种选择时，如果某种有瑕疵的信念通过社会文化传播，并得到主流文化意识形态的支持，这种意识形态化的观点，虽然具有误导性，但将存在下去，生生不息。[3]

---

[1] M. Edelman, *Politics as Symbolic Action：Mass Arousal and Quiescence*, Chicago：Markham, 1971：68.
[2] Jon Hanson, *Ideology, Psychology, and Law*. New York：Oxford University Press, 2012：20-21.
[3] 同上，第22页。

第五节　法律隐喻意识形态的特点和意义

隐喻推理的意识形态影响为理解法律现实主义者的重要主张和法律批评运动提供了一种深刻见解，即法律判决过程和审判是高度政治性的行为。法律批评运动批判审判行为的一个重要观点认为审判是"意识形态的裁判所"①，司法判决书和律师的辩论是裁判所的"意识形态文件或文本"。顿肯·肯尼迪认为，意识形态冲突是一个连续的"话语过程"，受到用来进行分析的演绎模式和政策模式的控制，并使其合理化，以抽象的权威制度的一部分内容呈现，而抽象的权威制度制约意识形态。② 裁判所的规范特征被话语过程所掩盖，创造话语的过程呈现法律及其过程与政治分离的表象。

法律批评运动认为审判的说服性政策分析视工具性目标而定，但在法律的许多其他方面，政策只是法律判决过程中使意识形态合理化的手段。③ 法律批评学者为使用政策辩论进行辩护，反对"政策辩论必然是意识形态的特洛伊木马"的指责，尽管没有人能提出一个强有力的论证来说明政策为什么与意识形态不同。但是，大多数法官相信政策分析是非意识形态的。法官理查德·波斯纳相信可能存在令人信服的政策分析，想象实用主义法官"卷起袖子制定政策，希望律师界或学术界为他提供资源作出明智的政策分析"。④ 但是，政策分析要求各种工具性目的一致，而一致经常要求面对非常偶然的意象和隐喻模式，它们决定法官发现共识或目的的路径。目的的挑选本身就是想象过程，促使法官用一种某些目的比其他目的更重要的特定方式来看待世界。因此，特洛伊木马是某种理论上不可言说的问题，它隐藏在对法官实际做什么的严格实用主义分析中。⑤

因此，隐喻推理的规范性影响使法官隐藏自己政策分析的意识形态因素。在上文中，普通法法官想象地形成抵制团体和抵制目标概念的方式就能证明隐喻推理如何能实现这一点。格来登案中，法院从"生存之链"谚语所隐藏

---

① Duncan Kennedy, *A Critique of Adjudication*, Massachusetts: Harvard University Press, 1997: 69.
② 同上，第97~104页。
③ 同上，第109~111页。
④ Richard A. Posner, *Bad Faith*, Review of Duncan Kennedy, *A Critique of Adjudication* (1997), The New Republic 34 (June 9, 1997).
⑤ Gary Minda, *Boycott in America*, Carbondale and Edwardsville: Southern Illinois University Press, 1999: 67.

的逻辑角度，把工会的抵制描述为具有野生老虎的特征，把野兽的特点归属于工人的抵制行为，认为劳动抵制的放射范畴等同于博伊科特核心案件的典型特点（抵制是野蛮的祖鲁人，博伊科特上尉是未开化和不受控制的暴民的牺牲品）。在高木珀斯案中，这个隐喻与"法人是人"结合起来，使最高法院把大型商业实体理解为无助的个体，需要防止受到"许多人"组成的工会这类超级力量的影响，大法官拉马得出结论：工会抵制已经构成"用来针对个人（法人）"的影响力，而使法院忽视了相反的事实，例如，商业实体自身是许多个体构成的组织，有相当的能力应对工人的抵制。于是，法院一方面把工会这类工人组织视为团体，另一方面把个体构成的公司或商业实体作为个体的人对待，就能把工人的抵制运动描述为许多人反对一个人的单边斗争。这种隐喻意象不仅提供了描述法律文化实践的语言手段，而且创造了完全现实化的隐喻制度，掩盖了法官用明显带有偏见的标准来理解工会和平抵制的意图，而判决的意识形态特征隐藏在抵制源自具体化经验的信息中。于是，法官在形成抵制的消极或积极意象时，隐喻就发挥了非常重要的意识形态作用。如果法官判决应当禁止团体的集体行为，就为抵制挑选了负面的意象（疾病、野生动物等）；如果法官判决团体的集体行为应受到法律的保护，就为抵制选择了正面的意象（临时演讲中的言辞、自由竞争等）。

审判中的隐喻不仅创设原则、从修辞上进行说服，认知科学研究还揭示，法官进行法律和政策分析时，隐喻使法官实现意识形态功能，为创造新原则而设计和生成新观念。隐喻除了提供法律推理过程的关键说服力之外，在审判中具有微妙的正当性授权和调解功能[1]，隐喻可能如法律或政策一样有影响力。更恰当地说，与其说法院判决受到法律和政策的制约，不如说法院判决是以法律隐喻（与法律理性密切相关的内在认知和规范机制）构建的法律想象方式为中介产生的结果。

审判中隐喻和意识形态之间的关系，通过思考隐喻理性在审判制度内如何使用就能明白。法律思维的想象特点是特定语境、特定文化和独特制度环境的产物，制度、文化和主观因素影响司法想象，这种方式证明法律分析中所谓的理性模式实际是极富选择性的法律想象的结果。[2]

有一段时间，法律思想家相信法官受到判决案件时所使用的法律的约束。兰德尔形式主义法理学时期，人们假设法官是"活着的哲人"，他们在判决

---

[1] Gary Minda, *Boycott in America*, Carbondale and Edwardsville: Southern Illinois University Press, 1999: 77.

[2] 同上，第78页。

案件时起到了基本消极的作用。① 法律现实主义运动之后，法律思想家逐渐意识到法官在解释制定法时具有很大的自由裁量权，他们按照自己的生活经验通过解释权威性法律文本来制定法律，而且法官通过解释行为，按照自己的生活经验解释法律，赋予法律事实和现象某种意义。疑难案件中（学理和法律材料无法提供简单答案的案件，如法律模糊不清），法官采用政策分析的方法，这种分析方式通常由立法者使用，要求对工具主义目的做出选择。现代的多数法律思想家继续认为法官无法做自己喜欢的任何事情，因为法律、法律政策、制度环境和心理动机制约了法官自由裁量权的范围，影响法官实际做出什么行为。

无论是法律过程学派、德沃金的规范学派，还是以波斯纳为代表的实用主义法学派，都没有详细解释法官审判时实际做什么。法律过程学派只提供了一套术语，如"理由充分的阐述""中立原则"，几乎没有解释大多数案件的决策过程；德沃金把审判简化为这样一种观点：法官应当努力解释法律素材"使它们成为他们能做出的最好的判决"；波斯纳从来没有解释自己所谓的"有说服力的政策"是什么，只是假设说出那些词语就有神秘的意义。②

但是，不是每一个法律职业人都坚持关于法官审判的传统观点。法律现实主义运动一开始就强烈怀疑依据规则做出判决的可能性，杰罗米·弗兰克和其他法律现实主义者一样，相信唯理主义审判保持了法律客观和可预测的神话，隐藏了法官真实的心理动机。对他来说，主观性是审判中不可避免的，因为事实总是有选择地形成的，期望的法律结论总是某种非理性的心理动机的结果，法官做出的判决意见总是受法官心理思维模式刺激的内心深处各种假设的产物。③ 邓肯·肯尼迪则批评审判是激发许多法官否认的意识形态行为，认为法官否认审判的意识形态作用时行为不实，因为他们在一定程度上知道他们是意识形态判决的制定者，但是自己忠于法律的义务使他们否认自己角色的真实性质，实际是对自己角色冲突产生焦虑的失信反应，否认的动机不是偏离行为的罪过，而是无论法官如何努力尝试都不能做出正确的事情，因为法官被告知同时做两件事情，即通过保持非意识形态来解决意识形态团体的冲突，对意识形态的否认解决了冲突，就像他们的角色解释是一致的，

---

① Gary Minda, *Postmodern Legal Movements: Law and Jurisprudence at Century's End*, New York: New York University Press, 1995: 13~23.

② 同上，第79~80页。

③ Gary Minda, *Postmodern Legal Movements: Law and Jurisprudence at Century's End*, New York: New York University Press, 1999: 87.

而不是矛盾的。① 换言之，维持政策制定的中立性使法官角色合法化，这样就避免了暴露意识形态将会使任职者不合格的担忧，在这种意义上中立的法官是意识形态的实践者：他或者她制定了法律问题的解决方案，然后用也是意识形态的法律语言证明它的合理性。②

肯尼迪对法官审判心理否认的叙述中缺乏对否认认知层面的解释。新制度学派的爱德华·罗宾和马尔考姆·菲力通过关注审判制度，研究法官的分析方式、制度环境和审判心理动机之间的关系，认为人们忽视了审判中法官的主观动机和想象，包括隐喻的作用，坚持认为心理现象和隐喻性推理应当被认为是一种"法律理性"的形式，决定法官判案时实际做什么。③ 思维是处理信息并且使否认的意识形态和经验成为可能的思想体系，不理解隐喻的关键作用，就不可能理解思维的工作方式。隐喻推理能使有理性的思维保持相互关系，创造意识形态，否认事实真相。隐喻性理性使法官加工信息，将物质世界的已知观念进行转化来获得抽象知识领域的法律信息。隐喻的认知引擎是思想的语言，使理性的思维消除了复杂的信息从而进行感知和推论。

按照审判的传统观点，像邓肯阐述的那样，法官应当从范畴上排除意识形态的喜好，坚持法律，或者首先解释法律。法律不仅是限制……也是进行指引的渊源。④ 法律，以法治理想为象征，界定了审判中法官扮演的角色，人们认为法律指引法官能做什么，不能做什么。实际情况是在按照规则对现象分析和分类时，法官依赖隐喻、放射范畴和意向图式，他们对模式和范畴的隐喻性建构物的偏好使法官的行为就好像他们只是服从法律的命令，事实上这种偏好的形成间接影响了他们。

因此，隐喻性理性允许法官受到意识形态的影响，这种影响促使法官像邓肯认为的那样否认他们在审判中用意识形态判案。他认为法官不过是模糊地意识到他们作为中立的判决制定者的认知角色和每个人知道什么是意识形态这二者之间的冲突。如果法官意识到自己的意识形态角色，这种意识就会从心理上促使他压制意识形态角色令人不安的想法，继续担任法官。心理上的压制是一种有意识的保护性手段，隐藏了令人不快的真相，使某种情况的

---

① Duncan Kennedy, *A Critique of Adjudication*, Massachusetts: Harvard University Press, 1997: 203.
② 同上，第156页。
③ Edward Rubin and Malcolm Feeley, *Creating Legal Doctrine*, 69 So. Calif. L. Rev. 1989 (1996).
④ Duncan Kennedy, *A Critique of Adjudication*, Massachusetts: Harvard University Press, 1997: 202.

存在或意义合理化，行为人也就隐藏了真相。因此，法官对真相也只是有一种模模糊糊的意识。法官们作出判决，集体性地使自己的法律结论知识化和合理化时，法官就压制了法官阶层的意识形态。所以，法律中实用主义立场的判决书制作行为激励法官把自己的思维托付给一种似是而非的思考方法，服务于法官在审判中维持中立的政策制定立场的目的。①

知识化和合理化或许是理解法官阶层的意识形态在实践中用什么方式发挥作用的一种更现实的方法。隐喻是隐藏审判意识形态的认知手段，为法官提供了知识化和合理化的手段，帮助法官有意地隐藏自己的意识形态角色，为他们提供带有规范倾向的工具，使他们作为意识形态决策制定者的真实角色合理化。

隐喻迁移的概念可以用来解释这一点，法官用隐喻解释某些法律事件的意义时，隐喻具有特殊的规范取向。隐喻是一种迁移手段，帮助法官在审判中重复过去合乎规范的模式。隐喻推理借用关于某个事物的知识来命名或解释另一种事物，过去的隐喻用来命名现在的事物时，隐喻具有了来自过去的意义，通过在当下重复过去的意义使新的事件具有了某种意义。隐喻用这种方式完成了源领域在过去创造的信息和规范意义迁移到目的领域的意识形态目的。如果隐喻的源领域具有规范的倾向，隐喻迁移就具有了规范倾向的意义。②

在这个过程中，隐喻不仅是用来缩小相关的领域、完成信息收集和处理的缺省或默认手段，也重复使用了嵌入在隐喻典型认知效应中的规范模式的概念结构。隐喻的迁移作用不断利用当前某个领域的规范趋向，而这个领域在过去被用来解释某些目前现象的意义。不同于弗洛伊德理论中隐藏在个体内心世界的压迫心理转移反应，从外表上看，这种隐喻迁移隐藏在话语中使用的隐喻源领域中。因此，研究源领域就能接近和发现这种迁移，就能解释隐喻和心理现象之间的关系，揭示法官在审判中把这种规范性趋向不断知识化的实质性意义。

例如，格来登案中，法官叙述博伊科特上尉的故事来解释劳动抵制的意义时，这个故事就具有突出隐喻的意识形态背景来形成原型效应的特点。法

---

① Gary Minda, *Boycott in America*, Carbondale and Edwardsville: Southern Illinois University Press, 1999: 93.

② 按照加里·明达的观点，隐喻迁移类似于肯尼迪的心理否认，从来都不是绝对的和完整的。参见 Gary Minda, *Boycott in America*, Carbondale and Edwardsville: Southern Illinois University Press, 1999: 93.

官把博伊科特上尉解释为一个无辜的受害人，把抵制视为难以控制和野蛮的群体暴力的实例。抵制是暴力甚至谋杀的意象成为核心案件的隐喻特征，和平抗议成为一种例外。核心案件用这种方式解释隐喻的范围，在不同的时间和不同文化中，以想象的方式把其他情形中发生的工人和平抵制解释为野生老虎野兽般的残忍行为。缺省隐喻"抵制是谋杀"于是被限制为历史上代表了爱尔兰抵制者像"嗜血的祖鲁人"的隐喻。

  法官绝不会完全没有意识到隐喻的迁移反应，因为法官选择了隐喻，分析法律纠纷时使用它们。法官可能没有完全意识到嵌入在隐喻中的全部规范背景，但是肯定认识到了用老虎这样的隐喻来解释和平抵制行为的意义时所产生的影响。意识到这一点就能证明法官意识到了自己在审判中的意识形态角色。但是，法官没有意识到自己的话语中隐藏着隐喻创造的认知模式和放射范畴，即使大法官斯蒂文思、法官卡多佐或者大法官霍姆斯这样精通法律的法官们或许都意识不到他们用来分析法律现象的隐喻体系的完整规范意义。①

  隐喻迁移，像肯尼迪心理否认的观点一样，从来不是绝对的或完整的，因为隐喻概念典型的不完整性一直是辩论和争议的主题，普通案件的放射范畴不可能被一个隐喻完全限制。但是，审判时有两个层面的意识形态发挥作用：法官阶层的意识形态激励法官从策略上作为中立的政策制定者采取行动；隐喻迁移的认知意识形态使法官利用有规范倾向的分析工具对意识形态强烈的纠纷做出判决。这两个层面的意识形态（前者是外在的，后者是内在的）引发了法官否认或者合理化自己的意识形态功能的心理动机。

  法官可能无法评价对判决具体案件非常重要的非法律规范，但是，通过揭示隐喻隐藏和隐瞒的规范背景，应当有可能影响法官使用隐喻的方式。隐喻迁移过程中，意识形态引起"背景或前景转换"。② 法律推理的方法是前景，隐喻和意识形态是背景。前景或背景转换的目的是颠倒等级体系，使注意力集中于背景的内容。有意识地从前景转换为背景时，法律批评家设法介入进来，目的是发现背景材料中有关规范和政治的态度和假设，法官在进行法律论证和作出判决时使用这些背景材料。介入背景或前景转换中就有助于鉴别隐喻的规范特征，有机会思考其他规范性隐喻，建立新的放射范畴，或

---

  ① Gary Minda, *Boycott in America*, Carbondale and Edwardsville: Southern Illinois University Press, 1999: 95.

  ② Duncan Kennedy, *A Critique of Adjudication*, Massachusetts: Harvard University Press, 1997: 248.

者赋予现有范畴新的意义,从而用隐喻反对隐喻,使人明白改变现状比改变以前似乎可能的事情更貌似有理。

进行背景或前景转换时,区别两种基本的认知隐喻很重要:常规隐喻和想象隐喻。常规隐喻建构文化中日常语言反映的普通概念体系,这些隐喻用来组织人们的概念系统,嵌入在人们的思想中,无须思考就使用它们。这些稳定的概念隐喻影响力很大,因为它们来自人类共有的经验,具有强大的生命力。法律中,法官选择或挑选这些隐喻,这些隐喻就轻易支配了法官,法官的判决源自这些隐喻。法官写作判决书或宣布裁决时,创造想象性隐喻。法官有意识地选择利用想象的隐喻来发展论点或说明要点,在这个意义上,法官创造了它们。例如,格莱登案中的老虎隐喻,它继承了传统,吸纳了"生存之链"的谚语。这两类隐喻在法律分析中使用时,它们一起建立了法官审判法律纠纷时使用的理想化认知模式。

因此,法律的隐喻推理是由常规隐喻和想象性隐喻以想象的方式建构,在两个虚构的层面上使用。法律中的常规隐喻和想象性隐喻一起创造了认知引擎,后者推动学理和政策分析的逻辑。隐喻一旦用于法院判决中,它就成为普通法的内容,按照遵循先例的原则,就会激励其他法官不断使用同样的隐喻。于是,常规隐喻和想象隐喻通过逐案判决的过程嵌入法律中。但是,因为先例都能被忽略,法律可能逐渐发生变化,使用新的想象隐喻的新观点可以代替嵌入在法律中的旧隐喻。最后,旧隐喻由于缺乏使用或不适合而"死亡",新隐喻就能替代"死亡"的隐喻,法律倡导者用新隐喻带来法律分析中令人吃惊的变革就成为可能,甚至已经嵌入语言中的常规隐喻,如"向上是高兴",也能因为它们在语境中具有意识形态效应而在人们的思想中减弱影响。隐喻缺乏的是为法官或其他任何人提供客观理由来评价特定规范态度的法律依据,在规范评价的层面,隐喻不会比推理分析的超然理性更好。但是,隐喻推理能够使法官更加知识丰富地理解审判中他们使用的工具的意识形态倾向,而法律的超然理性却不可能。了解这一点对抑制法律的暴力极为有用。

理性的法律是具有规范倾向的隐喻构建的意识形态话语,但是法官容易把理性看作好像是价值中立的事物,借此加强寻求真相和没有主观价值标准的审判过程。法律的理性问题在于法院用"理性的法律"这个隐喻蒙蔽了自己,这个隐喻是法律组织机构的法律文化中固有的。法官把法律文化的独特意识形态带入自己的想象性工作中,创造了法官工作中应对各种复杂生活问题的虚构世界。法律隐喻的意义在隐喻建构的想象性范畴基础上不断发展,而不是通常假设的演绎、范畴或定义的形式。隐喻、放射性范畴在范畴、典型效应和理想化的认知模式中连接起来,影响了法律思维对法律客观现象进行分类的方式。

但是,法律想象是"变色龙"的特点被法律文化规范所隐藏[①],这些规范企图说服人们语言是中立的媒介,隐喻只是令人感兴趣的修辞手段而已,法律和审判与政治无涉。事实是,法律、文化和隐喻与对法律事实的虚构理解不可分离。就像变色龙的颜色随环境变化而改变一样,法律想象,如"抵制"这个词,依赖隐喻意象获得对现象的认知意义。但是,法律想象变色龙一样的特点好像相对稳定和确定,因为法官有共同的文化,使用所有人共有的具体概念隐喻。理解法律想象和意识形态如何决定法律思维,可以为演化新隐喻或阐述旧隐喻的新意义提供思路,法官在工作中用这些旧隐喻来允许在法律上认可不同文化的其他意识形态。在这个意义上,法律思维的意识形态特征就是大法官史蒂文斯警告人们必须警惕的"隐喻性爬虫"。这种爬虫隐藏在法律想象之中,但是如果人们更仔细地研究法律思维在审判中发挥作用的方式,就能发现它。

杰罗米·弗兰克清楚认识到,法官是具有容易出错的想象力的人。法官挑选隐喻,又被隐喻利用。法律隐喻在法律解释中具有相当的权力和权威,是法官利用法律模糊性进行法律解释的一种方式。在这个过程中,隐喻能给法律带来实质性的变化,好的类比或好的隐喻可以创造法律的正义感,通过努力创造和强化法律思想中的各种想象性观念,就能创造新的法律原则和新的法律权利。但是,主张每一个法律问题只有一个正确的隐喻是不合情理的。

法律思想融合、沉淀为具有为意识形态特征的文化背景,法官是中立的判决制定者的理念使法律思维的想象性过程成为可能,并且制约这个过程。法律思维因隐喻迁移的意识形态特点得以沉积,因为隐喻迁移使意识形态偏好作为中立性判决的非意识形态效应正当化,并使它隐蔽起来。

对前述案件的研究证明,隐喻的效应幅度与意识形态的效应幅度相反,确切原因是:意识形态使用字面意义的语言和传统隐喻,是隐形的,因此最有影响力。如果隐喻本身因为语义冲突而引人注目,争议更多,那么意识形态影响就相对较小;如果隐喻在字面意义上或传统上意义有隐喻意义,但争议相对较小,它通过隐蔽的方式被使用时,意识形态影响就大。

---

① 大法官史蒂文斯警告"法院必须密切注意一种观点:隐藏在草丛中的变色龙更好地揭示了森林的真实特点,而不是无数的独木。"法律具有变色龙的特点,法律语言随语境变化而变化。参见 *NAACP V. Claiborne Hardware Co.*, 458 U. S. 886, 934 (1982).

第八章

法律隐喻的哲学研究

语言是法律传播的媒介。由于法律语言往往没有明确固定的意义,一个法律术语不止一个确切的意义,经常可以用几种方式解释一个法律文本,这就使法律解释变得非常困难。因此,很多时候如果法律人仅仅关注法律语言,并不能判断法律的意义是什么,因为语言无法成为判断法律解释是好是坏的标准。在这个意义上,语言意义模糊的特点就是法律的问题,法律人一直在探究通过参照语言证明法律判决具有正当性和维护法律确定性的路径。

法律解释者的责任首先是合法,但也要合乎道德,遵守社会习俗。这种责任不仅包含对被解释文本的责任,而且意义更广泛,还包括解释者要判断具体情境中的社会效果和案件相关当事人的责任。这可以概括为法律解释道德的两个层面:文本意义和情景意义。文本意义上,解释要符合法律的逻辑推理,但更要合乎法治精神;情景意义上,解释受到人类认知和理性的限制,需要关注人类经验对思维的影响,注重法律主体之间的视域融合。法律解释中隐喻的使用和理解更要关注这些问题。

第一节　法治视野中的法律隐喻意义分析

亚里士多德认为修辞学的使用有两个限制,他将其解释为说服性话语及其特征研究。一方面,如果真相明显清楚,不证自明的事实没有任性选择的机会,或者命题不言自明,让每一个有心之人没有辩论的理由,那么所有的修辞都是多余的。另一方面,如果命题被证明是武断的,没有理由去支持它,只能被要求屈从于一个约束力量,通过残酷的暴力来完成,而不需要考虑有志之士是否愿意接受。这两个极端都罕见，因此，修辞学的使用范围非常大。①

从古希腊、古罗马到中世纪和现代，法律与修辞学总体上如影相随、携手并进。法律的许多普遍原则，以及许多民事和刑事诉讼规则，明确带有修辞来源的印记。由于修辞和法律引入了"诚信"或"公平"等概念，高度形式主义的古罗马法得到了改造，并成为服务司法目的的一种更好的工具。

总体上，在一个不太专制、比较民主的法律制度中，修辞的作用会变得越来越不可或缺。法学家坚持司法和平的重要性，认为公民不仅必须遵守法律，而且承认人们广泛地接受法律之时，就是人们越发自愿地遵守法律之际。

西方法律传统中，认同法律制度意味着承认立法、行政和司法的各种权威，这种合法性基于传统、宗教和变化最大的意识形态和政治哲学。如果现有权威所作出的决定不合理，违背了公益，并且不能被民众接受，只能通过暴力强加于人，就是滥用权力。在这种情况下，权力可能失去其权威性，它可以使人害怕，但它不会受到尊重。

法官作为法律的仆人，其作用是促进法律制度的受领。他要证明自己作出的判决不仅是合法的，而且是可接受的，因为它们是合理的。审判中必须解决各种意见、解释、利益和价值观的冲突时，他必须寻求那些既符合法律又可接受的路径。但是，法律不可能是评价万事万物的准则，它无法预见世界上未来的一切事物。特殊情形下，严格适用法律可能与理性和公平相抵触。此时，法官必须使法律具备适应性，可以被接受。

因此，英美法系的审判中，面对案件各方证明的所有事实要件、各种考虑因素、引用的法律文本，甚至各自引用的法理判断、教义戒律和法律主题，法官将在认真听取双方正反两面的观点之后作出判断，并且证明什么样的价值观和因素对法律和正义有影响，并提供判决理由。这将使他的最终判决能够得到诉讼当事方、公共舆论和上级法院的认可。

此外，司法权是否完全从属于立法权？如果这样，就意味着普通法与制定法竞合，法官的作用将被限制于证明事实，依据法律文本并以司法三段论的方式得出结论，只需要进行归纳和演绎就足够了。辩论只在法官的私人信仰中发挥作用，不会出现在法律规则适用过程中。

实际情况是，英美法官的审判责任与作出判决、填补法律空白、解决矛

---

① Jaakko Hintikka, et. al. ed, *Justice, Law, and Argument: Essays on Moral and Legal Reasoning*, Dordrecht Holland: D. Reidel Publishing Company, 1980: 120.

盾和选择文本解释的权力密不可分。按照法治的民主论,如果制定法本身不被视为一种权力行为,那么正义的判决不仅应当是合法的,而且是可接受的,因为它们不反对社会公认的价值观。与此同时,法律适用和发展过程中,论证和修辞的作用也日益扩大,这种现状与法官关系更大。如果法官逐渐被迫积极地作出判决,他就不满足于仅仅提供判决的形式正确,而是倾向于使判决具备一个更具说服力的特点。当法官有理由使舆论信服该决定的合理性,而不是必须向上诉法院证明判决没有违反法律时,动机就会不同。

法律实证主义中出现了一种不那么形式主义的看法,坚持在法律制度可以适用的社会环境中接受司法判决。英美法的抗辩理论认为法庭是一个就法律体现或思考的各种价值观的解释和适用进行辩论的场所,法院的判决是判断,不是数学结论,因为争议问题本质上具有可质疑的特点,这排除了存在一种对所有人不证自明的结果。因此,尽管司法判决书中存在事实认定的要素,但总要对争议的原则问题进行主观评价,用苏格拉底的话说,总要判断什么是正义和非正义,荣与辱,善与恶。更常见的是,司法判决制定过程关涉一个事实认定和主观评价相互交织、彼此渗透的中间过程,所以司法判决既是解释性的,又是探索性的,既要发现事实,又要得出原则性的结论,讲述一个什么是正义和为什么如此的故事。在这个意义上,司法判决书的文体特征介于科学和小说之间,这使司法判决书成为一种矛盾诠释的结果,一种极其复杂的文学体裁,其难度不仅来自事实认定和价值判断这类互不相干的过程,而且来自司法判决一旦作出就要实现的各种功能。

英美法系的司法判决也是一个合成器。法官对大量的现行法律进行筛选,从中选择并提出一系列规范清晰的论点,然后将其适用于有争议的案件,这些观点在以后的案件中被遇到和提出疑问。于是,每一个判决在法律体系中获得一席之地,成为未来案件的先例。借助这些功能,司法判决书也具有了象征作用。因此,法官的判决必须成为司法制度正常功能的范例,同时体现司法程序的健康和活力。特定判决必须说服社会公众公平的解决办法已经生效,判决是正确适用法律的结果。最后,司法判决书不仅是法院司法权威的体现和代表,也是维护社会法治,体现合法性,同时说服公众遵法和守法的手段。

特殊情形下,法律出现重大变革时,法院的判决必须面对更大的挑战,各种不同目的之外又增加了进一步说服的必要性,需要证明为什么曾经善良或者真实和正义或者实际上合法的事物现在不合时宜了。在法律的这些转折关头,判决的修辞特点就变得更加明显。虽然判决书中一直有说服和论证的要素，但在这些变革发生之际，更迫切需要法官的语言产生实际效果，法官语言工具箱中的隐喻在这种关键时刻就成为最实用和最有效的说服手段。

隐喻能够沟通抽象和具体的事物，用具有相似性的各种要素实现常识似乎自然而然的感染力，对法律的未来发展施加影响。法律判决中隐喻的批判作用来自对司法判决书的结构功能以及隐喻补充功能的综合考虑。司法判决和隐喻之间的这种关系得到了英美法律制度发展中许多重要隐喻研究的证实。

文本结构上，司法判决书采用一种有组织的结构形式，这种特定的形式已经演变为法律职业人士习以为常的判决模版。尽管每个法官所采用的准确结构可能有所变化，还是能发现某种普遍形式。英美法院的法官通过对先例的使用，使重复出现的法律比喻逐渐有了影响力。书面和公开出版的判决书在适用先例的同时，重复利用比喻的论点，进一步制度化了用修辞手段表述的原则、规则、标准和前提。这种对比喻的依赖逐渐把反复出现的比喻嵌入法律视域中，这些修辞性的短语产生了许多包含在其中的思想，于是在很长一段时间不再进行深入的分析。[①]

这种法律职业的普遍实践形式使法律判决的内容得以交流，并且成为广义上的法律共同体理解的交际手段。因此，这种结构不只是一种组织形式，还是法律共同体对争议主题进行辩论的中心场所，以及法律推理安排未来对话的范例。判决的习惯形式构成社会交际事件中法律知识和思想的组织结构，这被理解为法律修辞的基础。

简而言之，这种结构表明司法判决书要实现许多功能。判决书必须成功地描述案件事实，探究法律的历史，整理并且评价可适用的法律，得出合理的结论。这个正当化过程可以达到三个目标：首先，判决必须维护法律程序的权威和统一；其次，判决书必须因法院认定的区别性法律诉争点吸引官方注意；最后，特别是在那些法院偏离现有法律的案件中，判决必须说服读者正义已经实现了。[②]

司法制度的权威性很大程度上取决于它遵守法治的外在表象。除其他因素之外，法治要求通过合理、透明的程序做出判决，法官行使权力的过程不能表现出任性或者武断，而且法院也必须使用国家依法制定的法律，就是经民主立法程序制定的法律。更进一步讲，普通法过去的历史影响对现有法律

---

① Haig Bosmajian, *Metaphor and Reason in Judicial Opinions*, Illinois: Southern Illinois University Press, 1992: 18.

② Benjamin L. Berger, *Trial by Metaphor: Rhetoric, Innovation, and the Juridical Text*, 39 Court Review 31, Fall, 2002.

问题作出判决的方式，使用先例是引用以前文本的权威来形成和限制现在应做的事情。① 这个普通法原则为法律提供了合法性，这种合法性源自历史和法律的集体经验。先例的效力是维护过去的法律，使现在的裁决合法，影响法律的未来发展。于是，每个判决除了未来的影响之外，都有一种循环的权威效应或者"自我合法化"的特点。

但是，这些功能（司法制度和法律权威的可归因性）都取决于司法判决书的说服要素。审判中，法官面临许多说服任务。他们必须使读者相信法律制度合理运行，法律自身合法，法院已经就诉讼当事人之间的问题作出了合理的判决。这种说服任务需要法官以颇具文学特点的方式使用语言。没有说服，法律就不是法律；没有拟制，就没有说服。② 法官有效建构案件的"故事"，至少在不同程度上会有人相信，这种可信度与故事的内在结构和各种论点的一致性和连贯性相等。另外，司法判决书的社会性产生于对它的说服性要素的理解。判决是为思想中的观众而写成的，是法律制度的孩子，法律制度本身就是文化制度。所以，虽然司法判决总是具有某种趋于清晰的惯性，但是文本的议论特点使文本有了不确定的因素，论证成功吗？说服读者了吗？这正如法律语言学家古德里奇的评论：

尽管法律毫无疑问具有特别"具体"的影响或功能，但是它的论证方法和辩护性修辞用一种从来不可能证真或证伪的方式为社会规定了一种关系。③

此外，法院决定应当改变法律或者重新制定法律概念时，它就有了更多的说服责任。转瞬之间，法院必须证明判决偏离先例影响的正当性，但在这个过程中绝不能使法律或法律制度的合法性受到质疑。为实现这个任务，法官也必须利用语言工具箱中的所有工具。

理论上，法官经常在将法律规则应用于案件事实之前要对规则予以重述，只要规则重述过程被理解为是"语义的"或"演绎的"，即寻找规则中构成性语词的"意义"，那么这种规则的理解就不是立法意义上的规则创制，即便疑难案件也是如此。法官对依据自己的理解所"创制"的内容保持中立，关心自己"创制"的规则得到普遍接受，关心把自己的规则选择说成不是司

---

① J. B. White, *From Expectation to Experience: Essays on Law and Legal Education*, Ann Arbor, Michigan: Univ. of Mich. Press, 1999: 40.

② L. H. LaRue, *Constitutional Law As Fiction: Narrative in The Rhetoric of Authority*. Pennsylvania: Pennsylvania State Univ. Press, 1995: 11.

③ P. Goodrich, *Legal Discourse: Studies in Linguistics, Rhetoric, and Legal Analysis*, Macmillan Press, 1987: 123.

法立法，为了各种意图与目的进行的这种法律适用不能称为司法立法，在大量案件中，他们只是重述了现存的法律规则。这种立场打破了规则创制与规则适用的区分，表明规则适用无法不受"主观"影响，包括意识形态的影响。似乎可以推断，法律制度结构上的裂隙、冲突与模糊点的解决活动同样有空可钻。当规则使用者对此作出判断时，他不是依据演绎法而是基于"实践理性""解释共同体"的合意或别的什么东西。事实上，在普通法系中，如果法官在具体案件应用规则的过程中重述了规则，这些重述就成为日后解决案件问题的法律"渊源"的一部分。

有人认为，这种法官造法不同于立法，原因在于它在实质内容上是受约束的。霍姆斯的论述堪称经典：我毫不犹豫地承认法官确实且必须立法，但他们只能填补空隙式地立法，他们被限定在从"夸克到分子的运动"。[①] 如果法官提议一种介于法律适用与司法立法之间的中立性术语来解决此问题，这就是"融贯"或"适合"的方法论，法官可以据此制定新的法律规则，但这与他的立法偏好无关，他的个人信念并没有影响他制定的新法律，即便在他不同意推理方法时他也会遵从它。如果立法存在空隙、冲突或模糊，法官想弥合这种缝隙从而改善具体的法律规则，对法治有所增益之时，融贯法就允许他做有意识形态的事情，对判例法作类似的分析，执行过去的法官以自己的意识形态判断作出的判例，而是否改变那种意识形态依赖于立法机构的意图，法官并没有也不能主动修改。

事实上，融贯法回应了法律界的一种担忧：这种方法只能把司法立法的问题从对实体性规范的解释转变为对有约束力的规则的解释。法官根据过去的案例必须与法律体系中其他规则相融贯的要求，对政治问题的原意或更模糊的概念"空隙"进行解释，实际上他是在执行"该体系的"意识形态，这是一种司法约束或司法能动性，而非其个人的价值观点。司法立法的消极蕴含是：一方面，如果法官不能根据融贯论发挥其司法造法的功能，特别是如果他通过判决创制了一条只是符合自己的立法偏好而不是隐含在法律制度中的优先选择规则时，就可能随时破坏法律之治；另一方面，法官"用尽"法律之时，明显就被一种矛盾所困扰，人们期望他不通过司法立法就能判决案件，而这在当下并不可能，但将案子存而不判也行不通，经常意味着被告方胜诉。因此，对他来说，正确的做法就是做他认为正确之事，如果他错了，

---

① P. Goodrich, *Legal Discourse: Studies in Linguistics, Rhetoric, and Legal Analysis*, Macmillan Press, 1987: 10.

就留待立法者或宪法修正程序来校正。

长期的意识形态冲突中，针对法律规则的冲突类似于对话，即各方当事人有普世化方案而非仅仅粗暴地要求满足其利益。由于这些规则冲突可能在未经各利害关系人商议之前就已经存在，因此对寻求真相的人而言，如果参与者有意识形态，他们就承担了一种纯粹的策略性的利益，必须以诚意展开对话，尽量说服对方或随时被对方说服。意识形态冲突假设了说服的可能性，而且经常假设这种可能性，即当说服进行到一定阶段时，如果规则或事实的解释违背了社会中很大一部分参与者的意志，就可以对社会的整体意识形态作出判断。

自由或保守的意识形态偏好是一种倾向性，即倾向于选择与自由主义或保守主义有关联的法律规则。在司法意见中，法官总是"否认"他们的行为出于意识形态的动机，也就是说，他们明确主张他们遵循了非个人的、排除个人意识形态影响的解释程序而得出了判决结果，即他们在选择法律问题的某一具体解答、某一法律规则而非另一个时，处理了法律冲突。因此，最好把美国法官司法行为中的意识形态偏好理解为准意识的或萨特所说的"背信的"，它是被法官自己"否定"的东西，但非彻底"被压制住的"或是一种蓄意的阴谋。

法律话语的独特性不只是因为它是"关于法律的"，还因为它是一种"语言"，法官从中营造出言语或言论，即法官用一个言语主张来支持解决法律问题的规则选择。法官用法律的"语言"论证，就是在表达一个独特的主张，即解释这种社会实践的办法是把它类比为更普遍的语言现象。法律话语有些层面暗示着意识形态的影响，但说话人并没有任何迹象表现出意识形态偏好或意向。这可能有两种原因：第一，在言说者与言论之间存在断档，因而投机取巧或语言的策略性适用总是可能的；第二，言论从未被言说者完全控制，因而言论"超越"言说者，独立于"原初意图"而繁殖其含义。

法官遇到疑难案件时，利用法律隐喻解决问题有认知的深层因素。如果法官想说服民众相信自己对案件核心问题的解释合理可信，就首先必须把他们与案件中高度相关的重要问题连接起来，使他们仔细考虑提出的信息，澄清正反两方面的观点，然后作出深思熟虑、内容丰富的选择；另外，在说服的外围方式上，社会成员受隐喻许多表面暗示（写作风格、语法错误、施喻者的受欢迎程度）的影响，改变了他们的信仰和态度，不会经过可辨认的审议或反思目标的过程。这种无意识的认知偏见影响所有的决策，大多数决策反映大脑容易进行快速简单的连接。此外，法律受众对说服性信息的反应可能会不同于其他观众。人们经常认为律师和法官最安逸于法律推理和论证的传统方法。这也许意味着传统的方法更有可能说服法律观众,而不是那些挑战或背离传统的方法。

第二节　法律形式逻辑的不足

笛卡尔之后,西方哲学观点一直认为,人们无法用形式逻辑来证明的、无法用数学的精确性来理解的事物,必然是武断的、非理性的和主观的。[1] 有些人受到逻辑学家使用的术语影响,喜欢把形式逻辑称为逻辑,但形式逻辑受限于推理结构,没有经验逻辑,如果人们关心推理的经验条件,就脱离了逻辑,忙于修辞、辩证逻辑、论证,最终用方法论,但不会用逻辑恰当地说话。[2]

在数学启发的理性主义,特别是笛卡尔理论的影响下,产生了自然法的现代理论,认为立法者的作用是负责通过颁布实证法来规定客观正义的各种普遍有效关系。[3] 这种法律观点首先反对历史法学派,其次反对实证主义法学派。实证法学派认为法律关系只表达国家或最高立法者的意志,法官必须盲目地遵守。按照笛卡尔的普遍观点,神圣意志完全自由,不受逻辑或数学真理的约束,一旦产生,这些真理依据自己不证自明的效力就对每一个理性人都有约束力。

机械法理学的信徒想维持逻辑在法律中的重要地位,要求符号和法律概念的单义性,呼吁法律文本中一个概念的定义在所有法律部门和所有情形下都保留相同的意义,从而保证法律的稳定性和法律推论的可靠性。他们试图强行规定法律语言的单义性,这与形式主义的刻板语言要求密不可分。按照类似的方法,所有案件中保持有效的原则必须在每个案件中有效,形式主义用这个原则排除法律文本无法预见但理智、公平和人类文明需要的偏离形式主义的各种现象。因此,法律语言与法律精神的对立就成为机械法理学的绊脚石。但是,法律制度的单一性通过借鉴各种价值观、价值评价位阶形成,这允许对法律判决理由进行解释。法的最终效力,或者法律制度倡议的各种

---

[1] Jaakko Hintikka, et. al. ed, *Justice, Law, and Argument: Essays on Moral and Legal Reasoning*, Dordrecht Holland: D. Reidel Publishing Company, 1980: ix.
[2] 同上,第125页。
[3] 同上,第131页。

价值的层级目的，决定了法律精神不同于法律的字面意义。①

逻辑推理中，演绎推理假定存在一个清晰的文本和单一的适用规则。显然，由于法律语言的晦涩、矛盾和空白，没有任何纯粹的演绎推理会向法官提供简单的法律解决办法。某些情形下，法律文本没有提供实现目的的恰当手段，或者文本承认法官有义务解决矛盾和填补空白，或者法官有责任审判和证明判决的正当性，或者演绎的纯粹分析推理不够充分。这就有理由借鉴亚里士多德指定的辩证推理，或者可称为论证。如果法官不想对拒绝司法承担责任，就必须提出一种法律解决方法，这只有借助于法律论证，才能使他证明自己判决理由的充分性。

从法律争议的本质上分析，形式逻辑能帮助人们解决法律争议吗？当然不可能。法律纠纷起源于对手犯了一个形式逻辑错误，这样的事实很罕见。事实上，适用逻辑规则需要遵守某些条件。形式逻辑的使用要假设相同的符号保持始终相同的意义，没有这一项条件，最明显的逻辑规则都不再有效，即同一性不是真的，矛盾并不必然是虚假的。

法律中解决问题的方法具体是什么？就是通过事前任命的法官来作出判决。按照现代国家的程序，法官不能仅仅满足于通过判决解决冲突，而且必须证明判决的正当性，说明判决符合已经生效的法律规定。已宣判的判决不能只是从作出结论的一系列前提推论而来，而是通过引用各种理由证明判决具有正当性。当法官作出判决时，他的责任和正直就受到挑战，要证明判决合法的理由，反驳可能不利于自己的反对意见，这些都是实际经验推理。事实上，在某种程度上，法官不是一个完全由第三方编程的计算器，而是一个负责解释法律制度精神体现的各种价值观的社会人，对价值观的识别能力是他履行自己职责不可分离的条件。

这个过程中的法律推理是实践推理的一个精巧的个别案例。它不是形式论证，而是旨在使观众被说服和信服，这种选择、判断或态度比同时存在的其他选择、判断和态度更好。实践论证中给出的"好"理由，根据作出判决的范围，可以是道德的、政治的、社会的、经济的或宗教的。对法官来说，它们本质上是合法的，他的推理必须证明判决符合他所负责执行的法律制度。

诚然，政治因素决定了法制精神，但法学家的任务是用法律推理方法使法律精神与法律语言一致，符合法律制度试图促进的价值观。因此，法律推

---

① Jaakko Hintikka, et. al. ed, *Justice*, *Law*, *and Argument*: *Essays on Moral and Legal Reasoning*, Dordrecht Holland: D. Reidel Publishing Company, 1980: 127 – 128.

理是论证理论的一个具体应用,是对希腊-罗马辩证法和修辞学的概括。

法官用法律推理来证明自己在具体案件中判决的合法性,提供理由使争议各方、上级法庭、合格的公众相信自己判决的优点。这种法律推理不是作为一个永久真理的有效推论形式出现,因为某个时期某个环境中认为好的原因,在另一种环境中不一定好。它们适合自己的社会文化条件,就像它们必须要说服的受众的信念和愿望要符合社会的基本常识,诉诸理性、事物的本质、公正或平等,所有这些概念及其适用条件都假定在一般观点上达成一种哲学性质的一致。没有这种共识,普通之物作为共同行为的原则就不能再发挥作用,最终无法理解。

传统上,英美法官渴望安全和稳定,假定判决符合先例、风俗和传统,就是符合法律和正义。他们遵守形式逻辑规则,相同情况相同对待,如果判决符合先例,就推定公正,无需进一步证明。然而,疑难案件中,为了否定先例或修改法律,需要证明这种变化的合法性,这是司法精神的特点之一。从这个角度来看,变革需要正当理由,这就是为什么法学家被指责为保守派的原因:高度重视秩序和价值,所有变革需要提供充分的理由。因此,法官实际上屈从于现任立法者的意愿,而不是不能再作出回应的古代立法者。他们在很多时候假设这两个意志竞合,除非有重要理由证明从新角度解释古代文本具有合法性。如果没有这种连续性的推定,现任立法者将被搁置一旁,法官将可能通过法律推理方式,以自己的意志取代立法者的意志。

因此,法律推理显示了法官调解稳定与变化之间张力的愿望,他需要用法律的适应性来维持法律的连续性,用公平和理智来维护法律的安全。法律安全的重要价值将法律推理与其他形式的实践推理区别开来。用这种推理,人们总是试图将意志的干预降到最低,而这种干预往往等同于武断和非理性。但法律推理无法消除个人因素,像所有论证一样,在最终的分析中,辩论的作用与价值取决于判断其具体性质的法官的正直和智慧。

这种性质决定了法律是一门争辩性科学,也是一项实践性技能、一门实践艺术,非常依赖知识与学识。法律论证过程中对相互竞争的争辩问题进行评价和解释的过程,必然是一个多与少的问题,是不同观点的问题,并不是一个非此即彼的确定性问题,需要做出判断。对那些愿意根据法律的性质和特征方法把法律理解为一种实践活动的人而言,一个基本的常识是:法律和真理无关,而只关乎依据法律程序和证明标准予以证明的可以适用于任何被法律视为相关并且可采信的证据,而且只要法律是当事人的各种诉求或法律辩护的基础,法律就是可争辩的东西,有时并不是某种终局性的结论,但至少总是有说服性的。①

认为法律具有可争辩性，这种观点意味着法律论证具有修辞学的特征，因为只要有公开辩论，就会有修辞。亚里士多德的修辞论证中，常识具有重要意义。一个支持某种特点、规则或命题的论点可以通过援引其他已被接受的论题加以证明，通过朝着那些常识性立场的方向努力或从那些常识性立场出发做出努力，论证过程就可以展开和进行，而这种方式非常适合在特定语境下用来实现说服的目的。在英美法系抗辩制的语境中，陪审团负责裁决事实或者依据主审法官所阐明的法律对自己的事实认定作出结论时，法庭辩论的修辞性特征就更加明显。但是从实践理性的观点看，一项论证的即时且具体的说服性并不必然等同于它的可靠性。对作为证成的推理理论而言，问题不在于什么样的论证才能实际地说服法官或陪审团，而在于应当用什么去说服理性的决定者。正是在这个意义上，"普通听众"的理论具有实践意义：不管能说服所有理性听众的论证是什么，只要是以一种不偏不倚的方式来评价问题，都是一个合理有效的论证，"普通听众"才是最终的检验标准。②

"程序主义"的路径都有一个共同关注的问题：如果实践理性在人际关系语境中产生理性上可接受的结论，就必须承认并且理解加之于其上的各种限制。哈贝马斯、阿列克西等认为，这至少在原则上通过参照受实践命题影响或与实践命题有关的全体大众的利益、情感和观点，对实践命题进行检验，才有可能。在哈贝马斯的"理想言谈情境"中，为了展开人际会话，所有形式的强制或人际权力或支配都被放置一边。对这种会话的必要限制进行分析，对理性话语伙伴所能接受的各种原则进行检验，结果产生了一种程序路径，承认他们实际所有的各种期望和利益。③

因此，在法律语境中，融贯性的观念具有明显的特定意义。法律论证过程中，法律人不可能从空白开始，进而先验地得出一个合理结论。他们的解决办法必须将自己的结论建立在某个命题上，这个命题至少可以在某种程度上令人信服地表述为法律命题，而这个法律命题又必须证明在某种意义上和人们用来表述制定法的其他命题保持一致。法律规则是一种规范性规定，用

---

① ［英］尼尔·麦考密克著，程朝阳、孙光宁译：《修辞与法治：一种法律推理理论》，北京大学出版社 2014 年版，第 18~20 页。

② Ch. Perelman, L. Olbrechts-Tyteca, *The New Rhetoric: A Treatise on Argument*, Notre Dame and London: University of Notre Dame Press, 1969: 76-86.

③ 参见［英］尼尔·麦考密克著，程朝阳、孙光宁译：《修辞与法治：一种法律推理理论》，北京大学出版社 2014 年版，第 28 页。

某种公认的法律渊源表述出来或建构而成,具有将一种确定的规范性后果和确定的有效事实相联系的形式。但这种用自然语言传递法律材料的法律规则,反过来又因为语言本身的含糊性、模糊性与开放结构而变得不确定。因此,就法律的正确性解释、以证据为基础进行正确推理、对冲突性证据作出评价、对取得一致看法的事实作出正确表述等方面,或者在它们与所提供的法律材料的相关性问题上,都存在争议。这些争议是法治理想中法律秩序的组成要素,这种法治理想要求政府为其治理下的所有人提供法律上的适当保障,同时保障个人有权对政府所提供的保障提出质疑。[1]

在此背景下,法治政府迫切需要对其行为理性进行论证,确保政府行为都必须使用明确具体的语词规定作出命令、许可或授权,作出影响其他公民的决定。解释论证的范畴,首先是诉诸语言语境自身的,把语言语境看作是支持一种解释而非另一种解释的理由来源的论证类型,这是一种语言论证方法;其次是将法律体系作为权威文本的特殊语境,在这一语境中对其作出最佳理解的论证类型,这属于体系论证;最后是关注权威文本的目的或目标,看从哪一目的或目标考虑应该如何对其作出最佳理解的论证类型,这是目的评价论证。[2]

这些论证方法都是情境性特征观对意义和解释的一种发展。毋庸置疑,法律体系是法律语境的一个必不可少的组成部分,每一个具有权威性的特定法律文本都是在某一个具体的法律体系中先被颁布,然后被适用,偶尔会遭遇法官就其是否正确适用进行争议的情况。因此,理论上,法律体系具有一种特别紧密的相关性,相关性甚至超出了通过对日常语言语义学所作的简单反思而表现出来的关联性。

如果语言交流脱离整个预设的话语语境,就不可能得到完全的理解。类似的情形是,所有法律规则都处于整个法律体系的语境中,毫无疑问也都是在由法律的、政治的以及事实的具体情境所组成的整个综合语境中才能得以表达、交流和理解。因此,除非将整个法律体系语境牢记在心,否则哪怕是从一种纯粹的"语言"意义上都不可能令人满意地完成对规则的解释任务。

因此,法律解释必须重视法律语境的整体融贯性理念,把法律体系看作是一个语境系统,重视各种类型的解释方法。法律解释过程中,解释者通过对制定法律的社会文化情境进行建构和重构,将那些隐含于特定立法之中的

---

[1] 参见[英]尼尔·麦考密克著,程朝阳、孙光宁译:《修辞与法治:一种法律推理理论》,北京大学出版社2014年版,第36页。

[2] 同上,第169页。

某种价值以及那些促使立法机关制定该法律的具体政治法律目的或目标，通过隐喻以隐性方式解释出来，就能将符合案件事实的合理性原则添加到现实适用的法律之中，赋予法律制度形式上和内容上的融贯性。这是对法律制度价值取向的一种必要的补充论证方式。

第三节 诠释学视域中的法律隐喻

作为20世纪一个伟大的哲学思想流派，诠释学对概念的理解和解释有比较独特的阐述。伽达默尔认为诠释学的基本功能就是将一种意义关联从另一个世界转换到自己生活的世界。[1] 要理解某个事物，人类必须已经理解了某些事物。所有的理解都依赖以前的理解，这种循环使理解成为可能。例如，如果某人想理解某个文本，只要他能理解文本任何部分的意义，就能构建整个文本的意义。他们能理解文本的任何意义，仅仅因为自己对文本的意义有一些预测。理解是过程，新的意义不断呈现，一个人总是处于形成自己预测的视野之中。[2]

在诠释学中，理解和解释相互联系，结构上循环或螺旋上升，文本解释在这种循环过程中进行。解释过程开始时，解释者期望文本表示某物的意义，讲述可理解的事物。解释者只能在文本中理解意义，对文本意味着什么有一定的预测。一旦进入这个诠释过程，随着解释的进行，新的偏见取代了解释者的偏见。解释的这种观点强调整体和部分的关系，人们只能通过理解部分来理解整体，但是整体也决定了部分的意义。部分到整体、整体到部分的双向运动是解释的基本构造，整体和部分的和谐是解释成果的一个标准，解释者的任务是创造整体的意义。

诠释学的解释发生在传统之中。传统和历史的存在是所有解释的重要方面，于是诠释学追求对文本的语境化，甚至情景化的理解。人们理解文本时，应当考虑文本的传统，以及解释的时间和地点。因此，实际情况根本不是人们防范文本中讲话的传统，相反，是远离从事物角度可能妨碍理解的一切。苛刻的隐性偏见使我们对传统与我们对话的语言充耳不闻。[3]

---

[1] 伽达默尔著，洪汉鼎译：《真理与方法（下）》，上海译文出版社1999年版，第714页。
[2] Susanna Lindroos-Hovinheimo, *Justice and the Ethics of Legal Interpretation*, New York: Routledge, 2012: 59–60.
[3] H. G. Gadamer, *Truth and Method*, London: Sheed and Ward, 1979: 239.

解释需要传统和偏见，它们不会解除人们解释的责任。随着解释的展开，新的更合理的先见取代了偏见。此外，人们认为文本所属的传统没有决定解释，最多在某些方面推进了解释。解释文本时，人们必须对文本的意义既怀有成见又要开放，必须假设文本想告诉我们某些内容，但没有僵化地决定这些内容是什么。人们的预测不应该是静止的。坚持一个预期的意义，即使文本想告诉我们其他内容。诠释学的核心是对文本的更新需要保持敏感。解释者有基本的自我了解，使他们能理解和承认自己的预测，文本能对他们表现出真实性，这一点很重要。因此，诠释学寻找文本的真实性、文本新颖而独特的意义。

按照伽达默尔的观点，所有语言，包括文本的解释，都应被视为交谈或对话。显然，解释的重要前提是倾听他者（可能是书面文本或谈话人），考虑他者想说的内容。语言是交谈。一个人必须寻找能传递给他人的词语，找到这样的词语是可能的。①

对伽达默尔而言，语言是人与人之间分享和支持的一种活动。每一次语言产生时，无论是文本、词语或私语，交谈就会发生，因此，不应当抽象地研究和描述语言，因为这传递了语言是什么的非自然的形象。语言总是有某种语境，在存在的世界中涉及某种不断变化的普遍方式，一种共同的趋向和理解。通过这种方式，语言和理解具有了社会和伦理的特点。

开放文本是理解的前提，就像与文本交谈。所以，解释者理解文本的唯一途径是听取文本并且领会文本想表达什么。在伽达默尔看来，这种对话结构使诠释经历变得普遍。语言在任何地方一直是对话，词语是一个人说，另一个人理解的内容。这种普遍性使语言、意义和解释以对话和人际理解为基础，这奠定了诠释学深厚的基础，诠释学是所有理解的普遍基础。

但是，伽达默尔充分意识到了对话涉及的风险。说话人可能意在指某些事，但是被解释为其他事。意义从来不仅仅是一个人传递给另一个人的某些内容。话语传递给另一个人，尤其是文本接触读者时，被忽略或改变的内容绝不可能以严格的同一性确定。理解发生时，不是仅有一种同一性。相反，理解意味着一个人能进入他人的立场，说自己对此理解了什么，并且自己必须说点什么作为答复。② 理解他人说什么是对他们作出反应。但是，理解绝

---

① H. G. Gadamer, *Destruction and Deconstruction*, D. P. Michelfeder and R. E. Palmer ed., *Dialogue and Deconstruction: The Gadamer-Derrida Encounter*, Albany, NY: State University of New York Press, 1989, 102 – 113.

② H. G. Gadamer, *Letter to Dallmayr*, D. P. Michelfeder and R. E. Palmer ed., Albany: State University of NewYork Press, 1989: 93 – 101.

不是轻而易举的，人们理解的内容不完全是他人说的内容。更重要的是，人不可能充分和精确地表述自己的意思。

为此目的，文本解释是否成功就在于解释者和文本视域的融合。对话过程中，参与者的视域必须融合，才有可能理解。解释中，解释者的视域必须与文本的视域融合，解释才能成功。用这种方式思考的风险在于解释转变为整体性行为，解释者的视域、他们的偏见和传统逐渐主导了文本的视域，在解释者的统治中失去了文本的他者性。对此，伽达默尔强调意义对他者开放是理解的前提：你必须努力理解他人，这意味着你必须相信自己可能是错误的。所以，视域融合的观点不会被理解为是文本吸收解释者视域的观点，这种观点事实上意味着对文本的一种暴力。交流不会把某人的意见传递给另一个人，但会改变二者的观点。伽达默尔试图理解他者，但没有打算"捕获"他们。他强调解释者需要时时刻刻意识到自己容易出错。

对话观念也关注解释者与传统的关系。解释者一直身处传统之中，传统在解释中发挥作用。理解是对话，这种对话发生于传统中，本身成为传统的一部分，对话与传统也一起发生。人们也与传统对话，传统绝不是一成不变的实际存在之物、预设的内容或者限制解释的约束物，而应视为一个可变通的背景，解释在这个背景中而且通过这个背景进行。传统既不是规定之物，也不是可清楚区分之物。①

语言是这样的：一个词语无论具有什么样的特定意义，多个词语并没有单一的不变的意义；相反，它们的意义变化很大，确切地说，这种变化形成了说话的独特风险。对话总是伴有误解的风险，每一次解释时，这种风险就隐隐出现，无法避免。这种风险源自语言，因为意义总是以微弱的形式公开，不稳定只有在说的过程中出现，人们继续说、建构言语语境的结构时，在说出意义的那一刻，才能固定意义，只有通过这种方式，人们才能相互同意所指的意义。文本没有最终的意义，也没有普通意义。伽达默尔以优美的方式描述它：我们在对话，这是一个永不结束的对话。任何语词都不是最终的，正如没有第一个语词一样。每一个词语自身总是一个回答，总是引起一个新问题。我们看到诠释学能给他者和差异留下空间。② 对伽达默尔来说，理解的本质是在寻求或者发现所有词语之外，对意图表达的内容作出回应。

---

① H. G. Gadamer, *Letter to Dallmayr*, D. P. Michelfeder and R. E. Palmer ed., Albany: State University of NewYork Press, 1989: 111.

② H. G. Gadamer, *Language and Understanding*, 23 (1) *Theory, Culture & Society* (2006), 13 - 27.

用伽达默尔的这些诠释学观点来解释法律隐喻,就能更清晰地理解法律隐喻的哲学意义和作用。法律隐喻和普通隐喻一样,都是一个认知主体理解另一个认知主体经验的交际过程,是法官作为施喻者的经验和当事人、普通观众甚至特殊观众作为受喻者经验的语用协商过程,这个过程包括他们双方认知的跨域映射,以及社会交际层面的主体间协商。他们的主体经验来自对世界的体验和认知,包括客观世界、心理世界和社会世界,可以由判决书之类的法律文本体现和建构,施喻者—文本—受喻者之间构成了主体间的三角关系,即隐喻的主体间性。

隐喻构建和解读的总体构架以主体性为基础,隐喻场成为施喻者和受喻者主体性相汇的世界。以上文中"言论是火"的历史叙事为例,从施喻者到文本的过程是法官作为施喻者,依据自己对20世纪初美国面临的各种戏剧性事件的认识、感受,结合自己的司法经验,通过司法语言构建隐喻的过程。法官在表达自己对特定时期言论自由与社会问题的认知时,发挥自己裁判者的主体作用,利用了美国20世纪初的社会认知经验和政治意识形态,使火和言论的象征性紧密结合,判决过程处处渗透着法官作为主体的经验,体现着美国社会既要关注言论自由又要防范共产主义思想的社会政治文化,与自己所要呈现的客观对象形成主体与客体的关系。

另外,判决作出后,隐喻作为法官对案件客观事实的表意,在文本到受喻者的理解过程中,无疑对作为受喻者的案件当事人以及其他观众产生影响,法官及其判决中使用的隐喻成为受喻者要认识的客体,受喻者对隐喻及判决的认知与理解具有了判断主体的效应作用,不可避免地受到受喻者自身各种主观因素的制约,甚至在合议庭审理的案件中,如吉特罗案及后来许多案件一样,法官意见不一致,施喻者之间因个体经验差异也会影响对判决中隐喻的理解。因此,很多情况下,施喻者构造的隐喻与受喻者理解的隐喻之间存在异质性,不可能达到完全的同质性。这种异隐喻性是一种客观存在,一种不可否认的心理现实。换言之,施喻者构造的隐喻与受喻者理解的隐喻并不会完全一致,始终存在难以消解的认知差异,会形成不同的解读。

异隐喻性可以通过主体的视域融合来消除或降低。隐喻解读过程中,主体的认知视域不同,主体间的认知框架就会转移与失衡,最终造成主体的认知张力、情感失调、理解失败。为避免出现此类情形,施喻者必须对自己构造隐喻的意识进行反复揣摩、理解和融合,通过范畴化或特征描写把基本的概念隐喻整合成事件结构隐喻,完成对隐喻事件的叙事建构。抵制者是"嗜血老虎",抵制是"谋杀"都是为了解读抵制行为的危害性而选择的不同视角。隐喻解读的"平衡趋势"驱使受喻者在大脑长期记忆中搜寻隐喻认知的各种经验,用普通案例或基础实例、储备的故事,或者对概念标准进行比较形成的理想化认知模式的原型效应,以最小的认知努力来解读隐喻。在这个过程中,法官和当事人及其他观众都根据自己已有的认知图式,以与案件有关的社会文化语境为背景,对司法语篇进行加工、推理,构建认知世界,完成交际,当事人和其他普通观众作为受喻者,对作为施喻者的法官的社会情感、司法态度和信念进行认知操作,最终进行自我协商、自我核定、自我认同、自我满足和自我允准[1],通过理解司法文本完成对案件判决结果的社会许可、社会尊严和鉴赏的协商,最后实现对隐喻的理想解读。

英美法中抵制行为的不同解读充分证明伽达默尔的观点:"视域"绝不是一成不变的,而是时刻在变动,只要人们不断地检验所有前见,那么视域就在不断形成的过程中被把握,理解总能在不断进行的视域融合中被完成。这说明,法官绝不可能在毫无预设的情况下理解案件事实、解释法律,理解或解释过程中法官的主观性无处不在。所以,法官对案件事实的所有理解与诠释均不可避免地带有自己的主观色彩。

隐喻的解读过程中,施喻者与受喻者之间的互动关系通常被称为隐喻解读的主体间性。正因为这样一种主体间性关系,才为两个主体之间顺利交流和沟通提供了一个基本保证,也为隐喻与隐喻之间在语言、思想和概念等方面的交流和沟通提供了一个基本保障,最后达到隐喻间性的实现。

认知理论的发展为解释异隐喻性的成因提供可能。莱可夫认为,任何隐喻的理解都离不开主体的经验。但是,人与人之间积累的经验不可能完全一样。因此,受喻者解读隐喻时,总会利用自己掌握的那些与特定隐喻有联系的世界知识、对社会规约的理解以及个人的生活经验和记忆,发挥想象,根据自洽原则对隐喻进行连接、冲洗和合流,最终得到某种认知意义上的自我核定、自我满足和自我允准。[2]

隐喻的解读涉及受喻者与施喻者两个认知主体的互动关系,以语言的存在方式进入交流,建构起受喻者与施喻者之间的共主体性和互主体性,彰显出一种"主体—主体"结构,事关认知主体之间的相互作用、相互对话、相互沟通和相互理解。所以,隐喻解读过程中的主体间性就是指受喻者能正确认知施喻者想要表达的意义的特性。

---

[1] 王文斌:《隐喻的认知构建与解读》,上海外语教育出版社2007年版,第223页。
[2] 同上,第197~209页。

伽达默尔用"教化""共通感""判断力""趣味"来解释受喻者与施喻者之间的主体间性关系的认知方式。[①] 他认为"教化"就是指个人的修养，也就是个人的天赋或一般能力的培养。他强调教化是个体的普遍特征，个体为他者和其他更普遍的观点敞开自身。一个人积累世界知识、经验和记忆的过程就是教化的过程，而教化的结果也是一个人的世界知识、经验和记忆所积累的果实。受喻者的教化保证他能感悟施喻者的意图，分享施喻者的经验。

"共通感"既是指那种存在于一切人之中的普遍能力，也指产生那种共同性的感觉。教化培养不断形成共通感，使主体间的交流沟通和对话成为可能，并使主体间性的产生成为可能。因此，在某种意义上，共通感就是一种主体间性，就是主体"视域融合"的结果。"视域融合"意味着主体通过理解或诠释活动，使自身的视域与对象的视域交叉相融，成为一体，借此扩大自己的视域。就隐喻而言，隐喻在很大程度上是施喻者经验的隐喻化，或者说是经验化的隐喻，施喻者使用隐喻本身意味着体验和投射某种经验。如果受喻者想正确地解读体现于隐喻中的经验，也就意味着他要获得一种新的经验，就是施喻者体验过的那种经验。

"判断"是主体断定思维对象的一种形式，通常表现为对某种事物是否存在或具有某种属性表示肯定或否定的思维过程，而主体作出这种判断的能力就是判断力。伽达默尔指出，具有健全理性的主体彼此具有共同的感觉，就能对是否合理或适当进行判断。隐喻解读过程中，受喻者首先需要对源领域与目标领域之间是否真正具有相似的特征或特性、源域是否能真正映射到目标域作出判断，这种能力在隐喻解读过程中具有非常重要的作用，因为受喻者只有以正确的判断为基础，才能作出进一步的推理，从一个或几个已知的前见推出新判断。因此，判断是人类认知得以实现的基础，没有判断，任何认知是否合理就难以断定，也就难以断定施喻者构建隐喻的适当性及用意，同时也难以断定源领域与目标领域之间是否真正能彼此映射。

"趣味"体现于主体的认知方式之中，意味着认知主体应当协调彼此之间的判断，但这种判断不依赖于普遍的经验或要求所有人的判断完全一致，而且也不要求每个人都同意自己的判断，目的就是人在社会交往中形成交互理解，实现主体间性。这种主体间性是一种充满社会性的客观性，一种意义

[①] 加达默尔著，洪汉鼎译：《真理与方法》，上海译文出版社 2004 年版，第 10~44 页。福柯和特纳（2002：41；47-48；310）所讨论的选择性投射及部分的跨心理空间映射，显然也想表明，隐喻及其意义的解读具有主观性，这是因为"选择"和"部分的跨心理空间映射"是认知主体的一种心理操作，是完全建立在认知主体教化、共同感、判断力和趣味之上，不可避免带有主观性。

判断的趋同,一种不同主体趣味之间的沟通和对话。在隐喻的解读过程中,施喻者和受喻者都离不开趣味,通过趣味,主体才能以反思判断力的方式,实现与每个人的判断相协调,借此准确知道一个理想共同体的用意,使主体间的交流成为可能。

由于主体间性的存在,或者说由于主体往往具有"教化、共通感、判断力和趣味"这四个内在因子,受喻者心目中的隐喻与施喻者心目中的隐喻经常能达到基本的统一,基本实现隐喻间性。换言之,隐喻间性就是受喻者心目中的隐喻与施喻者心目中的隐喻基本统一,在意义上能达到和谐和沟通。

隐喻理解过程中,不应当把主体的偏见简单地理解为以某种方式决定解释结果的诸多条件。更确切地说,伽达默尔认为当人们遇到新证据或信息时,解释总是需要修正。① 主体阅读和解释文本时,确实期望文本的意义,但是这些期望分散在而且应当分散在解释文本的过程中。最终,理解需要对新事物和其他事物开放,并准备用新的先见代替旧的先见。② 这种解释过程每次都创造独一无二的结果,每一次解释者解释文本时,都学到某些内容,就像谈话的参与者事先绝不可能知道谈话把他们带往何处,或者控制谈话,或者引导谈话向预示的意义发展一样。

但是,诠释的方法不保证正确的解释。诠释论证既不是主观的,也不是客观的,诠释学是消解客观性和主观性的传统理念的思维方法。解释者总是必然处在一定的传统、时间和社会生活之中。按照伽达默尔的观点,虽然任何文本或作品并没有明确的定义,但是解释者的预设条件不可能产生任意的意义,在这个意义上,解释者的预设条件建构解释。此外,不存在固定的或根本性的意义,因为对处于某些地方和某些时间的某些人而言,这种事物有可能指代任何事物。③ 隐喻解释也是如此,语境不同,施喻者和受喻者的视域不同,理解也就不同,但施喻者总是力图表达特定的意义,期待受喻者能正确理解自己的意图。

就法律解释而言,许多差异使法律解释与其他形式的解释相去甚远。法律文本有一定的独立性。法律文本的一个显著特点是它们的互文性,通常或明或暗地指涉其他文本,很难视为独立或自足的文本。相反,它们就像一个一个的

---

① J. Grondin, *Gradamer's Basic Understanding of Understanding*, R. J. Dostal ed., *The Cambridge Companion to Gradamer*, New York: Cambridge University Press, 2006: 36 – 51.

② H. G. Gadamer, *Truth and Method*, London: Sheed and Ward, 1979: 323 – 325.

③ J. Llewelyn, *Beyond Metaphysics? The Hermeneutic Circle in Contemporary Continental Philosophy*, Atlantic Highlands, NJ: Humanities Press International, 1985: 103 – 105.

字谜卡。但在某种程度上所有文本都是这样。此外，由于互文性的特性以及文本写作和阅读的目的和各种具体情况，法律文本并非独自对人们讲述。除指涉其他文本之外，它们也指代自己和其他文本以前的解释。法律人无需了解文本的全部历史使自己能够对它进行法律意义上的解释，但他必须了解许多。法律文本必须对文本自身的意义开放，不仅仅对作者或许说过什么开放。

诠释学的一个重要特点是解释、理解和使用混为一体，而且它们差不多指同一件事。解释有一个固有的目标，需要对目前情况找到解决办法。诠释学对各种解释情形的特征很敏感。伽达默尔讨论法律诠释学时说过，理解秩序就是把它应用于相关的具体情况，理解的标准显然不是秩序的实际用词，也不在提供秩序的人的脑海中，只存在于遵守秩序的人对情况的理解和他的责任感中。[①] 法律的解释和适用紧密联系，因为人们总是从某个具体或假设案件的观点出发来解释法律的规范内容。法律解释最重要的特点是实施对解释正义提出的挑战，这是衡量法律解释的最终标准。正义的必要性内生于所有法律机构的工作中，而且法律解释以这种方式固有地要求正义。对正义的要求影响了法律文本的解释，因此形成了法律的意义，即人们根据法律或法律的禁止说什么。

艾克认为不可能在文本的表面找到对区别解释好坏至关重要的文本意图，理解它需要有意识的专心工作。发现文本的意图是承认某些符号策略，有时能从文本的某些文体特点中推断出来。[②]

所有文本，包括法律文本，事关某种开放性和文本被确定为某种文本之后解释者开始辛苦工作的某种方式。特定类型的文本总有解释的空间。审查文本意图是什么需要把文本作为连贯的整体来研究。文本不同部分的解释必须互相适应。但是，这仍然有许多开放的空间。一个正常发挥作用的解释取决于文本的特点，这是整体连贯性成立的依据，但是这同时意味着某些其他特点被认为是次要的，或无关的。[③] 解释者对文本的意义有很大的影响。

艾克区分了文本的解释和使用。一方面，解释意味着尊重文本的文化和语言背景。[④] 使用文本是因为个人、政治或意识形态愿意利用文本。另一方面，解释尊重文本本身。解释可以有好坏之分，但最终决定解释好坏的是社

---

① H. G. Gadamer, *Truth and Method*, London: Sheed and Ward, 1979: 298.
② U. Eco, *Interpretation and Overinterpretation*, Cambridge: Cambridge University Press, 1992: 64 – 65.
③ 同上，第144~146页。
④ 同上，第69页。

会的观点和其他解释。文本使用是一种革命性的方式，通过使用文本，人们能突破以前认可的解释，得出对文本的新理解。①

艾克认为好的解释是指社会舆论接受的解释。他的这种观点是依据皮尔森的习惯理念，社会习俗是类似于解释成功的最终标准的东西。因此，解释具有主体间性，这使解释增加了客观性。② 在此，艾克看到了自己观点和伽达默尔传统思想的相似点。他为新的突破性解释留有余地，好的解释能够建立在社会解释的前解释的基础之上，与此同时形成新的解释方法。解释可以是新的、不同的，但是只有时间将决定它的好坏。即使人们无法证明任何解释绝对正确，但仍然能达成一致，因为语境原因某些解释不被允许。错误的解释与历史和未来的做法割裂，被瑕疵破坏。③

法律行为人经常使法律文本的意义符合自己的利益，但是也需要公正的解释，决不能假定法律场的解释只有使用或误用。所有解释必须中立，这种因素不是完全由解释者的利己主义选择决定的，否则很难理解交流作为共享意义如何成为可能。在法律场中，也有共同的基础、共同的法律语言和传统，在这种传统中法律解释为取得成功不断发展。受人欢迎的解释思想，如果尊重文本自身，就区别于单纯的使用，是存在各种冲突性解释时解决如何确定好的解释的方法。

艾克的理论对于解释和使用隐喻很有帮助。法律文本意图应当支配文本不同读者的意图，受过训练的法律解释者、法官的任务是听取文本本身的命令。但是，与此同时，法律构成奇特的符号系统，那些突破性的解释经常非常有成效。除了由于法律适用而被很多法律人接受，甚至是必需的解释行为之外，这些解释经常代表已接受的和某些没接受的解释之间的分界线，它们促进了法律的发展。这使法律成为一个灵活的体系，紧跟社会发展的各种潮流，同时也使法律不断拓展，涵盖了所有情形，也就是人类的各种生活。因此，法律应当能够在解释实践中发展，应有过度解释和解释不足的余地使隐喻促进法律变化和发展，也应该对这类解释施加某些限制。所以，法律解释必须既自由又受限制。④ 这就成为法律存在缝隙、模糊或漏洞之时，法官使

---

① U. Eco, *The Limits of Interpretation*, Bloomington, IN: Indiana University Press, 1990: 62.
② S. Petrilli and Ponzio A., *Semiotics Unbounded: Interpretive Routes through the Open Network of Signs*, Toronto: University of Toronto Press, 2005: 336.
③ Susanna Lindroos-Hovinheimo, *Justice and the Ethics of Legal Interpretation*, New York: Routledge, 2012: 70.
④ 同上，第71页。

用隐喻，从社会文化情境的角度，以类比的方式解释特定案件中的事实或现象，最终解决社会冲突的哲学理据。

第四节　法律隐喻的新修辞学意义

佩雷尔曼一直反对笛卡尔哲学观点据以建立的前提，反对当代哲学的二元论：主体和客体、现实和价值观、理性和激情。他认为逻辑有两个目的，它不仅是推理方法，还是一种辩证逻辑，而不仅仅是形式逻辑。这是一种古典修辞学意义上的修辞逻辑，话语理由充分的逻辑、论证的推理、选择正当性的逻辑，而且它最重要的表现就是在法律中。事实上，西方法律曾经被作为修辞学的一个分支来研究，这绝非偶然。他对此有一个非常恰当的评价：修辞对法律推理的意义，正如形式逻辑对数学的意义。[1]

佩雷尔曼认为，哲学家，如康德和边沁，已经制定了广泛的普遍行为准则，应要求他们考察各种冲突情形中解释和使用这些普遍原则引起的各种争议的深远影响。法律能使哲学家认识到关于价值观的推理方法，例如，如何平衡价值观和如何实现价值观的演绎推理。然后，哲学家会更好地理解"多重理性至少和单一理性一样重要""多重理性具有历史特性"。佩雷尔曼关注法律推理，担心现代哲学鼓励相对主义和怀疑主义，将最终摧毁理性。如果手段用于结果是理性调查的唯一目的，并且结果是非理性选择的后果，而推理不允许我们选定这些非理性的选择，那么我们高度发达的技术文明将效命于没有理性、无法控制的各种激情、欲望和抱负。[2]

他进一步阐释，正义的基本规则是，本质上相似的各种情形应当以统一的方式传递。用英国普通法的语言表述，相似案件应以相似的方式判决。他指出，法律论证的理性目的在于确定相似之处，而判断标准是观众的标准。但是，每个讲话人都被假定为"普遍观众"。这似乎意味着他求助于实际观众所持的标准（例如，特定法庭所解释的某一特定法律规则），但设法把这些标准等同于在实际受众看来所有处境相似的类似人都将分享且共有的标准。换言之，佩雷尔曼的"普遍观众"不是在任何时间和地点都相同的观众，而是以修辞方式构思的普遍性原则。这个术语在17世纪的英语意思就是"常

---

[1] Jaakko Hintikka, et al. ed., *Justice, Law, and Argument: Essays on Moral and Legal Reasoning*, Dordrecht Holland: D. Reidel Publishing Company, 1980: ix.

[2] 同上，第 x 页。

识"。在这一点上,"普遍观众"就是新修辞学的概念隐喻,而它的意义与隐喻经常诉诸常识感染人、吸引人,最终说服人们接受某种观点具有相似之处。

佩雷尔曼的新修辞学论辩思想提供了解释隐喻推理合理性的原因。新修辞学理论认为,理性意义上的客观性和合理性意义上的客观性是事物客观性的两种不同形态,都具有理性的特性,本可以相互转换,但由于笛卡尔形式逻辑的影响,后来的人们长期以来把理性推理与逻辑规则联系起来,把客观性的概念限定于合逻辑性意义上的客观性,而忽略了合理性意义上的客观性,最终把合理性意义上的客观性排除在客观性之外。从现代的观点看,理性意义的客观性类似于自然科学领域中的客观性,而合理性意义上的客观性就是人文科学和社会科学领域中的客观性,类似于主体间的"共识性客观性"。①

佩雷尔曼认为,区别合理性与理性的关键在于把个人的思辨过程看作为一个具有论辩形式的过程,理性化过程就是个体对其行为动机进行阐释的过程,而合理化过程中,行为人不仅要阐明行为的动机,更要说服所有听众。实际上,自然科学建立在自明之理基础之上的理性客观性,可以通过逻辑规则进行推演获得,但人文社科领域合理性意义上的客观性则只能通过论辩、说服甚至妥协等方式来达成。

佩雷尔曼的新修辞学法律论辩思想是其新修辞学论辩思想的一个具体应用。他认为法律与新修辞学之间的关系非常紧密,新修辞学的这些方法已被法律人在长期的法律实践中运用。法律推理是研究论辩最理想的场所。新修辞学对于法律推理的意义正如数学对于形式逻辑和证明的意义一样。② 他认为法律推理的正当化过程从整体上看是一个如何说服人的过程,法律推理是实践推理的一个非常精致的个案,它不是形式上的证明,而是一种论辩,该论辩旨在通过表明这种选择、决定或取向较之同时存在的其他各种选择、决定与取向更可取来说服对方,令对方信服。③ 在他看来,人们之所以长期接受形式正义是出于一种习惯性的心理倾向,一种追求普遍性或近乎普遍性规律的心理特征。但是,法律追求根据不同社会条件而形成的实质正义,需要

---

① 王国龙:《佩雷尔曼新修辞学与法律论辩思想》,载于《法律方法与法律思维》(第5辑),第146页。
② Chaim Perelman, L. Olbrechts Tyteca, *The New Rhetoric: A treatise on Argumentation*, Notre Dame and London: University of Notre Dame Press, 1969: xi.
③ [比利时]佩雷尔曼著,朱庆育译:"法律推理",载于陈金钊、谢晖主编:《法律方法》(第2卷),山东人民出版社2003年版,第139页。

通过论辩来实现，需要考虑不同听众的具体感受，这种方式不可能用形式逻辑推导，只能用修辞论证和说服。

因此，疑难案件中，形式逻辑的简单化方法无法解决争议问题，那种将所有司法裁判过程解释为将一个案件事实涵摄于某一个法律规则之下的形式逻辑证明过程的观点已经过时了，而现代法律理论的通说是，司法裁判的过程不仅仅包括从法律到事实的机械适用过程，在具体的案件裁判过程中，如果制定法的含义不清楚，法官必须对其加以解释。但这种解释需要根据价值判断进行，并论证解释的正当性。[1] 法官的推理不能仅仅满足于适用法律解决纠纷，更重要的任务是对自己的判决结果进行论证，通过论辩来证明判决合乎法律，具有正当性和公正性，而不是基于某种主观的独断性选择。这样解决法律问题的特殊性表现在需要通过列举理由来论证判决的正当性，而不是由演绎推理法则推导出结论。[2]

他认为规则的解释和适用问题在道德和法律上都会出现，但在法律判决过程中可以更清楚地看到有关的推理过程。这是因为在法律制度中，讨论、辩论的性质、所采取的立场都受程序规则的控制，这迫使当事各方相互作出反应，必须对相反的论点和结论进行反驳，不能简单不理不睬。

在这方面，司法技术可以通过立法和司法制度来尝试为制定规范和解决冲突提供一致的程序。然而，如果这些制度要在没有太多困难的情况下发挥作用，通过权力在有争议的事项上达成协议，就必须承认决策者的合法性。但是，一个社会或文明中普遍接受的规则是，存在并不取决于一个绝对权威的决定，尽管这些权威仍然在解释和确定其适用性方面发挥不可否认的作用。这些基本规则不应等同于不言而喻、毫不含糊的数学前提，而是等同于"老生常谈"，即含糊但普遍接受的原则，需要澄清其适用方式，这在某些情况下可能与其他原则相抵触。权威的作用是决定每一项原则的范围及其层级，从而解决在具体案件中适用原则而产生的冲突。

隐喻可以证明在这种情况下决策者作出的决定具有正当性，可以提供决策者使用的准逻辑推理。它可以被描述为辩证推理，因为必须诉诸所有种类的论证，它们不可能归纳为演绎方法或简单的归纳，经常用相同情况相同处理的争议规则结合为类比推理和语用论证。

---

[1] Eveline T. Feteris, *Fundamentals of Legal Argumentation*, London: Kluwer Academic Publishers, 1999: 137-138.

[2] ［比利时］海姆·佩雷尔曼著，杨贝译："旧修辞学与新修辞学"，载于郑永流主编：《法哲学与法社会学论丛》（第八期），北京大学出版社 2005 年版。

任何说服都必须与观众有关。说服目标的身份和特点可以影响和改变说服的过程和内容。在法律领域,这个问题因为潜在的听众成员的范围和多样化而变得复杂。前提是,法律说服的所有目标都具有决策的属性,对这些属性的深刻理解可以从修辞学和说服的科学理论中获得。在许多方面,法律是一种独特的文化,本身就有关什么是相关的和有说服力的规则和惯例。这种独特的文化,经过法律培训和法律实践的灌输和加强,在任何关于法律说服的讨论中都必须予以考虑。

第九章

法律隐喻的本土化研究及借鉴意义

李泽厚先生认为,中国人的思维特征是诗性的,不重视逻辑推论,不关注演绎归纳,重视直观联想、类比关系。这种类比没有固定秩序,既有情感因素,也有经验认识,呈模糊多义特点,具有迥异于西方理性思维的特征,就像是一种美学方式。① 事实上,中国人的思维就像所使用的象形文字一样,充满着讽喻、比拟和暗喻。②

但从修辞学的历史考察,中国古代并没有西方现代意义上的隐喻这种辞格。陈骙在《文则》中虽首先提出"隐喻"的概念,但他所指的"隐喻"实际类似于现代汉语修辞学中的"借喻"。陈望道在《修辞学发凡》中把用另外的事物比拟思想的对象称为譬喻,譬喻包括"隐喻"和"明喻",譬喻由三部分组成,即"正文"(目标域)、"譬喻"(始源域)和"譬喻语词"(比喻词)。倪宝元认为暗喻又名隐喻,是始源域和目标域都出现,两者之间有"是"(或成了、变成)起关联作用并表明两者之间关系的比喻。还有学者认为,国内从认知语言学角度研究隐喻的历史是非常短暂的,并且始终未曾达到系统化和理论化的高度。③ 就法律领域的隐喻研究而言,现状更不容乐观。

第一节　中国古代法律中的隐喻研究

中国法律文化中,"法"的概念本身就是一个隐喻,它的起源是一个

---

① 李泽厚:《论语今读》,安徽文艺出版社1998年版,第204页。
② [法]孔狄亚克著,洪洁求、洪丕柱译:《人类知识起源论》,商务印书馆1989年版,第221页。
③ 王文斌:《隐喻的认知构建与解读》,外语教育出版社2010年版,第45页。

充满联想和类比的隐喻意向。廌，一个形如牛、羊、鹿、麟一样的独角兽，被称为"夷兽""仁兽""圣兽"，自黄帝时起就是东夷部族中象征主管军事和司法事务的神奇而古老的图腾，从产生之时起，便作为正义与威严的象征。① 从构词的角度看，"灋，刑也，平之如水，从水；廌，所以觸不直者去之，从去。"② 更是将象形文字的音、形、义完美结合，直观地表达了法的功能是别曲直、正刑罚、赏善罚恶。法的这种隐喻意象在中国法律实践活动中发挥着无与伦比的作用，被视为共同的法律文化财产而继承延续下来。

从法源上考察，中国古代的制定法产生于一个概念隐喻的出现。中国古代法律中的"名分"始于战国时期"法术之士"提倡的"定名分"。③《商君书·定分》中讲到："一兔走，百人逐之，非以兔为可分以为百，由名之未定也。夫卖兔者满市，而盗不敢取，由名分已定也……故夫名分定，势治之道也；名分不定，势乱之道也"。因"百人逐兔"而定名分成了制定并推行国家法令制度的正当理由，这个隐喻也成为中国法制史上早期人们理解法律功能的便捷途径。"名分"就是一个魔法棒，是个体人格的象征、统治者合法性的根基、国家社会稳定和繁荣昌盛的前提，也是封建伦理体制和律令规范的价值标准。④

从词源角度分析，"名"和"分"两个字更能清楚展示名分从具体到抽象的隐喻类比过程。从《说文解字》的解释看，"名"最早是指人或事物的名字或名称，后来代表了人的社会地位和身份，如官僚体制中的君、臣、公、侯、卿、大夫，家庭关系中的父、子、兄、弟、夫、妇。"分"的本义为分割、划分、分配等，是指份额。"分"（读一声：动词）在最早是古人对资源的一种分配原则和制度，后世演变成土地、物品以及标志社会身份和权力的礼器，而"分"（读四声：名词）指某种身份或个体所拥有的权利和义务，如君臣上下之分、男女之分、职业之分等。因此，"分"（读一声：动词）的结果即"分"（读四声：名词）。"分"既是人们生活中相争的直接对象，也是引发矛盾的原因，更是采取实物分配、最终解决纠纷的手段。这种以具体指代抽象的思维方法就是隐喻最基本的功能。

---

① 武树臣：《寻找最初的独角兽：对"廌"的法文化考察》，载于《河北法学》2010 年第 5 期，第 9~10 页。
② 许慎：《说文解字》，中华书局 1963 年版。
③ 参见丁小丽：《孔孟荀"名分"思想研究》，北京师范大学 2002 年博士学位论文，第 10 页。
④ 周雪峰：《揭开"名分"的面纱：中国传统法文化的法哲学反思》，载于《法学评论》2011 年第 3 期，第 115 页。

名分观念影响了中国的传统哲学思想，儒、名、法三家都有名分论，其实质在于，它既涵盖抽象（名），又能与实融通（分）。它是传统法从虞夏到周秦，下至隋唐宋元明清历代不衰的学说支撑。① "百人逐兔"的名分隐喻影响了中国古代的法制思想。邓析为"竹刑"，其代表性学说即名学之上的事实认定说："循名责实，察法立威……治世位不可越，职不可乱，百官有司，各务其形。上循名以督实，下奉教而不违"。② 以名为抽象思维、演绎的基础，认定法律事实，而后案法成立罪名，这恐怕是法律史上最简洁的罪名成立说。此后，各朝各代的规范无论有何差异，都无法改变名例体系。以唐律为例，如果《唐律疏议》是中国法制史上的宏伟建筑，那么名分就是建造它的砖瓦，名分既是建筑材料，又是建筑物的覆盖物，"名"成为贯穿唐律的一根红线，大至政治秩序、君主安危、朝廷组织，小到牲畜饲养、收养合户等，但凡涉讼，无不一决于法官。法官以名教定分，借名分断案，而名分又保障法官水准。总之，《唐律疏议》理论构造的抽象力与功能链条的元素是名分，名分体系统一、完整。③ 因此，"可以这样讲，离开了名分说，整个中华礼法体系失去根基，狱讼、职置等行政体系必然崩溃"。④

从法的观念角度分析，传统中国的法观念是一个大法观念，包括天理、国法和人情。天理象征法则，国法就是法律，人情就是传统习俗。这样的大法观念符合中国传统的实际法观念。中国传统的历代法典，尤其是唐代以后各朝法典中的《名例》篇，以及历代正史中的《刑法志》，从第一篇《汉书·刑法志》到最后一篇《清史稿·刑法志》，事实上都是对天理、国法与人情一体化的来历与正当性的论证和重述。⑤ 因此，中国传统民众的法律意识中，法律是一个隐喻，一个容天理、国法、人情为一体的概念隐喻。这个隐喻深刻影响了中国社会的法律制度和民众的法律意识，塑造了中国传统的法律性格，至今仍在影响中国的法治建设进程。下面将从几个具体的方面详细分析中国传统法律中的隐喻现象。

---

① 周兴生：《传统法是名分法：以服制、哲学内核、体系构造及疑案判决为考察》，载于《求实学刊》2013年第40卷第6期，第108页。
② 邓析：《邓析子》，中华书局1936年版，第3页。转引自周兴生：《传统法是名分法：以服制、哲学内核、体系构建及疑案判决为考察》，载于《求实学刊》2013年第40卷第6期，第108页。
③ 周兴生：《传统法是名分法：以服制、哲学内核、体系构造及疑案判决为考察》，载于《求实学刊》2013年第40卷第6期，第109页。
④ 同上，第110页。
⑤ 参见张中秋：《概括的传统中国的法理观：以中国法律传统对建构中国法理学的意义为视点》，载于《法学家》2010年第2期，第56~67页。

一、比附类推：中华法系的隐喻推理模式

从法律解释和法律适用的视角考察，中国古代虽无修辞意义上的隐喻辞格，但却具有与隐喻一样在实质意义上进行类比推理的比附类推。比附定罪的方法最早可以追溯到周代的以判例比附加减定罪，秦朝时比附定罪量刑方法正式产生，隋朝正式入律，到清末沈家本等人参酌西方法律、力主罪刑法定原则而废除，其间有一千三百多年的历史。唐宋时期设置的"断罪无正条"是一种法律解释技术，在律条正文范围之内加减比附定罪量刑。① 明清时期，比附制度内容大体相似，但它的法律解释效用已经超出唐宋两朝在正律之内比附的范围，进而可以引用他律比附定罪，其任意比附弊端日益滋盛。②

按照《说文解字》来训其原意，"比附援引"指如果刑律没有明文规定某一行为为犯罪，而实践中需要对这种行为施以相应的刑罚，那么将这一行为与已规定为犯罪的行为相"比"，如果类似，则按照后一行为对应的律文规定的轻重幅度加减定罪量刑。③ 从这一词源本意看，比附作为中国古代独特的法律推理方法，以相似性问题为思考重心，与近代刑法所反对的类推有着某种家族类似性。④ 根据明代律学者张楷对《大明律》第46条的详细解释⑤，明律的比附适用于两种情况——法律的"该载不尽"与"无正条"。"该载不尽"是指如果法律明确规定某一行为有罪，那么与它相似但性质更严重的另一个行为就更应该属于犯罪。例如，《大明律》的"门禁锁钥"条

---

① 例如，《唐律疏议》第50条：诸断罪而无正条，其应出罪者，则举重以明轻；疏议曰：断罪无正条者，一部律内犯无罪名，"其应出罪者"依贼盗律："夜无故入人家，主人登时杀者勿论，假有折伤灼然不坐。"又条："盗缌麻以上财物，节级减凡盗之罪"。若犯诈欺及坐赃之类，在律虽无减文，盗罪尚得减科，余犯明从减法。此并"举重明轻"之类。其应入罪者，则举轻以明重。疏议曰：案贼盗律，"谋杀周亲尊长，皆斩"。无已杀、已伤之文。如有杀、伤者，举始谋是轻，尚得死罪；杀及谋而已伤是重，明从皆斩之坐。又例云："殴告大功尊长、小功尊属，不得以荫论"。若有殴告周亲尊长，举大功是轻，周亲是重，亦不得用荫。是"举轻明重"之类。这都是前文中讨论的从具体到具体的隐喻映射方式。

② 白雪峰、陈加奎：《比附援引法律制度的历史考察：对于重构我国现代类推制度的启示》，载于《河北法学》2016年第2期，第189~200页。

③ 同上。

④ 陈新宇：《比附与类推之辨：从"比引律条"出发》，载于《政法论坛》2011年第2期，第113~121页。

⑤ 张楷：《律条疏议》卷一，载于《中国律学文献》第1辑第2册，黑龙江人民出版社2004年版，第245、246页。

对误不下京城门锁钥有明确规定，与误不下锁相比，遗失城门锁钥的行为危害性显然更重，将二者类比衡量之后，决定对遗失锁钥行为入罪；锁钥与印信、铜牌都是关防之物，而"弃毁制书印信"条对遗失印信、铜牌的行为设有专款，遗失印信、铜牌与遗失锁钥相同，最终比照"弃毁制书印信"条对遗失锁钥行为判罪。从关防之物重要性的程度上分析，将城门锁钥等同于印信、铜牌，与日本判例认为火车与汽车都是"行驶于轨道上，属于迅速、安全，并能运输多量客货的陆上交通工具"[①] 类似，属于法官用隐喻方式，创造不同事物之间的相似性，并以此解决纠纷的案例。这是中国古代制定法中隐喻推理的典型范例。

最具隐喻类比特征的古代制定法应是《大清律例》卷四十七的"比引律条"，这一条以规范、严谨、全面的列举式规定，反映了清代司法面对某一类立法没有明确规定的案件时，如何通过比附来确定合适名分的过程，与英美法中隐喻的适用完全一致。这一条根据行为相似程度的高低可以分为名分的比附、类推式的比附与特别的比附三种类型。[②] 类推式的比附中[③]，米麦与盐都属于日常生活必需的食物，信牌与官方文书均为记录官府事务的信物凭证，京城门锁钥与印信也都属于官府关防之物，这三种比附类似于前文中讨论的以具体映射具体的隐喻认知方式；"以不实之词毁人"的诽谤与"以恶言加人"的骂做类比，是以抽象映射抽象；祖宗神主与父母尸身类比，属于具体映射抽象的方式。这两种类比都是为了说明侵犯他人名誉的不同行为。十则特别的比附[④]，虽然没有构成要件的具体相似性，但

---

① 转引自陈新宇：《比附与类推之辨：从"比引律条"出发》，载于《政法论坛》2011年第2期，第113~121页。

② 陈新宇：《比附与类推之辨：从"比引律条"出发》，载于《政法论坛》2011年第2期，第113~121页。

③ 这五则是（第三条）米麦等掺和沙土货卖者，比依客商将官盐掺和沙土货卖律，杖八十；（第五条）打破信牌，比依毁官文书律，杖一百；（第八条）遗失京城门锁钥，比依遗失印信律，杖九十，徒二年半；（第二十四条）奴婢诽谤家长，比依奴婢骂家长律，绞；（第二十六条）弃毁祖宗神主，比依弃毁父母尸律，斩。

④ 这10条分别是：（第二条）强、窃盗犯，捕役带同投首，有教令及贿求故捏情弊，比照受贿故纵律治罪；（第四条）男女订婚未曾过门，私下通奸，比依子孙违犯教令律，杖一百；（第六条）运粮一半在逃，比依凡奉制书有所施行而违者律，杖一百；（第七条）既聘未娶子孙之妇，骂舅姑，比依子孙违犯教令律，杖一百；（第十一条）考职贡监生假冒顶替者，比照诈假官律治罪；（第十七条）偷盗所挂犯人首级，丢弃水中，比依拆毁申明亭板榜律，杖一百，流三千里；（第十九条）兄调戏弟妇，比依强奸未成律，杖一百，流三千里；（第二十条）拖累平人致死，比依诬告人因而致死一人律，绞；（第二十一条）官吏打死监候犯人，比依狱卒非理凌虐罪因致死律，各绞；（第二十五条）奴婢放火烧家长房屋，比依奴婢骂家长律，绞。

是具有某种抽象"意义"上的相似性，总体上属于创造相似性进行类比的隐喻推理方式。

"比引律条"充分体现了中华法系独特的隐喻推理法律文化，尽管比附类推虽无西方修辞学意义上的隐喻之名，但却有英美法中类比推理的隐喻之实。东方学者也一直未曾用隐喻来指代这种法律解释方法，但对它的论述与英美学者的认识相差无几。例如，中村茂夫就认为"类推是论理地分析法律规定，确定其意义，立足于为了推论某件事案是否包含在构成法律规范的语言里所进行的抽象化之思考过程……而比附似乎可以说是通过更大的视角捕捉事案的共同的本质部分，寻求其类似性"。[①] 前者类似于通过隐喻发现两个案件的相似性创设法律规则，后者则是创造相似性，最终都能以相似性为基础解决问题。

就中国古代的法律适用而言，比附在创造规则相似性的同时，包含了定罪和量刑两个方面，既宣示犯人罪行又对其予以非难。因此，司法官对相似性的判断很重要，相似性不同，可能会使量刑出现很大的偏差，而量刑不妥当就会引发对援引规则合理性的质疑。例如，《比照案件》"戏杀误杀过失杀"条记录的一个案件中[②]，魏勋钊被蛇咬伤，李俸儿匆忙救助时不小心伤了魏勋钊的囟门，致其死亡。审案时，四川总督把李俸儿的行为比照民人向城市及有人居住的宅舍施放枪箭杀伤人，于是按照弓箭伤人致死律判杖一百、流三千里。案件到了刑部，刑部认为不妥，改为比照庸医为人针刺因而致死，如果没有故意伤人的情节，就以过失杀论，收赎。在相似性的判断与认定上，四川总督的出发点是"戏杀误杀过失杀伤人"条例八"打射禽兽，不期杀伤人"这一字眼与案件事实具有相似性，关注的焦点是用刀和施放枪剑都具有同等的危险性，刑部却以"庸医杀伤人"律做比较，重点关注当事人主观上具有救人的心态。换言之，地方关注"形似"，刑部则更重视"神似"，两种相比，后者对相似性意境的理解无疑更准确，也更符合情理。[③]

与英美法律界对隐喻的批评意见一样，中国古代的律学家很早就认识到了

[①] 陈新宇：《比附与类推之辨：从"比引律条"出发》，载于《政法论坛》2011年第2期，第113~121页。

[②] 杨一凡、徐立志主编：《历代判例判牍》第8册，中国社会科学出版社2005年版，第531、532页。

[③] 陈新宇：《比附与类推之辨：从"比引律条"出发》，载于《政法论坛》2011年第2期，第113~121页。

比附量刑的种种弊端与不足，在审判制度上通过覆审制度追究擅断者的责任①，学理上也有很多总结。② 清末沈家本比较明、清律例，对清律"（援）引（他）律比附"所增加的律注"他"字作出法理上的判断："盖既为他律，其事未必相类，其义即不相通，牵就依违，狱多周内，重轻任意，冤滥难伸。此一字之误，其流弊正有不可胜言者矣"。司法审判中也有这样的总结："审理案件遇有例无明文原可比附他律定拟，然必所引之条与本案事理切合，即或事理不一而彼此情罪实无二致方可援照定谳，庶不失为平允"。③ 这些都证明古人已经认识到比附类推的缺陷，试图将相似性问题限定在一个合理的范围内。但正如《比引律条》第十五条，无论比附伯叔母，还是比附母之姊妹，皆属于王肯堂所谓"义"之范畴，事理切合亦好，情罪一致也罢，仍然存在甚至并不缺乏其他的选择。这种批评意见如同英美法系对法律隐喻的认识态度一样，褒贬不一，各执一词。这也印证了人类认识世界的方式具有共性和普遍性，隐喻是东西方文化中普遍存在的一种积极有效的认知手段。

二、"引经据典"：古代中国法律解释的隐喻语境论

中国传统法律的大法观念具有情理法的特征，在特定的历史文化语境中有不同的具体表现方式。一方面，中国古代的法家思想具有衡平司法的特征。韩非子"圣人之为法也，所以平不夷、矫不直也"④ 的观点说明法只是实现公平与正义目标的手段，法要合人心、通人情，才能治理天下。另一方面，无论韩非子的"凡治天下，必因人情""法通乎人情，关乎治理"⑤，还是商鞅的"因世而为之治，度俗而为之法……法宜其时则治，事适其务故有功"⑥，都是论述法要度俗、宜时，才能有治、有功。"时""俗""务""世"

---

① 明朝在引律比附定拟罪名之后都需要向上级审判机关请示，继承了元朝"申解本路上司"或"申部"程序，明朝为"转达刑部议定奏闻"，清朝为"刑部会同三法司公同议定罪名，于疏内声明：律无正条，今比照某律、某例科断，或比照某律、某例加一等、减一等断。详细奏明，恭候谕旨遵行"。参见马建石、杨玉棠：《大清律例通考校注》，中国政法大学出版社1992年版，第305页。也可见白雪峰、陈加奎：《比附援引法律制度的历史考察：对于重构我国现代类推制度的启示》，载于《河北法学》2016年第2期，第189~200页。
② 参见马建石、杨玉棠：《大清律例通考校注》，中国政法大学出版社1992年版，第305页。
③ 沈家本编：《刑案汇览三编》，卷四十三（下）"刑律·杂犯·不应为"所收光绪十年"儒师引诱学徒为非"之案。
④ 《韩非子·外储说右下》。
⑤ 《韩非子·八经》。
⑥ 《商君书·六法》。

无非指社会情势、风俗习惯、具体案情等因素，类似于英美法律中的情境、语境和情势等意义。

另外，中国古代儒士一体、行政与司法合一的官僚制度产生了一种不同于西方的司法现象：行政官僚身兼司法职责。因此，在很多案件判决中，司法人员经常不直接援引法律条文，而是"引经据典"书写判词，作出判决。具体而言，"引经据典"是指中国古代司法官在疑难案件的判词中，通过引用儒家经义、历史、典故等，铺陈事实，阐释道理，最后依此作出判决。

从法制史的角度考察，"引经据典"在中国古代不仅是一种司法权力正当化的策略，更是一种法律解释方法，使中国古代的衡平司法逐渐走向了有中国特色的规范化、形式化和常规化之路。① 究其原因，这与情理法的适用条件密不可分。古人云："明罚敕法，则辞有秋霜之烈"②，在判决的事实叙述和修辞中加入伦理评价、人情分析和常理阐述有助于获得公众在信念、情感、道德等方面的认同。

古代判词的"引经据典"，在形式和内容上追求对案件事实进行一种文学化的叙事修辞，释法说理的效果显而易见：一是消除了判词枯燥乏味的缺点，增强了判词本身的可读性，给当事人以及案外人以情感冲击，具有移情的功能；二是法官"引经据典"时，将文学中的叙事技巧、修辞艺术、隐喻手法等广泛地应用到法律判词中，从而弥补了法律语言的陌生感和晦涩难懂；三是通过"引经据典"这种文学化形式将司法判决带入情理场域中，判决经由"经""典"顺理成章地获得了人们的情理认同。③ 中国古代判词的"引经据典"就是通过中国儒家文化传统语境中饱含着伦理、人情和常理的"经""典"权威来说服当事人和案外人，具有亚里士多德说服模式的"喻德、喻情和喻理"同样的效力。

中国古代的判例中不乏"引经据典"断案的经典案例，如唐代颜真卿任抚州刺史时判决的杨志坚妻子讨要休书改嫁离婚案④，清代于成龙的"婚姻

---

① 陈炜强：《古代中国判词之"引经据典"探析》，载于《上海政法学院学报（法治论丛）》2012年第6期，第14~21页。

② 刘勰：《文心雕龙》，浙江古籍出版社2011年版。

③ 陈炜强：《古代中国判词之"引经据典"探析》，载于《上海政法学院学报（法治论丛）》2012年第6期，第18页。

④ 在《太平广记》卷四九五·杂录三和颜真卿的《文忠集》中都有这篇著名判词的完整记载。转引自陈炜强：《古代中国判词之"引经据典"探析》，载于《上海政法学院学报（法治论丛）》2012年第6期，第14~21页。

不遂案"①，晚清名吏樊增祥在"嬲"字成奸案中②，都以隐喻叙事为方法，同时使用了几个叙事隐喻来构建自己的判词文本。

以于成龙的"婚姻不遂案"为例，这份判词通篇没有直接引用《大清律例》的法律条文，而是以"《关雎》咏好逑之什，《周礼》重嫁娶之仪"来肯定世人男欢女爱、夫唱妇随的常理、常情，用典故赞钱万青誉擅雕龙、才雄倚马，冯婉姑吟工柳絮、凤号鍼神，以文学典故"巫山"和"偷香"暗喻男女的浪漫幽会，又用"东床快婿""情天不老""琴瑟欢谐"之典、诗、经来褒扬二人的完美结合、夫妻情义，但用"好色登徒"贬斥吕豹，指责冯父见利忘义的嫁女行为是"彩凤涂鸦""张冠李戴"，最后作出冯父免责、吕豹杖责的惩罚决定。

从近代制定法的传统分析，中国古代这种文学化的"引经据典"判案与英美法中的隐喻推理一样，是一种非逻辑的、非科学的说服。但是，在这种"引经据典"的文学化叙事和修辞过程中，中国古代法官实现了两方面的目的：首先，法官借助一连串具有传统伦理和人情色彩的强烈意象，不知不觉、潜移默化地赢得了普通大众的情感认同，维护了社会的传统情理，使疑难案件中的司法判决权威化、正当化；其次，法官"引经据典"的司法判词还具有道德教化的功能，通过分析人情世故和评价伦理道德，使普通民众明确了是非曲直、善恶正邪、正义和非正义的信念，从而引导人们的言行，规范社会秩序，倡导正确的价值观念。

法律术语。法律语言要体现人类思维的特点，法律制度必然要体现概念表达的隐喻特征，中国古代法律制度也是如此。被誉称为"东方罗马法"，在我国法律史乃至世界法制史上均具有重要地位的《唐律疏议》，以"体系完备，包罗广泛"著称，从汉语法律词汇学的角度看，其中关涉政治经济、司法刑狱、兵戎宿卫、礼仪习俗等诸多方面的词语，是中国法律语言之渊薮，其中有不少以此指彼的隐喻概念。③下面将仅以数例来证明中国传统法律中以术语形式存在的法律隐喻，其中有法律概念，也有法律原则。

（1）"阑遗"。唐代《新唐书·百官志·刑部》、唐杜佑《通典》卷二三

---

① 高潮：《古代判词选》，群众出版社1980年版，第43~44页。

② 该案事实：官宦门第冯家衰败，又加之母子不和，其婢女与仆役张祖石私通，后又嫁给官吏程福善，而此二男勾结此女将冯家财产败坏殆尽。参见李永祥、李兴斌主编：《刀笔精华新译》，山东友谊出版社1999年版，第216页。

③ 董志翘：《〈唐律疏议〉词语杂考》，载于《南京师大学报（社会科学版）》2002年第4期，第174~183页。

《职官五》和《唐律疏议》卷十六中对该词都有记载。总观律文中的"阑遗"一词,应是法律语言的同义复语现象,"阑"有"散失"义,"阑遗物"与"阑物"同义,即"遗失"之谓,均指"遗失物",属于以行为指示结果的隐喻。

(2)"手实"。《唐律》中有这样的规定:"里正之任,掌案比户口,收手实,造籍书。""手实"实质上是从一种具体的行政管理行为发展而来的抽象法律规定。唐代百姓每年将农业收成及土地家产亲手如实填写后报乡里,然后由乡里造籍,经县、州上报户部,作为国家征收徭役税赋的依据。"手实"就指代经由这种行为形成的此类文书。因为它在国家税收制度中很重要,所以盗"仓粮财物、行军文簿帐及户籍、手实之属",要服一年徒刑。到了宋代,朝廷施行"手实法"。这是以具体的行为来指代抽象制度的概念隐喻。

(3)"大罪、小罪"。中国文化中,数字表达数量、顺序的时候只是表面意义,当其被赋予其他意义时,则蕴含了隐喻义。数字隐喻有效地传达了人们的言外之意。孔子提出亲属相隐的主张,有"父为子隐,子为父隐,直在其中矣",认为小罪当隐,大罪不可隐。"券"至少在东汉时是一种比较常见的契约概念,郑玄有"大市,人民、马牛之属,用长券;小市,兵器、珍异之物,用短券"① 的论述。《唐六典·刑部员外郎》规定:"凡察狱之官,先备五听,一曰辞听,二曰色听,三曰气听,四曰耳听,五曰目听"。② 南朝萧梁时,杖制有大杖、法杖、小杖之分。"大罪、小罪、长券、短券、大杖、小杖,五听"这种"近取诸身,远取诸物"的思维模式,正是身体思维模式的隐喻类推形式③,都属于现代语言学的隐喻范畴。

(4)"渔师"。唐朝大量征调丁男充役,在内外官司或某些公共设施服役,因为服役者所承担的徭役比较固定,就用专门的徭役名称指代服役者。例如,服役于内外官府衙门的,有公廨、白直、掌闲、幕士、主膳、习驭、驾士、渔师、供膳、府史;作为王公贵族与文武职事官俸禄的一个部分而提供的服役者,如亲事、帐内、防阁、庶仆、邑士、白直、执衣、士力;服役于某些公共设施或管理村、里的服役者,如斗门、门夫、渠头、桥丁、里正、

---

① [清] 阮元:《十三经注疏》,中华书局1980年版,第737页。
② [唐] 李林甫等撰,陈仲夫点校:《唐六典》,中华书局1992年版,第190页。
③ 蔡艺生:《从情词到口供:我国情态证据制度的历史考察》,载于《河南师范大学学报(哲学社会科学版)》2013年第2期,第71~75页。

村正。① 这些术语基本都用某种徭役的具体形式转而指代服役人。

（5）服制。服制是中国传统的法律秩序观。从起源上看，"常服"一词中，"常"是"衣"的对义字，是世俗"服装"的起源，是服之下者，而"服"是贵族冕服的总称，冕服的象征性来自其形制、质料、模样、数目的确定性，是君臣秩序的集中表现。因此，具体的"常"和"服"就指代了抽象的行为准则，隐含了等级秩序之意，并且行为准乎服制法度，服制基于名分。② 魏晋时期，服制发展成了丧服制度，并且一直延续传承。中国封建家族制度中的"本宗九族"，以父系家族为基本形式，其亲属范围包括自高祖以下的男系后裔及其配偶，即高祖至玄孙的九个世代。在这个宗亲范围内的亲属为有服亲，服丧时亲者服重，疏者服轻。按照血缘关系的亲疏、丧服质地的粗细、服丧的期限及守丧礼仪的不同，将有服亲属分为斩衰、齐衰、大功、小功、缌麻五个等级，这就是中国传统社会中的"五服"制度。③ 与此相关的法律原则则是"准五服以治罪"，一直沿用至明清时期。

本节对中国传统法律制度中的隐喻现象进行了简要探讨和研究，说明了中国法制史上虽无现代语言学意义上的隐喻一词，但却有实质意义上的隐喻用法，既有以隐喻形式表述的法律术语，也有法律原则和规则。这与前述各章论述的英美法律语言的具体情况相符，有些甚至出现得更早，时至今日依然具有借鉴意义。

第二节　当代中国的法律隐喻问题研究

虽然英美法系与大陆法系国家奉行不同的法律传统，但在19世纪都出现了法典化的趋势，试图对主要的社会关系进行系统化、体系化的调整。但是，现实主义法学和后现代法学的兴起，使体系性的法律被解构，概念法学被批判，法律知识碎片化，法律人在理论上似乎陷入无路可走的尴尬处境。另外，虽然大陆法系法律人的逻辑性强，理性化程度高，语言的程式化现象比较明显，但在修辞方面显得笨拙，不能恰当地运用法律语言来影响人们对案件的理解和判断，在一定程度上影响了法治的权威性。

---

① 杨际平：《唐朝前期的杂徭与色役》，载于《历史研究》1994年第3期，第81~82页。
② 周兴生：《传统法是名分法：以服制、哲学内核、体系构造及疑案判决为考察》，载于《求实学刊》2013年11月第6期，第106~107页。
③ 参见郑定：《中国古代的服制与刑罚》，载于《法律学习与研究》1987年第1期，第46页。

在这种背景下,有学者认为"把法律作为修辞"也许是法律碎片化之后的出路,修辞在意义重构方面发挥作用,有助于缓解法律多解的困局,因为"语言是法律结构的媒介和形塑法律结构的工具,而语言反过来又被法律的运用者和解释者不断地形塑和当作媒介"。①

但是,作为一个新兴的研究领域,无论在国外还是国内,法律修辞学还没有统一的科学范式,还没能消除对其科学用处的质疑。② 就法律隐喻理论的研究而言,国内法律界的研究并不是很多,现有的讨论还停留在法律术语或者法学术语都具有隐喻性的认识层面上,很少有系统详细地讨论法律隐喻在司法实践领域中实际应用的成果。高鸿均教授从比较法学和法律社会学的视野出发,研究了发生学意义上法律移植的三种隐喻类型:机械类隐喻、有机类隐喻和语言类隐喻,指出了各自的优点和缺点。③ 对法律术语中白、黑、灰、红、黄等颜色隐喻的研究发现,在具体的语境中,颜色与特定法律现象之间存在一定的"相似",应侧重于内在的社会心理层面的联系与把握,可以使晦涩难懂的法律术语与简单易懂的颜色相统一,使得刻板的法律条文变得更容易让人接受。④ 通过对中国法庭审判中三类话语的分析,发现中国法庭审判话语中的隐喻使用可相应地分为立法性隐喻、程序性隐喻和实体性隐喻,并具有各自不同的特性。⑤ 法律认知研究中,以"公司即法人"为中心,探究公司法中的概念隐喻如何影响人们对公司法的认知时,发现法律中的概念隐喻可以发挥修辞功能、认知功能、政治社会功能,并且法律概念隐喻是以群体的生活经验为根基,法律概念隐喻的出现由人类认知的属性和法律语言的需求所决定。⑥ 就法律推理中法律隐喻的作用而言,有人借助隐喻的映射关系,将法律三段论的大前提视为源域,结论视为目的域,可以依据两个概念间的相似性和关联性,进行合理的法律推理。⑦ 就法律隐喻的实效研究

---

① [英]沙龙·汉森著,李桂林译:《法律方法与法律推理》,武汉大学出版社2010年版,第10页。

② 焦宝乾等:《法律修辞学导论》,山东人民出版社2012年版,第8页。

③ 高鸿均:《法律移植:隐喻、范式与全球化时代的新趋向》,载于《中国社会科学》2007年第4期,第116~118页。

④ 参见刘风景、张翼:《颜色的法律隐喻》,载于《新视野》2014年第5期,第79~82页;何丽萍:《经济法中颜色的法律隐喻分析》,载于《法制与经济》2016年第12期,第110~111页。

⑤ 明瑞龙:《中国法庭话语隐喻研究》,华中师范大学2015年硕士学位论文,第III页。

⑥ 涂岩珺:《中国法律认知域中的概念隐喻:以公司法为例》,浙江大学2016年硕士学位论文,第IV页。

⑦ 朱敏冠:《法律推理中的隐喻:基于认知语言学的视角》,载于《赤峰学院学报》2014年第5期。

而言，认为如果法律只是"稻草人"，没有人相信法律是解决社会纠纷的最好办法，那么他们在求助于司法的同时，往往又同时通过疏通关系去破坏、规避法制。① 中华人民共和国成立后，曾经将审判机关、检察机关和侦查机关统称为"政法机关"，而对政法机关所做的形象比喻，就是"刀把子"，但改革开放后随着社会语境的变化，已淡出人们的视线。②

  刘风景教授当属国内法学界对法律隐喻进行详细研究的权威学者。他系统研究了法律隐喻的原理和方法、形成与功能，对法律拟人观、作为立法技术的包裹立法都有过论述，认为法律隐喻是法学家为了理解或解释某一法律问题（本体）而借用其他领域的概念（喻体），以实现从其他知识领域到法律领域的意义转换的思维活动，是法学中常用的定义方式和认知方法，属于法律方法论的范畴，具有积极的认知功能和政治功能，运用规则上带有目标准确、依托语境、关注本体和借"熟"释"生"的特点③；法律隐喻的形成基于相似性的概念构成，以类比推理为基础，有助于探寻认知新路，强化感官印象，提供思维范式和形成思想体系④；法律隐喻的分类，除传统隐喻的"死喻"和"活喻"、"一般隐喻"和"核心隐喻"之外，按照本体的不同，可以分为意识类的法律隐喻、行为类的法律隐喻和常见物品类的法律隐喻，具有认知功能、实践功能和政治评价功能。⑤ 从隐喻思维出发，他认为法律原则是介于法律空间和外部世界之间的"窗户"，是实现法律与社会基本价值观的有效沟通与紧密衔接；发现包裹立法不仅可以改进立法技术，也可以创新立法机制；指出案件之间不可能完全相同，而只有各种"交叉重叠的家族相似性"关联。这些观点在国内的法律隐喻研究中都具有一定的创新性，有助于改进法律的认识论，提高法律解释能力。但是由于学科限制，他对法律隐喻的认知研究不够深入、全面，法律隐喻的分类标准不够科学、准确，对隐喻在司法领域的实际应用，尤其是法院判决中的积极作用并没有进行深

---

  ① 张建伟：《稻草人的法律隐喻》，载于《法制日报》，2011年5月11日。
  ② 刘风景：《"刀把子"的隐喻学阐释：分析人民法院性质与职能的新进路》，载于《清华法学》2008年第1期，第78~90页。
  ③ 参见刘风景：《法律隐喻的原理与方法》，载于《山东大学学报（哲学社会科学版）》2011年第5期，第124~132页；刘风景：《拟人法律观的方法论意义》，载于《法制与社会发展》（双月刊），2014年第4期（总第118期），第144~155页；刘风景：《包裹立法的中国实践》，载于《法学》2014年第6期，第110~119页。
  ④ 刘风景：《法律隐喻的形成与功能：以法律移植为素材》，载于《中国社会科学研究生院学报》2008年第1期，第81~85页。
  ⑤ 刘风景：《法律隐喻学》，中国人民大学出版社2016年版，第4~8页。

入的讨论，未能揭示法律隐喻的重大应用价值。

但是，法律隐喻理论研究的滞后并没有影响中国现代法律制度中隐喻的使用。事实上，在中国法制建设的立法、司法和法律解释过程中，法律隐喻一直存在，并且发挥着应有的作用，虽然很多时候人们并没有意识到它们的存在与意义。

无论是大陆法系的德国、奥地利、瑞士等国家，还是普通法系的英国、美国，都普遍采用一种被称为"包裹立法"的法律修改机制。我国立法机关也分别在2009年8月27日、2013年6月29日、2013年12月28日以这种方式修改了部分不合时宜的法律。从语言学角度分析，包裹立法肯定是一个隐喻式的表达方法。生活中，人们根据自身需要，使用某种外包装物将各种分散的物品整理、包装为一个包裹。在结构上，包裹由外包装物和被包装物品结合而成，外包装物在外，是形式，被包装物在内，是内容。立法实践中，包裹立法以包裹为喻体，要修订的法律为本体，揭示了包裹立法的立法形式：包裹立法是由"外法"和"里法"构成的法律修改技术，其中"外法"是指修正作为"里法"的其他法律的规定，是包裹的外包装物，"里法"是要修正的许多法律规范，也就是"被包装物品"。① 在"外法"与"里法"之间，前者是形式，后者是内容；前者是手段，后者是目的。这种"外法套里法"的立法规范结构，在制定一个"外法"的同时，就能修改或废止两个以上的"里法"，具有提高立法效益、保证立法统一、关注法律形式、重视修法机制的特点。

在具体的法律、行政法规和司法解释中，国家法律机关用隐喻构建法律概念，对社会发展过程中新出现的法律问题、法律现象进行解释、规范和调整。例如，《中华人民共和国刑法》第二百八十五条规定的非法侵入计算机系统的犯罪，就是把无形、抽象的高科技不法行为类比为传统法律中侵犯他人合法有形财产的犯罪，对其进行处罚。2006年5月18日公布的《信息网络传播权保护条例》中，对著作权人、表演者、录音录像制作者的作品在虚拟网络中的传播权、报酬权等各种权利，参照保护传统有形作品的权利保护进行规定。

随着中国互联网和通信技术的高速发展和日益普及，针对各种利用新技术实施的违法行为，在司法机关的司法解释中，普遍存在用具体和有形的行

---

① 参见刘风景：《包裹立法的原理与技术：以〈关于修改部分法律的决定〉为主要素材》，载于《井冈山大学学报（社会科学版）》2012年第1期，第120~121页。

为来解释无形、抽象的新现象的方式。例如，对以牟利为目的，利用互联网、移动通讯终端制作、复制、出版、贩卖、传播内容含有不满十四周岁未成年人的淫秽电子信息的行为，以制作、复制、出版、贩卖、传播淫秽物品牟利罪定罪处罚；利用互联网、移动通讯终端等传输赌博视频、数据，组织赌博活动的，构成开设网络赌场罪；利用信息网络捏造事实诽谤他人、恐吓他人，情节恶劣，破坏社会秩序的，以寻衅滋事罪定罪处罚；在网络上以发布、删除信息为由，威胁、要挟他人，索取公私财物，数额较大，或者多次实施上述行为的，以敲诈勒索罪定罪处罚；以营利为目的，通过网络有偿提供删除或信息服务，或者有偿提供发布虚假信息等服务的，以扰乱市场秩序罪论处；对利用信息网络侵害他人姓名权、名称权、名誉权、荣誉权、肖像权、隐私权等人身权益引起的纠纷案件，以侵害他人人身权益论处。这些司法解释中，国家有关机关采用了隐喻类比的方法，首先解释虚拟网络空间发生的某种行为与现实法律规定的违法行为之间存在违法相似性，进而认定前者也属于违法活动，很好地解决了现实生活中的新问题。

司法判决中，技术变化使法官面临未知的法律情况时，如果新技术不符合现有的范畴类型，类比是法院的唯一现实导航图。①这种情况任何国家都无法避免。2003年12月18日，我国首例网络虚拟财产纠纷案中②，北京市朝阳区人民法院判令游戏运营商恢复李宏晨在游戏中丢失的虚拟装备，并赔偿经济损失，理由是"虽然虚拟装备是无形的，且存在于特殊的网络游戏环境中，但并不影响虚拟物品作为无形财产的一种获得法律上的适当评价和救济"。"虚拟物品是无形财产"这个法律隐喻成为法院作出判决的关键理由，这标志着"虚拟财产是财产"的隐喻开始在中国司法判决中获得认可。

2017年3月15日，第十二届全国人民代表大会第五次会议表决通过了《中华人民共和国民法总则》，其中，第一百二十七条规定，"法律对数据、网络虚拟财产的保护有规定的，依照其规定"。"网络虚拟财产"作为表述公民一项民事权利的法律术语被首次写入我国法律中，正面回应了互联网领域内有关网络虚拟财产这一长期存在争议的话题，适应了互联网和大数据时代发展的需要。随着科技发展的突飞猛进，今后会有更多的法律隐喻问题进入法官的视野。

---

① Linda Greenhouse, *What Level of Protection for Internet Speech?* N. Y. TIMES, Mar. 24, 1997, at D5.
② 参见中华人民共和国最高人民法院官方网站。

第三节 法律隐喻在中国法治进程中的借鉴意义

司法公正是全面依法治国的重要保障。"法治建设还存在许多不适应、不符合的问题，主要表现为：……执法司法不规范、不严格、不透明、不文明现象较为突出"。① 对司法公正问题的关注前所未有，"司法是维护社会公平正义的最后一道防线""公正是法治的生命线。司法公正对社会公正具有重要引领作用，司法不公对社会公正具有致命破坏作用"。②

学术界的学理研究和司法实务界的实证分析都表明，长期以来，我国的裁判文书存在"不愿说理""不善说理""不敢说理""说不好理"等方面的问题，这使某些案件不时地成为热点敏感案件，严重损害了司法公信力。如何保障不仅实现司法公正，而且是以看得见的方式实现司法公正，需要一个突破口、一个抓手。

1999~2018年，最高人民法院制定的四个五年改革纲要中，都把推动裁判文书说理作为司法改革的主要内容之一，2018年6月最高人民法院发布的《关于加强和规范裁判文书释法说理的指导意见》更是指明了人民法院裁判文书释法说理的目的、基本原则、意义和案件类型。裁判文书说理成为推动人民法院从内部倒逼司法公正的"加压器"，是以"让人感觉到的方式"来呈现司法公正的重要环节和关键载体。究其根本原因，"裁判文书说理，事关审判权的严格规范行使，事关司法责任制的全面落实，事关裁判文书定分止争功能的发挥，事关司法公信力的不断提升。裁判文书的说理，在某种程度上是检测全面深化司法改革最终成效的重要指数，是助推人民法院审判能力现代化的重要切口，是促进国家治理能力现代化的重要途径"。③

但是，裁判文书加强释法说理绝不是不分案件类型，广撒"胡椒面"，而是要合理配置司法资源，重点加强疑难、复杂案件、诉讼各方争议较大的案件、社会关注度较高、影响较大的案件等的释法说理水平。就这些案件的复杂性和社会影响而言，裁判文书说理绝不能因循守旧，应尝试在传统的法律解释和司法三段论之外，充分吸收和借鉴中外法律制度中解决疑难案件的

---

①② 参见2014年10月23日中国共产党第十八届中央委员会第四次全体会议通过的《中共中央关于全面推进依法治国若干重大问题的决定》。

③ 李少平：《裁判文书释法说理改革功能定位及重点》，载于中华人民共和国最高人民法院官方网站。

成功经验，充分发挥法律隐喻的积极作用，避免其消极的一面，努力构建一种形式逻辑之外的系统化和理论化的法律说理方法，使法律隐喻在构建法治理念、创新法律思维、促进司法公正、建设和谐社会中发挥重要作用。

1. 法律隐喻是中国法治进程中司法机关释法说理、提高司法公信力的有效手段

清末变法修宪之前的中国传统观念中，法是合乎情理（天理与人情）、具有正当性的秩序体系，包括意识、规则和习惯，是中华民族关于法的基本问题的实践理性和历史经验的凝结，是中华法系作为一种秩序文明的共通理论。① 传统上，中华法系倡导通过仁政、善治、和谐达致大同世界，凭借道德自律和法律补充来实现个体与群体的和谐，法律的作用受到道德的支配和限制，这一点与西方不同。

清末变法修宪以后，中国主要以大陆法系的法律知识和体系为蓝本，建立了现代法治意义上的法律制度，法成为国家制定和认可并由国家强制力保证实施的行为规范的总和，主要体现了实证主义的法律观。这种法律观念外延过窄，存在两个方面的不足：首先，它无法与中国传统的法律观念保持一致，所以有时候用它来解释和理解某些中国的传统社会行为就会出现困难，存在合法不合理、合理不合法的现象；其次，它不包括也无法解释中国社会中实际发挥法的作用的政策、决议、指令、计划、乡规民约、风俗习惯等，即所谓的"软法"和"民间法"。所以，传统意义上的法律文化知识与现实的法律制度在许多案件中没有太多实质上的关联作用，在许多争议较大、法律关系复杂、社会关注度较高的热点敏感案件中，合法不合理、合理不合法的问题不时出现，影响了司法的公信力，影响了公民的法律信仰。

一方面，英美法系疑难案件的审判实践中，法院通过法律隐喻推理之类的法律方法，使法律跨越案件的地域性和法律理性的普遍性之间的鸿沟，连接了社会历史和文化传统，把特定地方经验和人类的普遍理性统合在一定的价值观下，在一定意义上克服了成文法的缺陷与不足。这种情形下，法律解释过程中使用隐喻的根本任务在于把矛盾的、模糊的法律意义说清楚，在遵循法治原则的前提下，法律隐喻解释的本质并不是创造法律，而是根据事实释放法律的意义。在解释前面加上法治的限制是要求法律的解释者尊重法律的权威，实现对权利、权力的限制，而不是任意添加法律外的意义。因此，法律隐喻不仅是要强化解释论证过程中的修辞功能，而且是把法律概念、术

---

① 张中秋：《概括的传统中国的法理观》，载于《法学家》2010年第2期，第56~67页。

语等作为修辞方式,强化法律在论证、论辩过程中的话语权。这种法律方法是协调社会转型与法律稳定性之间矛盾的工具,有助于消除和稀释两者之间的紧张关系,而不是武断地以统一意识形态的方式解决法治实现过程中的复杂矛盾。

另一方面,制定法传统中,面对疑难案件时,针对价值判断和利益衡量方法所产生的法律解释方法的运用都需要以法官自由裁量权的存在为条件,但在使用的过程中如何规范法官自由裁量权,这些方法本身又缺乏一套技术性的程式。以法律隐喻为代表的法律修辞并不以反对制定法形式主义的姿态讨论实质正义,而是特别强调在价值判断上借助隐喻这种修辞手段,对裁判主体的任性进行限制和约束,因其致力于通过运用一定的方法来达到合理的结果,已经证明是一种能够规制法官的主观立场、约束法官恣意的有效手段,原因就在于以隐喻为代表的修辞学强调以公众普遍接受的观点或社会常识作为裁判推理的出发点,通过主体间的论辩来获得为公众所接受的法律判决或裁判结论。法律隐喻的使用以公众接受的意见或常识作为推理的出发点,可以防范法官在援引法外因素时的专断和随意;强调通过增加主体间的论辩来获得裁判结论,这可以增强裁判过程的公开性和透明度,能够降低公众对于法官的不信任甚至对立情绪;而隐喻诉诸常识的吸引力,注重裁判结论的公众可接受性,则可以防止法官过度诉求个人尺度标准,有利于裁判结论获得普遍化的特征。

司法过程中,法官在释法过程中纯粹使用形式逻辑方法有时会过于形式化,而且司法实践中仅有逻辑语言是不够的,因为逻辑具有形式化的品格,"逻辑语言只允许少数的陈述,亦即少数容许我们得出必然推论的语句"。①因此,在运用逻辑规则形成法律断定的时候,还必须对这些判断运用修辞手段进行积极引导和建构。普通法系的司法实践证明,以隐喻为代表的法律修辞可以解决司法裁判中三个方面的现实问题:一是制定法传统中法律思维过度依赖逻辑推理,但有时会产生有理合法的事实在判决中说不清楚理由的现象;二是政治道德话语主导了法律表达方式,法律不能正常地发挥作用;三是思维过程中语言使用混乱,使法律语言难以发挥塑造思维的作用。②

---

① [德]英格博格·普珀著,蔡圣伟译:《法学思维小学堂》,北京大学出版社2011年版,第122页。
② 关于把法律作为修辞的论证,可参见陈金钊:《把法律作为修辞——认真对待法律话语》,载于《山东大学学报(哲学社会科学版)》2012年第1期;陈金钊:《把法律作为修辞——讲法说理的意义及其艺术》,载于《扬州大学学报(人文社会科学版)》2012年第2期;陈金钊:《把法律作为修辞——法治时代的思维特征》,载于《求是学刊》2012年第3期。

就英美法系的经验和中国传统法律的实践来讲，在中国当代的法治进程中，法律隐喻推理不失为解决和弥补制定法缺陷的有益尝试和路径选择，不仅可以解决我国法律实践与传统文化割裂所带来的问题，而且由于隐喻是对反映人们普遍经验和文化特点的法律概念的具体化表现方式，法律隐喻的使用就能使普通民众更容易看到、思考、谈论法律问题，"目睹"和体验法律的公正。

进一步讲，以隐喻为代表的裁判文书释法说理是贯彻落实党的十九届五中全会和"法治社会建设实施纲要"精神，充分发挥司法裁判在国家治理、社会治理中的规则引领和价值导向作用，规范法官行使自由裁量权，把社会主义核心价值观融入法治建设，正确理解立法精神和立法目的，进一步增强司法裁判的公信力和权威性，努力实现富强、民主、文明、和谐的价值目标，努力追求自由、平等、公正、法治的价值取向，实现法治国家的关键步骤。

2. 法律隐喻的类比推理可以创新法律人的思维，弥补法律漏洞，防止法外遗奸，有效解决制定法滞后于社会现实的弊端

普通法系和大陆法系发展的历史证明，人们期望通过制定和引用日益精确和综合的法典来保护和确认自己的法律权利和义务，这只是一种对人类立法能力的理想化。虽然边沁深刻批判普通法裁判，认为普通法裁判与一个理性的功利主义法律秩序无法保持协调一致，支持通过制定和发展一个有足够洞察力的法典，使法官的裁量性解释变得完全没有存在的必要，但他还是意识到制定法也有空隙、模糊之处，而且由于制定法过于一般而不太容易适用于具体案例，因此造成了许多解释的难题。① 大陆法系的历史也说明，成文法不可能详尽列举人类所有的行为关系，更不能准确预测未来出现的新问题，制定法存在漏洞是不可避免的。

中国古代的法学家对制定法自身的法律漏洞也早有认识，所谓"文荒则事寡，事寡则罪漏""原以法制有限，情变无穷，无论如何详定科条，均不尽天下之情伪，故将设比附定拟之法，斯亦执简驭繁之道也。今以所犯之事为律例所未载者，即不得为罪，则法不足以禁奸，罪多可以幸免。刁徒愈祷张为患，有司之断狱亦穷"。这正如医生治病用药，"盖法有定而罪无定，药有定而病无定也。""诚以天下事变万端，有非法律所能赅备者，故特设此条

---

① ［美］阿德里安·沃缪勒著，梁迎修、孟庆友译：《不确定状态下的裁判：法律解释的制度理论》，北京大学出版社2011年版，第23~26页。

为用法之准则,此正执简御繁之善法"。①

21世纪的地球村,人类社会文明演化和科技进步呈现出加速发展的态势,互联网的普及使用开启了与传统社会模式迥然不同的网络时代,尤其是最近的十年,基于广泛分布的传感技术、大规模数据存储和通信技术的应用,数据规模呈现指数型上升,各国相继迈入网络社会时代、大数据时代、人工智能时代。在这个技术为王的时代,许多传统的观念正在被改变或者打破,新的知识和观念处于快速形成过程之中。世界各国的法律制度都不可避免地出现了难以处理许多新问题的尴尬局面。

首先,互联网时代,数据成为一种特殊商品和特殊财产,数据交易成为与货物贸易和服务贸易交融并存、共生演化的商业实践,具有不以移转交易标的物为常态、以普遍的使用许可为交易形态、披露即流通、获知即占有的特点,具有商业秘密、技术秘密和隐私秘密三重属性。这种单边性和公开性的特点逐渐消解了传统交易具有信任保密氛围的社会关系,冲击了既有法律制度以人格和隐私权利处理数据的法律逻辑,"原子世界"产生的某些法律理论在"比特世界"中明显水土不服。

其次,人类社会从"互联网+"向"人工智能+"的转型过程中,随着人工智能从技术领域逐步渗入社会生活的各个方面,智能革命也将给人类带来诸多麻烦,对当下的伦理标准、法律规则、社会秩序及公共管理体制带来一场前所未有的危机和挑战,不仅与已有法律秩序形成冲突,凸显现存法律制度产品供给的缺陷,甚至会颠覆人们业已构成的法律认知。例如,机器人的民事主体问题、人工智能生成作品的著作权问题、智能系统致人损害的侵权法问题、人类隐私保护的人格权问题、智能驾驶系统的交通法问题、机器"工人群体"的劳动法问题,这些现实问题挑战着人类社会的风险认识能力和制度风险意识。②

如何通过法律和其他社会规范来预防规避风险,引导规范技术健康发展,这即是法学家、法律家的任务。③从英、美等发达国家的治理经验来分析,技术变化使法官面临未知的法律情况时,如果新技术不符合现有的范畴类型,类比是法院的唯一现实导航图。④法律隐喻作为一种浓缩的类推形式,超越

---

① 白雪峰、陈加奎:《比附援引法律制度的历史考察:对于重构我国现代类推制度的启示》,载于《河北法学》2016年第2期,第189~200页。

②③ 参见吴汉东:《人工智能时代的制度安排与法律规制》,载于《中国法律评论(网络版)》,2017-08-02。

④ Linda Greenhouse, *What Level of Protection for Internet Speech?* N. Y. TIMES, Mar. 24, 1997, at D5.

了传统意义上的归纳—演绎逻辑关系，侧重于从既有的社会现实结构中创设一种"近似符合"的关系，进而对抽象、无形的现象进行解释、推论。从立法和司法层面分析，中外法律实践中已经认可了通过隐喻进行类推和释法说理。例如，我国《民法典》对"网络虚拟财产"这个隐喻概念的承认，意味着按照"法律保护公民个人的合法财产，网络虚拟财产是公民个人的财产，所以法律也保护公民个人的合法网络虚拟财产"这样的准逻辑推理对所有的网络虚拟财产给予平等的法律保护。最高人民法院明确支持"民事案件没有明确的法律规定作为裁判直接依据的，法官应当首先寻找最相类似的法律规定作出裁判；如果没有最相类似的法律规定，法官可以依据习惯、法律原则、立法目的等作出裁判，并合理运用法律方法对裁判依据进行充分论证和说理"。① 这些法律和司法解释为法官使用隐喻进行类比适用、解决相关问题提供了法律依据。

因此，如果立法机关或法院能够发现数据商品和数据资本与传统的商品和资本一样，都可以进行交换、买卖、收益、处分等行为，从而认可数据是商品、数据是资本这样的法律隐喻，那么，在具体的司法过程中，只要对待解决问题的类推本体和喻体进行比较，将二者之间的相似点作为认定事实问题的开始，进而将有关喻体的现有法律规则适用于要解决的本体争议，就能从本质上认定数据交易中各方当事人之间的法律权利义务关系，避免因为技术的飞速发展，法律规定无法解决新问题的尴尬局面，有效应对新时代的各种新问题。

3. 法律隐喻可以克服成文法适用中形式逻辑的不足和僵化，增强人民法院判决书的说服力，提高判决的合理性和可接受性

长期以来，我国法学界和司法界通常都将判决理由简单定义为"对判决结论的法理分析"。② 这种认识无疑模糊化了判决理由的内涵，对判决理由的解释、分析、论证仅仅停留在法理层面上，主要涉及对作为裁判依据的法律规范的分析、案件事实的分析与认定，很少或几乎没有深度论述判决理由的核心和论证过程，同时也在一定程度上缩小了判决理由概念的外延，造成了实践中法官只是机械使用形式逻辑方法进行推导，经常在列出法律规范之后就直接得出判决结论，忽视推理和论证过程，而且无法恰当使用语言和修辞

---

① 参见2018年6月最高人民法院《关于加强和规范裁判文书释法说理的指导意见》。
② 周道鸾教授认为判决理由"主要是根据庭审查明的事实和法律的有关规定，适用民事理论，阐明法院对案件的性质、当事人的责任和如何解决纠纷等问题的看法"。参见周道鸾：《民事裁判文书改革与实例评析》，人民法院出版社2003年版，第16页。

为判决服务，使判决理由过于粗糙和简陋，案件论证过程陷入一种不为公众所知的隐秘状态，阻碍了司法过程的公开化和透明化，影响了公众对司法权的信仰和对司法制度的依赖。

另外，最高人民法院最近几年力推的裁判文书网上公开虽然取得了一定实效，但暴露的问题也不少，主要表现为：一些法官，尤其是基层法官的法学素养不高，裁判文书中全面客观地分析、梳理案件事实及法律争议的内容较少，释法说理能力不足。司法实践中，法官撰写裁判文书时，为避免出现错误、误解或误会而小心翼翼，往往倾向于尽量少说、少写，有意识地将当事人争议的焦点问题忽略或过滤掉，最终结果是说理释法愈来愈删繁就简，而不是尽最大可能使其充分圆满、可读性强，能少说一个字的地方绝不会多说一个字，导致了判决结果的论证力度不够到位、不够准确，裁判文书的论证质量不升反降。审理程序、事实认定、裁判理由等内容在裁判文书中分量不足，得不到体现，裁判文书事实上被公式化、简约化、公文化①，"不愿说理""不善说理""不敢说理""说不好理"等方面的问题依然存在。

但是，如果把产生这些问题的原因统统归咎于法学界对逻辑教学不够重视，从事逻辑教学的老师只懂逻辑不懂法律，导致逻辑教学与司法实践相脱节②，这种认识并不全面，忽视了形式逻辑推理固有的不足和缺陷，没有注意到形式逻辑之外的非形式逻辑推理在司法实践中的重要意义。

无论是以三段论为代表的传统逻辑，还是现代的数理逻辑，都研究推理形式的有效性，只研究"按照句法的，仅仅使用形式语言语句的形式或者结构予以表达的完整公式，并不考虑具体的内容"。③ 虽然形式逻辑可以保证法律推理自身的一致性，能够基本满足法治的合法性要求，但因为它不关心命题真假的推理评价，不解决判决的可接受性问题，与法律推理非单调性、非协调性、开放性、多主体性、动态的特征不一致，而且缺乏语境敏感性，早已受到法律界的批判。

霍姆斯"法律的生命不在于逻辑，而在于经验"的论断并非不恰当地把"经验"置于"逻辑"的对立面，而是从深层意义上对判决可接受性的

---

① 刘练军：《关于完善裁判文书网上公开制度的六点建议》，载于《中国法律评论（网络版）》，2016-06-08。
② 张继成：《小案件大影响：对南京"彭宇案"一审判决的法逻辑分析》，载于《中国政法大学学报》2008年第2期，第103~116页。
③ ［美］苏珊·哈克著，刘静坤译：《逻辑与法律》，载于《法律方法》（第八卷），山东人民出版社2009年版，第27页。

经典理解。从英美法系的司法实践看，在既有的法律规范不适合当前案件，或者适用现有的法律规定会产生悖论判决，或者法律没有类似规定时，隐喻作为说服他人接受判决结论的一种修辞方法，以当事人为本位，以当事人及社会大众的经验或共识为出发点，法官通过精巧的隐喻设计和创造，通过隐喻隐含的价值判断或价值推理，使社会的经验或体验成为可普遍化的论据，引导、说服当事人和民众进入一种愿意接受规劝、说服的思想状态，在很多情况下可以解决司法裁判推理和法律论证在实质向度上的合理性和可接受性问题，这是当事人认同、接受法院裁判的前提和基础。

法治社会中，判决理由要被社会普遍接受，裁判应当具备合法性、合理性和可接受性三个属性。合法性是判决理由的最根本属性，没有合法性的判决理由不能被称之为法治意义上的判决理由。但是，实践中，相同或相似案件中得出不同判决结论的现象提醒人们仅以合法性作为判决理由正当与否的衡量标准是不够的，还必须引入合理性这一判断标准。这种情况下，判决理由的合理性标准要解决如何通过分析和论证来避免判决不合理，进而确保判决结论的实质合乎理性。为了实现这个目标，法官在判决时必须释法说理，保证判决理由具备可接受性，必须面向受众，说服他们确信、认可并接受裁判活动及其结论，达到较好的法律效果和社会效果。

更进一步讲，司法判决只有被当事人和社会大众广泛接受才能产生实际效用，而当事人和社会大众只有在判决具有可接受性时才可能主动、自愿地接受和认可某一个判决。判决的可接受性是人们在内心世界中对法院判决之外的某种因素或要件的认同、认可、吸纳甚至尊崇而形成的心理状态或倾向，是一种纯粹主观的认识，很难以客观的标准衡量，是基于正当化理由的合理可接受性，即"一切相关者都能够出于好的理由同意这个规范"。①"好的理由"是可接受性的基本要求，体现在判决的合法性和合理性两个标准的统一中，通过法官的释法说理呈现出来。

以形式逻辑为基础的法律三段论有助于法官从当事人的论述和法律规定出发进行推理，但不能解决大小前提的价值判断问题，不考虑具体案件发生的现实语境，回避甚至压制了自然语言的多义性和灵活性。从英美司法的实践看，以隐喻为简洁叙事的修辞论辩"基于自然语言，以真实语境为前提，并充分考虑言说者与受众这两个能动因素以及他们之间的互动"②，可以用简洁明了的语

---

① ［德］哈贝马斯著，童世骏译：《在事实与规范之间》，三联书店2003年版，第6页。
② 刘亚猛：《西方修辞学史》，外语教学与研究出版社2008年版，第325页。

言展现司法审判过程中法官认定案件事实、进行价值判断的思维路径,满足了各方当事人充分理解案件事实与法律规定,并期望法官作出有效判断的合理要求,能尽可能避免司法解释论证活动中形式逻辑方法的缺憾,是一种说服他人的有效实践方法。判决理由的解释与论证过程中,法律隐喻通过心理投射、图式、故事等方式进行类比推理,也可以形象生动深刻地展现、陈述和剖析司法解释中当事人分歧指向的不同意象和可能性,进而帮助他们依据形象化的推理、预测进行想象、延伸,清晰、有效地帮助他们理解或发现最佳的法律选择方案。正是法律隐喻对法律形式逻辑功能的这种填补,使"法律解释从封闭走向了更为广阔的社会空间,逻辑推理与修辞论辩融合成了新的解释方法"。[1]

在一个以权利为中心的法治社会中,法院判决的接受与执行更多时候依靠判决本身的说服力,而不是依赖法院的强制力。因此,如果修辞在司法过程中普遍存在,不仅诉讼双方当事人为了说服法官与对方当事人而普遍使用修辞方法,而且法官为了增强判决的合法性、合理性就必须掌握基本的修辞技能,这有助于诉讼主体建构对事实与法律的认知,使法律人和社会大众接受法院的判决结果,这才是法治的理想之治。

在这个意义上,裁判文书的说理具有了法律和写作的双重属性:"法律属性"内在地要求说理要符合法律规范,而"写作属性"则强调说理的灵活性。最高人民法院的《关于加强和规范裁判文书释法说理的指导意见》提倡裁判文书"要讲明情理,体现法理情相协调,符合社会主流价值观;要讲究文理,语言规范,表达准确,逻辑清晰,合理运用说理技巧,增强说理效果",就是鼓励法官在依据法律法规、司法解释的规定,保障裁判的合法性之外,还可以运用指导性案例、公理、情理、经验法则、交易惯例、民间规约、职业伦理、与法律、司法解释等规范性法律文件不相冲突的其他论据来提高裁判结论的正当性和可接受性,追求裁判的合理性。法律隐喻以隐性说服的方式,一方面在说服方法上填补逻辑的功能缺陷,另一方面强调通过主体交流实现判决的有效性,可以合理地吸收和借鉴这些人类的经验与知识,潜移默化地释法说理,实现社会正义,提升判决的可接受性。

4. 法律隐喻通过语境化的社会文化解释,可以提供更符合疑难复杂案件实际情况的经验推理,把碎片化的地方知识融入现代的法治理念中,促进国家法制的渐进式发展,逐步实现法制的统一

法律的实施和司法的运行需要有相对稳定的、具有最低限度共识的文化

---

[1] 陈金钊:《法律解释规则及其运用研究(下)》,载于《政法论丛》2013年第5期,第84页。

价值体系作为有效运作的支持力量，要同时依靠法律和其他社会因素作为保障。因此，在任何社会，制定法无论有多发达、作用多么重要，都绝不是唯一的和全部的治理规则，只能是国家法律秩序中的一部分，在国家法之外、之下，还有其他各种类型的法律。①特别是在一个历史悠久、宗教信仰多元的多民族国家，维持良好的社会秩序绝不是仅仅依靠单一的制定法制度就能实现的。

中国近代以来，始于清末的变法运动似乎一夜之间为传统中国罩上了西方法制的新衣，但历史不断证明这个过程对于中国传统社会文化结构和基础抛弃过快、过于彻底，一味移植、照搬西方国家法律制度，忽略了国家法制得以形成和发展的社会历史，否认了民间法与国家法之间的同质性。②时至今日，孕育和扎根于中华传统文明之中的民间法依然在民间生活中发挥着其固有的调控、规范功能，很多时候它们维系着民间日常交往的秩序，是民众自己而不是国家机关意志的外化形式。相对于国家制定法的统一性、普遍性的特征而言，民间法表现为分散的、特殊的形态，地域不同，人群不同，民间法就不同，甚至差异很大。

中国民族地区的法治化进程中，一个困扰法律界的现实问题是，虽然国家立法机关严谨、科学地不断制定和出台各种制定法，系统的国家法制体系已基本形成，但在广阔而偏远的少数民族地区，国家法却遭遇"水土不服"的窘境，维系民族地区乡土秩序的规则很多时候仍然主要是传统的习惯、风俗，国家法游离于乡土秩序之外。究其原因，在这些地方，国家法与民间法似乎是两种不同的知识体系：国家法是遵循西方法治理念与法律原则制定的规范体系，属于大传统的精英文化，民间法仅限于那些深受民族文化习惯影响的民族地区，属于非主流的民间小传统文化，是一种地方性的知识体系。从这个意义上讲，国家成文法与民间法之间的冲突与不协调，根本原因在于两种知识体系之间的矛盾③，现代国家法的普遍效力无法兼顾，甚至忽略了地方意义上的传统社会文化价值。这种情况下，现实的做法是寻求国家法与民间法的妥协与合作，而不能公式化地规定以国家制定法来同化和取代民

---

① 梁治平：《清代习惯法：社会与国家》，中国政法大学出版社1996年版，第35页。
② 于语和、刘顺峰：《民间法与国家法的关系探究：一种基于法律渊源视角的考察》，载于《北京理工大学学报（社会科学版）》2013年第5期，第126页。
③ 常丽霞：《"斯哇"：在国家与社会之间：甘南藏族聚居区两起个案的法人类学考察》，载于《甘肃政法学院学报》2012年第5期，第19~23页。

间法。①

在疑难复杂案件、诉讼各方争议较大的案件以及社会关注度较高、影响较大的案件中，隐喻可能是一种民间记忆，往往成为弥合传统与现代裂隙的有效手段。西北某地发生的一个长达5年多的草地纠纷案调解过程就是一个国家法与民间法从不适和冲突，最终走向协调的这样一个典型案例。②纠纷发生之后的近5年时间中，以县政府为首的专门调解小组作出的处理意见不仅未能平息村民之间的矛盾，而且两个睦邻村落之间的村民几乎不再往来。5年后，按照当地活佛的指示，在地方上有很高威望的赞杰老人召集霍尔藏四部落其他有声望的老人，对拖延了5年的这起草地纠纷进行了成功调解。之后，他们向县、乡政府汇报了调解结果，并协调县、乡、村各级干部，寺庙的霍尔藏活佛和郭尔达活佛、调解小组的18名"斯哇（调解人）"，还有两村的群众代表，集体对这起纠纷予以裁决。裁决现场，两位活佛现场讲话，并分别与两个村的群众代表谈话，并要求其现场"吃咒"起誓。③纠纷双方按照调解中已达成的互偿命价、血价的内容正式签订草地纠纷调解协议，并在协议书上签字、按手印，且由县委、县政府盖章。一起长达5年的草地纠纷终于尘埃落定，得以解决。

在解决纠纷的过程中，以赞杰老人为首的"斯哇"作为藏族部落社会的调解人，他们作为自然权威具有的"公正""为公"的人格特质得到了藏族文化中"斯哇"所传承的传统威望的强化，具有了韦伯所称的传统权威和自然权威双重特质的隐喻意义：一方面"斯哇"作为民间权威充分发挥了积极调解部落纠纷的社会功能；另一方面又主动从程序上寻求与国家法沟通与对接。因此，无论他们最初的调解活动，还是最后具有官方性质的裁决，都不再是国家法或者部落习惯法的单独裁判行为，而是作为隐喻背景的藏族传统法律文化和作为隐喻前景的制定法两种知识体系的互相认知与渗透，是国家

---

① 苏力：《法治及其本土资源》，中国政法大学出版社1996年版，第61页。
② 1995年，两个藏族自然村因为草地放牧发生争执，进而械斗，造成4人死亡，16人受伤的严重后果。以县政府为首的专门调解小组多次调解未获成功，村民之间几乎不再往来。参见常丽霞：《"斯哇"：在国家与社会之间：甘南藏族聚居区两起个案的法人类学考察》，载于《甘肃政法学院学报》2012年第5期，第19～23页。
③ "吃咒"起誓是藏族部落习惯法中的一种利用神明裁判的特殊审判程序，主要用于事实不清、证据不足时，用发誓来判断是否有罪的习俗。具体做法是让双方当事人以佛法僧及各种圣物等"吃咒"发誓，以证明自己的证词与事实相符，或表明自己清白无辜。表现在对事实和证据的认定、对判决的认可以及判决的执行等方面。本书草地纠纷案中，部落内部的纠纷经过调解、赔偿命价、血价后，在活佛主持下，让纠纷双方"吃咒"发誓，以示互不记仇。参见张济民：《寻根理枝——藏族部落习惯法通论》，青海人民出版社2002年版，第371、379页。

第九章　法律隐喻的本土化研究及借鉴意义

法的官方权威与民族习惯法的地方权威相互合作、相互作用的过程:"斯哇"积极努力的调解结果通过官方裁决的正式程序,最终表现为藏族习惯法向国家法的主动融合,裁决现场的政府代表、宗教领袖(两位活佛)、调解小组成员、群众代表体现了官方与民间的渗透与融合,而活佛讲话、纠纷双方"吃咒"起誓等藏族部落习惯法文化因素则生动演绎了地方法律知识的重要性。通过这样的一个隐喻场,长达5年未决的草地纠纷最终得以成功调解,并以官方裁决形式赋予民间调解以法律效力。整个隐喻化的调解场域融汇了传统部落习惯法与国家法的全部权威象征,并揭示出民间法与国家法之间的通融与暗合。

格尔茨认为,社会变迁过程中的特殊时期有时会出现若干"中心主题",某些杰出人物会被塑造成"中心主题"的代言人物,成为神异性权威[①]。赞杰老人无疑是霍尔藏部落的自然权威,表现为该部落村民发生纠纷时,大家往往通过各种途径要求他做"斯哇"予以调解。赞杰老人调解的另一起藏族村民因婚姻矛盾杀死自己的妻子案件中,藏族部落法具有刑罚以财产刑为主,杀人者赔付"命价",伤人者赔偿"血价",杀人者依惯例将被驱逐出部落的传统。在赞杰老人的积极劝说之下,一方面以国家法的原则积极引导罪犯自首,争取国家法层面的"宽大处理",正确地处理了国家法与部落习惯法之间的关系;另一方面通过刑事附带民事赔偿,约定罪犯刑满释放后给付女方家1万元以获得"回村"的权利,在现实背景下对传统藏族习惯法进行委婉的修改,避免了驱逐可能带来的凶手流落他乡、生活无着,甚至可能催生新的犯罪,彰显了理性与文明。该案后经县法院充分参考调解协议作出审理判决,彻底解决了一场法律纠纷。在这个过程中,基层法官借助自己高超的法律实践技巧和丰富的地方文化知识,以司法判决的形式尊重并吸收了"斯哇"基于部落传统习惯的调解成果,维持了国家司法权的普遍适用;另外,"斯哇"的调解以国家法为指引,劝被告自首,并且依据国家成文法的规定,对明显不符合现实情境的部落习惯法(对杀人凶手驱逐出部落)予以适时变通。因此,在该案的最终解决中,国家法与习惯法都作了有益的改变,因

[①] 韦伯为论述传统社会如何在现代社会转变的过程及动因,将权威界定为三类:神异性权威、传统权威与科层式权威。神异性权威指的是个人利用创造对众人的福利以获得声望,从而具有一定的支配力量和尊严。由于此种权威不经政府界定和干预,因此韦伯又称其为"自然权威"。传统的权威指的是某种制度在长期的存在中逐步获得公众的承认,成为具有象征力、道德和行为约束力的存在。科层的权威其力量来自正式的官府以及上级工作单位的任命,以行政等级为其存在基础,涉及制度的建制,因此是官僚式的。参见 Max Weber. *Economy and Society*. Berkeley: University of California Press, 1978: 121-299.

而使民间习惯法和国家法之间的互相认知与渗透都具有了积极的现代法治意义。

  隐喻迁移过程中，意识形态引起"背景或前景转换"。① 法律推理的方法（法律、演绎、政策、法律分析）是前景，隐喻和意识形态是背景。上述两个案例中，民间法律知识是背景，国家法是前景。前景或背景转换的目的是颠倒等级体系，使注意力集中于背景的内容，有意识地从前景转换为背景，目的是发现背景材料中规范和政治的态度和假设，帮助法官在进行法律论证和做出判决时使用背景材料。进行背景或前景转换时，背景中的常规隐喻建构特定共同体的日常概念体系，组织人们的概念系统，嵌入人们的思想中，无须思考就使用它们。这些稳定的概念隐喻影响力很大，因为来自人类共有的身体经验使它有了生命力。法律审判中，法官不用选择或挑选，只要有意识地利用这些概念隐喻，就能轻易影响当事人的认识和态度。法官的判决源自这些隐喻，但法官起草判决书或宣布裁决时，创造了这些概念隐喻的想象隐喻来发展论点或说明要点。在这个意义上，是作为国家法适用者的法官创造了它们，而不是概念隐喻决定了案件结果。这两类隐喻在法律解释与适用中长期使用，就能逐步建立在这种情境中法官审判法律纠纷时使用的理想化的认知模式，实现地方知识的法制化，促进多民族国家的法制统一。

---

① Duncan Kennedy, *A Critique of Adjudication*, Massachusetts: Harvard University Press, 1997: 248.

参考文献

一、中文文献

中文专著：

1. ［美］阿德里安·沃缪勒著，梁迎修、孟庆友译：《不确定状态下的裁判：法律解释的制度理论》，北京大学出版社2011年版。

2. ［古希腊］柏拉图著，王晓朝译："高尔吉亚篇"，载于《柏拉图全集（第一卷）》，人民出版社2002年版。

3. ［美］本杰明·N.卡多佐著，董炯、彭冰译：《演讲录 法律与文学》，中国法制出版社2005年版。

4. ［美］本杰明·卡多佐著，苏力译：《司法过程的性质》，商务印书馆2017年版。

5. ［美］彼得·古德里奇著，赵洪芳、毛凤凡译：《法律话语》，法律出版社2007年版。

6. ［美］波斯纳著，苏力译：《超越法律》，中国政法大学出版社2001年版。

7. ［美］伯尔曼著，贺卫方等译：《法律与革命——西方法律传统的形成》，中国大百科全书出版社1993年版。

8. ［美］博登海姆著，邓正来译：《法理学：法律哲学与法律方法》，中国政法大学出版社2004年版。

9. ［美］邓肯·肯尼迪著，王家国译：《判决的批判：写在世纪之末》，法律出版社2012年版。

10. 邓析：《邓析子》，中华书局1936年版。

11. ［法］菲利普·内莫著，张立译：《民主与城邦的衰落》，华东师范大学出版社2011年版。

12. ［德］菲韦格著，舒国滢译：论题学与法学：《论法学的基础研究》，法律出版社2012年版。

13. 高潮：《古代判词选》，群众出版社 1980 年版。

14. ［美］古德里奇著，赵洪芳、毛凤凡译：《法律话语》，法律出版社 2007 年版。

15. 郭贵春：《隐喻、修辞与科学解释：一种语境论的科学哲学研究视角》，科学出版社 2007 年版。

16. ［德］哈贝马斯著，童世骏译：《在事实与规范之间》，三联书店 2003 年版。

17. ［美］哈斯金斯著，王建妮译：《大学的兴起》，上海人民出版社 2007 年版。

18. ［英］哈特著，支振锋译：《法理学与哲学论文集》，法律出版社 2005 年版。

19. ［比利时］海姆·佩雷尔曼著，杨贝译："旧修辞学与新修辞学"，载于郑永流主编：《法哲学与法社会学论丛》（第八期），北京大学出版社 2005 年版。

20. 胡传胜：《公民的技艺：西塞罗修辞学思想的政治解读》，上海三联书店 2012 年版。

21. ［荷］胡伊青加著，成穷译：《人：游戏者》，贵州人民出版社 1998 年版。

22. ［美］吉尔兹著，邓正来译：《地方性知识：事实与法律的比较透视》，载于梁治平编：《法律的文化解释》，三联书店 1994 年版。

23. ［德］加达默尔著，洪汉鼎译：《真理与方法》，上海译文出版社 2004 年版。

24. 焦宝乾等：《法律修辞学导论》，山东人民出版社 2012 年版。

25. 焦宝乾：《法律论证导论》，山东人民出版社 2006 年版。

26. ［美］杰罗姆·弗兰克著，赵承寿译：《初审法院》，中国政法大学出版社 2007 年版。

27. ［法］孔狄亚克著，洪洁求、洪丕柱译：《人类知识起源论》，商务印书馆 1989 年版。

28. 雷通群：《西洋教育通史》，东方出版社 2007 年版。

29. ［唐］李林甫等撰，陈仲夫点校：《唐六典》，中华书局 1992 年版。

30. 李泽厚：《论语今读》，安徽文艺出版社 1998 年版。

31. ［英］理查德·詹金斯著，晏绍祥、吴舒屏译：《罗马的遗产》，上海人民出版社 2002 年版。

32. 梁治平：《清代习惯法：社会与国家》，中国政法大学出版社 1996 年版。

33. 刘晓兵：《法哲学思考》，知识产权出版社 2005 年版。

34. 刘勰：《文心雕龙》，浙江古籍出版社 2011 年版。

35. 刘亚猛：《西方修辞学史》，外语教学与研究出版社 2008 年版。

36. 刘亚猛：《西方修辞学史：关于西方修辞思想的思考》，三联书店 2004 年版。

37. ［英］罗杰·西尔弗斯通："电视与日常生活：关于电视观众的人类学研究"，载于［英］迪金森等编，单波译：《受众研究读本》，华夏出版社 2006 年版。

38. 刘风景：《法律隐喻学》，中国人民大学出版社 2016 年版。

39. 马丁：《马丁文集（2）：语篇语义研究》，上海交通大学出版社 2010 年版。

40. ［德］马克斯·韦伯著，林荣远译：《经济与社会（上卷）》，商务印书馆 1997 年版。

41. 苗金春：《语境与工具》，山东人民出版社 2004 年版。

42. ［英］尼尔·麦考密克著，程朝阳、孙光宁译：《修辞与法治：一种法律推理理论》，北京大学出版社 2014 年版。

43. ［比利时］佩雷尔曼著，朱庆育译："法律推理"，载于陈金钊、谢晖主编：《法律方法》（第二卷），山东人民出版社 2003 年版。

44. ［清］阮元：《十三经注疏》，中华书局 1980 年版。

45. ［英］沙龙·汉森著，李桂林译：《法律方法与法律推理》，武汉大学出版社 2010 年版。

46. 束定芳主编：《隐喻和转喻研究》，上海外语教育出版社 2011 年版。

47. 睡虎地秦墓竹简整理小组：《睡虎地秦墓竹简》，文物出版社 1990 年版。

48. 苏力：《法治及其本土资源》，中国政法大学出版社 1996 年版。

49. ［美］苏珊·哈克著，刘静坤译：《逻辑与法律》，载于陈金钊、谢晖主编：《法律方法》（第八卷），山东人民出版社 2009 年版。

50. 王国龙：《佩雷尔曼新修辞学与法律论辩思想》，载于葛洪义主编：《法律方法与法律思维》（第 5 辑），法律出版社 2010 年版。

51. 王文斌：《隐喻的认知构建与解读》，上海外语教育出版社 2007 年版。

52. [古罗马]西塞罗著,王焕生译:《论演说家》,中国政法大学出版社2003年版。

53. [古希腊]亚里士多德著,颜一、崔延强译:《修辞术·亚历山大修辞学·论诗》,中国人民大学出版社2003年版。

54. [古希腊]亚里斯多德著,罗念生译:《修辞学》,上海人民出版社2005年版。

55. [德]尤尔根·哈贝马斯著,童世骏译:《在事实与规范之间——关于法律和民主法治国的商谈理论》,生活·读书·新知三联书店2003年版。

56. [美]约翰·H.威格摩尔著,何勤华、李秀清、郭光东等译:《世界法系概览(上)》,上海人民出版社2004年版。

57. 张斌峰:《法律推理新探:语用学与语用逻辑的视角》,中国政法大学出版社2014年版。

58. 张弘、张刚:《行政解释论:作为行政法之适用方法意义探究》,中国法制出版社2007年版。

59. 张楷:《律条疏议》卷一,载于《中国律学文献》第1辑第2册,黑龙江人民出版社2004年版。

60. 张立新:《隐喻认知语用研究》,世界图书出版广东有限公司2014年版。

61. [唐]长孙无忌等著,刘俊文点校:《唐律疏议》,法律出版社1998年版。

62. [英]霍布森:《利维坦》,商务印书馆2017年版。

中文期刊与学术论文:

1. 白雪峰、陈加奎:《比附援引法律制度的历史考察:对于重构我国现代类推制度的启示》,载于《河北法学》2016年第2期。

2. 蔡艺生:《从情词到口供:我国情态证据制度的历史考察》,载于《河南师范大学学报(哲学社会科学版)》2013年第2期。

3. 常丽霞:《"斯哇":在国家与社会之间:甘南藏族聚居区两起个案的法人类学考察》,载于《甘肃政法学院学报》2012年第5期。

4. 陈金钊:《法律解释规则及其运用研究(下)》,载于《政法论丛》2013年第5期。

5. 陈金钊:《把法律作为修辞—法治时代的思维特征》,载于《求是学刊》2012年第3期。

6. 陈金钊:《把法律作为修辞—讲法说理的意义及其艺术》,载于《扬州大学学报（人文社会科学版）》2012年第2期。

7. 陈金钊：《把法律作为修辞—认真对待权利话语》，载于《山东大学学报（哲学社会科学版）》2012年第1期。

8. 陈炜强：《古代中国判词之"引经据典"探析》，载于《上海政法学院学报（法治论丛）》2012年第6期。

9. 陈新宇：《比附与类推之辨：从"比引律条"出发》，载于《政法论坛》2011年第2期。

10. 丁小丽：《孔孟荀"名分"思想研究》，北京师范大学2002年博士学位论文。

11. 董志翘：《〈唐律疏议〉词语杂考》，载于《南京师大学报（社会学科版）》2002年第4期。

12. 高鸿均：《法律移植：隐喻、范式与全球化时代的新趋向》，载于《中国社会科学》2007年第4期。

13. 何丽萍：《经济法中颜色的法律隐喻分析》，载于《法制与经济》2016年第12期。

14. 李鼎楚：《春秋决狱再考》，载于《政法论坛》2008年第3期。

15. 刘风景、张翼：《颜色的法律隐喻》，载于《新视野》2014年第5期。

16. 刘风景：《"刀把子"的隐喻学阐释：分析人民法院性质与职能的新进路》，载于《清华法学》2008年第1期。

17. 刘风景：《包裹立法的中国实践》，载于《法学》2014年第6期。

18. 刘风景：《拟人法律观的方法论意义》，载于《法制与社会发展》（双月刊）2014年第4期（总第118期）。

19. 刘风景：《法律隐喻的形成与功能：以法律移植为素材》，载于《中国社会科学研究生学报》2008年第1期。

20. 刘风景：《法律隐喻的原理与方法》，载于《山东大学学报（哲学社会科学版）》2011年第5期。

21. 刘练军：《关于完善裁判文书网上公开制度的六点建议》，载于《中国法律评论（网络版）》，2016–06–08。

22. 李谦：《解析中国cookie隐私权纠纷第一案：商业实践及其限度》，载于《中国法律评论（网络版）》，2017–05–17。

23. 明瑞龙：《中国法庭话语隐喻研究》，华中师范大学，2015年硕士学位论文。

24. 舒国滢:《论题学:从亚里士多德到西塞罗》,载于《研究生法学》2011 年第 6 期。

25. 舒国滢:《走近论题学》,载于《现代法学》2011 年第 1 期。

26. 孙光宁:《可接受性:法律方法的一个分析视角》,山东大学 2010 年博士学位论文。

27. 涂岩珺:《中国法律认知域中的概念隐喻:以公司法为例》,浙江大学 2016 年硕士学位论文。

28. 武树臣:《寻找最初的独角兽:对"廌"的法文化考察》,载于《河北法学》2010 年第 5 期。

29. 吴汉东:《人工智能时代的制度安排与法律规制》,载于《中国法律评论(网络版)》,2017 - 08 - 02。

30. 于语和、刘顺峰:《民间法与国家法的关系探究:一种基于法律渊源视角的考察》,载于《北京理工大学学报(社会科学版)》2013 年第 5 期。

31. 张继成:《小案件大影响:对南京"彭宇案"一审判决的法逻辑分析》,载于《中国政法大学学报》2008 年第 2 期。

32. 张建伟:《稻草人的法律隐喻》,载于《法制日报》2011 年 5 月 11 日。

33. 张中秋:《概括的传统中国的法理观:以中国法律传统对建构中国法理学的意义为视点》,载于《法学家》2010 年第 2 期。

34. 郑定:《中国古代的服制与刑罚》,载于《法律学习与研究》1987 年第 1 期。

35. 周兴生:《传统法是名分法:以服制、哲学内核、体系构造及疑案判决为考察》,载于《求实学刊》2013 年第 6 期。

36. 周雪峰:《揭开"名分"的面纱:中国传统法文化的法哲学反思》,载于《法学评论》2011 年第 3 期。

37. 朱敏冠:《法律推理中的隐喻:基于认知语言学的视角》,载于《赤峰学院学报》2014 年第 5 期。

二、英文文献

英文专著:

1. A. Gramsci, *Selections from the Prison Notebooks of Antonio Gramsci*, Louis Marks (trans.), New York: International Publishers, 1971.

2. Alan G. Gross, Ray D. Dearin, *Chaim Perelman.* New York: State University of New York, 2003.

3. Alessandro Capone, *The Role of Pragmatics in (Re) Constructing the Ra-*

tional Law-Maker, Brian E. Butler ed., *Pragmatics and Law: Philosophical Perspectives*, Switzerland: Springer International, 2016.

4. Andrea A. Lunsford & Lisa S. Ede, *On Distinctions between Classical and Modern Rhetoric*, R. J. Connors, L. S. Ede & A. A. Lunsford ed., *Essays on Classical Rhetoric and Modern Discourse*, Carbondale and Edwardsville: Southern Illinois University Press, 1984.

5. Andrew Goatly, *Washing the Brain: Metaphor and Hidden Ideology*, Philadelphia: John Benjamins, North America, 2007.

6. Aristotle, et al., *Rhetoric and Poetic*, New York: Modern Library, 1954.

7. Aristotle, *The Basic Works of Aristotle*, Richard McKeon trans., New York: Random House, 1947.

8. Assnat Bartor, *Reading Law As Narrative: A Study in the Casuistic Laws of the Pentateuch*, Atlanta: Society of Biblical Literature, 2010.

9. Benjamin Cardozo, *Law and Literature*, New York: Harcourt, Brace and Company, 1931.

10. Billig, M., *Arguing and Thinking: A Rhetorical Approach to Social Psychology* (2nd edn.), Cambridge: Cambridge University Press, 1996.

11. Bipin Indurkhya, *Metaphor and cognition*, Dordrecht: Kluwer Academic, 1992.

12. Brian E. Butler, *Law and the Primacy of Pragmatics*, Alessandro Capone ed., *Pragmatics and Law Philosophical Perspectives*, Switzerland: Springer International Publishing, 2016.

13. Bryan Garsten, *Saving Persuasion: A Defense of Rhetoric and Judgment*, Massachusetts: Harvard University Press, 2009.

14. C. Forceille & E. Urios-Aparisi, *Multimodal Metaphor*, Berlin and New York: Mouton deGruyter, 2009: 11.

15. Cass R. Sunstein, *Democracy and The Problem of Free Speech*, New York: The Free Press, 1995.

16. Chaim Perelman, L. Olbrechts-Tyteca, *The New Rhetoric: A Treatise on Argument*, Notre Dame and London: University of Notre Dame Press, 1969.

17. Chaim Perelman, *Formal Logic and Informal Logic* in *Metaphysics to Rhetoric* edited by Michel Meyer, Boston: Kluwer Academic Publishers, 1989.

18. Chaim Perelman, *The New Rhetoric and the Humanities*, London: D. Rei-

del Publishing Company, 1979.

19. Cornelia Wunsch, *Legal Narrative in the Neo-Babylonian Trial Documents: Text Reconstruction, Interpretation, and Assyriological Method*, in *Law and Narrative in the Bible and in Neighbouring Ancient Cultures*, Klaus-Peter Adam, etc. ed., Germany.

20. D. Kennedy, *A critique of adjudication*, Cambridge, MA: Harvard University Press, 1997.

21. Daniel J. O'Keefe, *Persuasion: Theory and Research*, Newbury Park, CA: Sage, 1990.

22. David C. Rubin, *Stories about Stories*, Robert S. Wyer Jr. Hillsdale ed., *Advances in Social Cognition*, (Vol. 8.), NJ: Erlbaum, 1995.

23. Donald A. Schön, *Generative Metaphor: A Perspective on Problem-Setting in Social Policy*, Andrew Ortony ed., *Metaphor and Thought*, Cambridge: Cambridge University Press, 1993.

24. Donald McCloskey, *Storytelling in Economics*, Christopher Nash ed., *Narrative in Culture*, New York: Routledge, 1990.

25. Elisabeth Cathérine Brouwer, *Imagining Metaphors: Cognitive representation in interpretation and understanding Copyright*, Amsterdam: Institute for Logic, Language and Computation Universiteit van Amsterdam, 2003.

26. Endicott, T., *The value of vagueness*, A. Marmor & S. Soames ed., *Language in the law*, Oxford: Oxford University Press, 2013.

27. Eveline T. Feteris, *Fundamentals of Legal Argumentation*, London: Kluwer Academic Publishers, 1999.

28. H. G. Gadamer, *Destruction and Deconstruction*, D. P. Michelfeder and R. E. Palmer ed., *Dialogue and Deconstruction: The Gadamer-Derrida Encounter*, Albany, NY: State University of New York Press, 1989.

29. H. G. Gadamer, *Truth and Method*, Joel Weinsheimer and Donald G. Marshall trans. and rev. ed., New York: Continuum Publishing, 1989.

30. G. Harman, *Rationality*, E. E. Smith & D. N. Osherson ed., *Thinking: Invitation to Cognitive Science*, Vol. III (pp175 – 211), Cambridge: MA: MIT Press, 1995.

31. G. Schubert, *The judicial mind: The attitudes and ideologies of Supreme Court justices*, Evanston, IL: Northwestern University Press, 1965.

32. Gary Minda, *Boycott in America*, Carbondale and Edwardsville: Southern Illinois University Press, 1999.

33. Gary Minda, *Postmodern Legal Movements: Law and Jurisprudence at Century's End*, New York: New York University Press, 1995.

34. George Lakoff & Mark Johnson, *Metaphors We Live By*, Chicago: University of Chicago Press, 1980.

35. George Lakoff, *The Contemporary Theory of Metaphor*, Andrew Ortony ed., *Metaphor and Thought*, 1993.

36. George Lakoff, *Women, Fire and Dangerous Things: What Categories Reveal About the Mind*, Chicago: University of Chicago Press, 1990.

37. Gewirtz, P., *Narrative and Rhetoric in the Law*, P. Brooks and P. Gewirtz ed., *Law's Stories: Narrative and Rhetoric in the Law*, New Haven: 1996.

38. Goodrich, P., *Legal Discourse: Studies in Linguistics, Rhetoric, and Legal Analysis*, London: Macmillan Press, 1987.

39. H. G. Gadamer, *Truth and Method*, London: Sheed and Ward, 1979.

40. H. Tawney, *Religion and the Rise of Capitalism*, Harmondsworth: Penguin, 1938.

41. Haig Bosmajian, *Metaphor and Reason in Judicial Opinions*, Illinois: Southern Illinois University Press, 1992.

42. Hayden White, *Tropics of Discourse*, Baltimore: Johns University Press, 1986.

43. Helena Halmari and Tuija Virtanen ed., *Persuasion Across Genres: A linguistic approach*, Amsterdam/ Philadelphia: John Benjamins Publishing Company, 2005.

44. J. B. White, *From Expectation to Experience: Essays on Law and Legal Education*, Ann Arbor, Michigan: Univ. of Mich. Press, 1999.

45. J. Grondin, *Gradamer's Basic Understanding of Understanding*, R. J. Dostal ed., *The Cambridge Companion to Gradamer*, New York: Cambridge University Press, 2006.

46. J. Llewelyn, *Beyond Metaphysics? The Hermeneutic Circle in Contemporary Continental Philosophy*, Atlantic Highlands, NJ: Humanities Press International, 1985.

47. J. M. Balkin, *Cultural Sofware*, New Haven and London: Yale University Press, 1998.

48. Jaakko Hintikka, et al., *Justice, Law, and Argument: Essays on Moral*

and Legal Reasoning, London and Dordrecht: D. Reidel Publishing Company, 1980.

49. Jacques Derrida, F. C. T. Moore, *White Mythology: Metaphor in the Text of Philosophy*, in *Margins of Philosophy*, Alan Bass trans., 1982.

50. James E. Herget, *Contemporary German Legal Philosophy*, Pennsylvania: University of Pennsylvania Press, 1996.

51. James V. Calvi and Susan Coleman, *American Law and Legal Systems*, 北京: 高等教育出版社, 2003 年。

52. James W. Underhill, *Creating Worldviews: Metaphor, Ideology and Language*, Edinburgh: Edinburgh University Press Ltd, 2011.

53. Jerzy Stelmach, Bartosz Brozek, *Methods of legal reasoning*, Dordrecht: Springer, 2006.

54. Jon Hanson, *Ideology, Psychology, and Law*, New York: Oxford University Press, 2012.

55. Jones, E., *Cognitive linguistics and the Marxist approach to ideology*, R. Dirven, B. Hawkins and E. Sandicioglu ed., *Language and Ideology vol.* 1, Amsterdam: Benjamins, 2000.

56. Joseph E. Grady, *Image schemas and perception: Refining a definition*, Beate Hampe ed., *From Perception to Meaning: Image Schemas in Cognitive Linguistics*, Berlin and New York: Mouton de Gruyter, 2005.

57. K. Haakonssen, *Adam Smith*, Edward Craig ed., *Routledge Encyclopedia of Philosophy vol.* 8, London: Routledge, 1998.

58. Kenneth Burke, *A Grammar of Motives and a Rhetoric of Motives*, Berkeley and Los Angeles: University of California Press, 1962.

59. L. II. LaRue, *Constitutional Law As Fiction: Narrative in The Rhetoric of Authority*, Pennsylvania: Pennsylvania State Univ. Press, 1995.

60. Lawrence Lessig, *Code and Other Laws of Cyberspace*, New York: Basic Bools, 1999.

61. Leo Straus, *The Political Philosophy of Hobbes: Its Basis and Its Genesis*, Elsa M. Sinclair trans., Oxford: Clarendon Press, 1936.

62. Linda L. Berger and Kathryn M. Stanchi, *Legal Persuasion: A Rhetorical Approach to the Science*, London and New York: Routledge, 2018.

63. Lon Fuller, *Legal Fictions*, Stanford, California: Stanford University Press, 1967.

64. Lord Hailsham of Marylebone ed., *Halsbury's Laws of England*, London: Butterworths, 1982.

65. M. B. Hesse, *Models and analogies in science*, Notre Dame, IN: University of Notre Dame Press, 1966.

66. M. Edelman, *Politics as Symbolic Action: Mass Arousal and Quiescence*, Chicago: Markham, 1971.

67. Marcelo Dascal, *Interpretation and understanding*, Amsterdam: John Benjamins, 2003.

68. Margaret Hall, eds., *Selected Writings of Benjamin Cardozo*, New York: Albany, 1947.

69. Mario Jori, *Legal Pragmatics*, Brian E. Butler ed., *Pragmatics and Law: Philosophical Perspectives*, Switzerland: Springer International, 2016.

70. Marjorie O'Rourke Boyle, *Introduction*, *Rhetoric and Reform: Erasmus' Civil Dispute with Luther*, Cambridge: Harvard University Press, 1983.

71. Mark Johnson, *The Body in the Mind: The Bodily Basis of Meaning, Imagination, and Reason*, Chicago: University of Chicago Press, 1990.

72. Markus Tendahl, *A Hybrid Theory of Metaphor: Relevance Theory and Cognitive Linguistics*, UK: Palgrave Macmillan, 2009.

73. Marmor, A. & Soames, S., ed., *Philosophical Foundations of Language in the Law*, Oxford: Oxford University Press, 2011.

74. Max Weber. *Economy and Society*, Berkeley: University of California Press, 1978.

75. Murray Edelman, *Political Language*, New York: Academic Press, 1977.

76. K. N. Llewellyn, *The theory of rules*, Chicago: University of Chicago Press, 2011.

77. Oliver Wendell Holmes, *Collected Legal Papers*, New York: Harcourt, Brace and Howe, 1920.

78. Oscar H. Gandy Jr. & Kenneth N. Farrall, *Metaphorical Reinforcement of the Virtual Fence: Factors Shaping the Political Economy of Property in Cyberspace*, Andrew Chadwick & Philip N. Howard ed., *Routledge Handbook of Internet Politics*, 2007.

79. P. E. Jones, *Cognitive linguistics and the Marxist approach to ideology*, R. Dirven, B. Hawkins and E. Sandicioglu ed., *Language and Ideology vol. 1*, Am-

sterdam: Benjamins, 2000.

80. Palmer ed., *Dialogue and Deconstruction: The Gadamer-Derrida Encounter*, Albany, NY: State University of New York Press, 1989.

81. Paul Ricouer, *Rule of Metaphor*, London: Routledge & Kegan Paul, 1978.

82. Peter Brooks, *Law's Stories: Narrative and Rhetoric in the Law*, Yale University Press, 1996.

83. Peter Brooks, *Narrative in and of the Law*, James Phelan and Peter J. Rabinowitz ed., *A companion to Narrative Theory*, MA, USA: Blackwell Publishing Ltd, 2005.

84. Philip Eubanks, *A War of Words in the Discourse of Trade: The Rhetorical Constitution of Metaphor*, Carbondale and Edwardsville: Southern Illinois University Press, 2000.

85. Pierre J. Oliver, *Legal Fictions in Practice and Legal Science*, Rotterdam: Rotterdam University Press, 1975.

86. Plato, *Gorgias*, James. H. Nichols, Jr. trans., Ithaca, N. Y.: Cornell University Press, 1998.

87. Poulakos, J., *Toward a Sophistic Definition of Rhetoric*, Philosophy and Rhetoric, J. L. Lucaites, C. M. Condit, C. M. and S. A. Caudill (eds.), *Contemporary Rhetorical Theory: A Reader*, New York: The Guildford Press, 1999.

88. Quentin Skinner, *The Study of Rhetoric as an Approach to Cultural History: The Case of Hobbes*, Willem Melching and Wyger ed., *Main Trends in Cultural History: Ten Essays*, Amsterdam: Rodopi, 1994.

89. Raymond W. Gibbs, Jr., *The Cambridge Handbook of Metaphor and Thought*, Cambridge: Cambridge University Press, 2008.

90. Richard J. Boland and Ralph H. Greenberg, *Metaphorical Structuring of Organizational Ambiguity*, Lewis R. Pondy, Richard J. Boland, and Howard Thomas ed., *Managing Ambiguity and Change*, Chicester: Wiley, 1988.

91. Richard Posner, *Law and Literature*, Mass.: University of Cambridge Press, 1988.

92. Richard Whately, *Elements of Rhetoric*, Carbondale: Southern Illinois University Press, 1963.

93. Robert S. Erikson & Tedin, Kent L., *American Public Opinion: Its Origins, Content, and Impact* (8th Ed.), New York: Longman, 2010.

94. Roger C. Schank and Robert P. Abelson, *So All Knowledge Isn't Stories?*, Robert S. Wyer Jr. Hillsdale ed. , *Advances in Social Cognition* (Vol. 8), NJ: Erlbaum, 1995.

95. Rousseau, *Social Contract* 1. 1, Encyclopedia Britannica, 1952.

96. S. Ede & A. A. Lunsford ed. , *Essays on Classical Rhetoric and Modern Discourse*, Carbondale and Edwardsville: Southern Illinois University Press, 1984.

97. S. Petrilli and Ponzio A. , *Semiotics Unbounded: Interpretive Routes through the Open Network of Signs*, Toronto: University of Toronto Press, 2005.

98. S. A. DeSmith, *Judicial Review of Administrative Action* (5th edn.), London: Sweet & Maxwell, 1995.

99. Samantha Besson, *The Morality of Conflict: Reasonable Disagreement and the Law*, Portland, Oregon: Hart Publishing, 2005.

100. Spiller, P. & Gely, R. , *Strategic judicial decision making*, K. E. Whittington, R. D. Kelemen, & G. A. Caldeira ed. , *The Oxford handbook of law and politics*, New York: Oxford University Press, 2008.

101. Stefan Larsson, *Conceptions In The Code: How Metaphors Explain Legal Challenges in Digital Times*, New York: Oxford University Press, 2017.

102. Stefán Snævarr, *Metaphors, Narratives, Emotions: Their Interplay and Impact*, Netherlands: Rodopi B. V. , Amsterdam-New York, 2010.

103. Steven J. Burton, *An Introduction to Law and Legal Reasoning*, Boston: Little Brown & Co. , 1985.

104. Susan U. Philips, *Ideology in the Language of Judges: How Judges Practice Law, Politics, and Courtroom Control*, New York · Oxford: Oxford University Press, 1998.

105. Susanna Lindroos-Hovinheimo, *Justice and the Ethics of Legal Interpretation*, New York: Routledge, 2012: 59 - 60.

106. Swales, John M. , *Genre Analysis: English in Academic and Research Settings*, Cambridge: Cambridge University Press, 1990.

107. Thomas F. Barry, *Metaphor*, Chris Murray, ed. , *Encyclopedia of Literary Critics and Criticism*, Fitzroy: Dearborn Publishers, 1999.

108. U. Eco, *Interpretation and Overinterpretation*, Cambridge: Cambridge University Press, 1992.

109. U. Eco, *The Limits of Interpretation*, Bloomington, IN: Indiana Univer-

sity Press, 1990.

110. Valerie Kerruish, *Jurisprudence As Ideology*, New York: Routledge, 2005.

111. Vittorio Villa, *Deep Interpretive Disagreements and Theory of Legal Interpretation*, Brian E. Butler ed., *Pragmatics and Law: Philosophical Perspectives*, Springer International Publishing, 2016.

112. Vittorio Villa, *Relativism: A conceptual analysis*, Eidos No. 13 (2010), 166 – 191.

113. Wilfrid Prest ed., *Commentaries on the Laws of England*, Oxford: Oxford University Press, 2016.

114. William E. Nelson, *The Legalist Reformation: Law, Politics, and Ideology in New York*, 1920 – 1980, North Carolina: The University of North Carolina Press, 2001.

115. William F. Brewer, *To Assert That All Human Knowledge and Memory Is Represented in Terms of Stories Is Certainly Wrong*, Robert S. Wyer Jr. Hillsdale ed., *Advances in Social Cognition* (Vol. 8.), NJ: Erlbaum, 1995.

116. William Gibson, *Neuromancer*, London: Orion Publishing Co., 1984.

117. Wolfgang Kraus, *The Eye of the Beholder: Narratology as Seen by Social Psychology, Criticism*, Jan Christoph Meister ed., *Narratology beyond Literary: mediality, disciplinarity*, 2003.

英文期刊:

1. Anthony Amsterdam, *The Void-for-Vagueness Doctrine in the Supreme Court*, University of Pennsylvania Law Review, 109 (1960).

2. B. White, *Law as Rhetoric, Rhetoric as Law: The Arts of Cultural and Communal Life*, 52 U. CHI. L. REV. 684, 692 (1985).

3. Benjamin L. Berger, *Trial by Metaphor: Rhetoric, Innovation, and the Juridical Text*, 39 Court Review 30 (2002).

4. Bernard Hibbitts, *Making Sense of Metaphors: Visuality, Aurality, and the Reconfiguration of American Legal Discourse*, 16 Cardozo L. Rev. 229, 235 (1994).

5. Bertrand Bronson, *Personification Reconsidered*, Journal of English Literary History, September 14, 1947.

6. Bipin Indurkhya, *Rationality and reasoning with metaphors*, 25 New Ideas in Bruner, J., *Life as Narrative'*, Social Research 54 (1987).

7. Burr Henly, *Penumbra: The Roots of a Legal Metaphor*, Hastings Constitu-

tional Law Quarterly (Autumn 1987).

8. Chad M. Oldfather, *The Hidden Ball: A Substantive Critique of Baseball Metaphors in Judicial Opinions*, 27 CONN. L. REV. 17 – 23 (1994).

9. Clay Calvert, *Regulating Cyberspace: Metaphor, Rhetoric, Reality, and the Framing of Legal Options*, 20 Hastings Comm. & Ent. L. J. (1997 – 1998).

10. D. Wilson & N. Brekke, *Mental contamination and mental correction: Unwanted influences on judgments and evaluations*, Psychological Bulletin, 1994: 117 – 142.

11. David Cole, *Agon at Agora: Creative Misreadings in the First Amendment Tradition*, Yale Law Review (April 1986).

12. David M. Zlotnick, *The Buddha's Parable and Legal Rhetoric*, 58 Wash. & Lee L. Rev. , 957.

13. David R. Johnson and David Post, *Law and Borders: The Rise of Law in Cyberspace*, 48 STAN. L. REV. 1402 (1996).

14. David T. Ritchie, *Who is on the Outside Looking in, and What do They See? Metaphors of Exclusion in Legal Education*, 58 MERCER L. REV. 991 (2007).

15. E. Kennedy, *Ideology from Destutt De Tracy to Marx*, 40 (3) Journal of the History of Ideas (1979).

16. Edward Rubin and Malcolm Feeley, *Creating Legal Doctrine*, 69 So. Calf. L. Rev. 1989 (1996).

17. George P. Long, *Who Are You?: Identity and Anonymity in Cyberspace*, 55 U. PITT. L. REV. 1177 (1993 – 1994).

18. Griffin Bell, *Style in Judicial Writing*, Journal of Public Law 15 (1966).

19. H. G. Gadamer, *Language and Understanding*, 23 (1) Theory, Culture & Society 13 (2006).

20. Hamilton, A. , *Federalis*, No. 78, Independent Journal, 1788, June 14.

21. J. Furgeson, L. Babcock, & P. M. Shane, *Behind the mask of method: Political Orientation and Constitutional Interpretive Preferences*, 32 Law and Human Behavior 502 (2008).

22. J. T. Jost, C. M. Federico, & J. L. Napier, *Political Ideology: Its Structure, Functions, and Elective Affinities*, 60 Annual Review of Psychology 307 (2009).

23. Jack Goldsmith, *Against Cyber anarchy*, 65 U. Chi. L. Rev. 1199 (1998).

24. Jack Goldsmith, *Symposium on the Internet and Legal Theory: Regulation of the Internet: Three Persistent Fallacies*, 73 Chi. -Kent L. Rev. 1119 (1998).

25. James E. Murray, *Understanding Law as Metaphor*, 34 J. Legal Education, 1984.

26. James W. Hikins, *Nietzsche, Eristic, and the Rhetoric of the Possible: A Commentary on the Whitson and Poulakos 'Aesthetic' View of Rhetoric*, Quarterly Journal of Speech 81 (1995).

27. Jerome Bruner, *Life as Narrative*, 54 Social Research 15 (1987).

28. Jonathan H. Blavin and I. Glenn Cohen, *Gore, Gibson, and Goldsmith: The Evolution of Internet Metaphors in Law and Commentary*, Vol. 16 Harvard Journal of Law & Technology 275 (2002).

29. Jonathan K. Van, *Metaphor And Persuasion*, 58 S. D. L. REV. 295 (2013).

30. Kenneth D. Bassinger, *Dormant Commerce Clause Limits on State Regulation of the Internet: The Transportation Analogy*, 32 GA. L. REV. 905 (1998).

31. L. Berger, *How Embedded Knowledge Structures Affect Judicial Decision Making: A Rhetorical Analysis of Metaphor, Narrative, and Imagination in Child Custody Disputes*, 18 Southern California Interdisciplinary Law Journal 259 (2009).

32. Lawrence Lessig, *The Zones of Cyberspace*, 48 STAN. L. REV. 1403 (1996).

33. Lawrence Tribe, *The Idea of the Constitution: A Metaphor-morphosis*, Journal of Legal Education 37 (1987).

34. Linda Greenhouse, *What Level of Protection for Internet Speech?* N. Y. TIMES, Mar. 24, 1997, at D5.

35. M. Wald, *A Response to Tiller and Cross*, 99 Columbia Law Review (1999).

36. Marcelo Dascal & J. Wróblewski, *The Rational Law-maker and the Pragmatics of Legal Interpretation*, Journal of Pragmatics 15 (1991).

37. Markus Tendahl, Raymond W. Gibbs Jr., *Complementary Perspectives on Metaphor: Cognitive Linguistics and Relevance Theory*, 40 Journal of Pragmatics 1823 (2008).

38. Matthew J. McCloskey, *Visualizing The Law: Methods for Mapping the Legal Landscape and Drawing Analogies*, 73 Wash. L. Review 163 (1998).

39. Michael Boudin, *Antitrust Doctrine and the Sway of Metaphor*, 75 GEO.

L. J. 395 (1986).

40. Michael R. Smith, *Levels of Metaphor in Persuasive Legal Writing*, 58 Mercer L. Rev. 919 (2007).

41. Neil W. Netanel, *Asserting Copyright's Democratic Principles in the Global Arena*, 51 VAND. L. REV. 217 (1998).

42. R. A. Posner, *The sociology of the sociology of law: A view from economics*, 2 *Reconfiguration of American Legal Discourse*, 16 Cardozo L. Rev. 229 (1994).

43. Richard A. Posner, *Bad Faith*, *Review of Duncan Kennedy*, *A Critique of Adjudication* (1997), The New Republic 34 (June 9, 1997).

44. Richard Weisberg, *Law, Literature and Cardozo's Judicial Poetics*, 1 Cardozo Law Review (Spring, 1979).

45. Robert L. Tsai, *Fire, Metaphor, and Constitutional Myth-making*, 93 Geo. L. J. 181 (2004).

46. Robert Prentice, *Supreme Court Rhetoric*, Arizona law Review 25 (1983).

47. Stephanie A. Gore, *A Rose By Any Other Name: Judicial Use of Metaphors for New Technologies*, 2 Journal of Law, Technology & Policy 403 (2003).

48. Stephen L. Carter, *Religious Freedom as if Religion Matters: A Tribute to Justice Brennan*, 87 CAL. L. REV. 1059 (1999).

49. Steve Whitson and John Poulakos, *Nietzsche and the Aesthetics of Rhetoric*, 79 Quarterly Journal of Speech 131 (1993).

50. Steven L. Winter. *Death is the Mother of Metaphor*, 105 HARV. L. REV. 745 (1992).

51. Steven Winter, *The Metaphor of Standing and the Problem of Self-Governance*, Stanford Law Review (July 1988).

52. Steven Winter, *Transcendental Nonsense: Metaphoric Reasoning and the Cognitive Stakes for Law*, University of Pennsylvania Law Review (April 1989).

53. Thomas Ross, *Metaphor and Paradox*, 23 Ga. L Review. 1053 (1989).

54. W. Gordon, *Critical Legal Histories*, 36 STAN. L. REV. 57, 109 (1984).

55. Wesley Hohfeld, *Some Fundamental Legal Conceptions as Applies in Judicial Reasoning*, Yale Law Review 40 (November 1913).

英文案例:

1. *ACLU v. Reno*, 217 F. 3d 175 (3d Cir. 2000).

2. *Airport Commr's v. Jews for Jesus, Inc.*, 482 U. S. 569, 574 (1987).

3. *Am. Libraries Ass'n v. Pataki*, 969 F. Supp. 160, 173 (S. D. N. Y. 1997).
4. *Bantam Books, Inc. v. Sullivan*, 357 U. S. 58, 66 (1963).
5. *Berkey v. Third Ave. R. R. Co.*, 155 N. E. 58, 61 (N. Y. 1926).
6. *Bihari v. Gross*, 119 F. Supp. 2d 309, 319 – 321 (S. D. N. Y. 2000).
7. *Bivens v. Six Unknown Agents*, 403 U. S. 388, 400 (1971).
8. *Bogash v. Baltimore Cigarette Service, Inc.*, 193 F. 2d 291 (4th Cir. 1951).
9. *Bradwell v. Illinois*, 83 U. S. 130 (1873).
10. *Brandenburg v. Ohio*, 395 U. S. 444, 453 (1968).
11. *Brookfield Communications, Inc. v. West Coast Entm't Corp.*, 174 F. 3d 1036, 1064 (9th Cir. 1999).
12. *Cherokee Nation v. Georgia*, 30 U. S. (5 Pet.) 1 (1831).
13. *City of Renton v. Playtime Theatres, Inc.*, 475 U. S. 41 (1986).
14. *Clark v. Kansas City*, 176 U. S. 114 (1900).
15. *Dodge v. Woolsey*, 59 U. S. (18 How.) 331 (1856).
16. *Edwards*, A. C. 124 (P. C.).
17. *FTC v. Superior Court Trial Lawyer's Ass'n*, 493 U. S. 411 (1990).
18. *Galloway v. Finley*, 249. 37 U. S. (12 Pet.) 264 (1838).
19. *General Inv. Co. v. New York Cent. R. R.*, 271 U. S. 228 (1926).
20. *Georgetown v. Alexandria Canal Co.*, 37 U. S. (12 Pet.) 91 (1838).
21. *Gertz v. Robert Welch, Inc.*, 418 U. S. 323 (1974).
22. *Goodson v. Northside Bible Church*, 261 F. Supp. 99 (1966).
23. *Gormley v. Director*, Conn. State Dept. of Prob., 632 F. 2d 938 (1980).
24. *Griswold v. Connecticut*, 381 U. S. 479 (1965)
25. *Grump*, 84 Va. at 939.
26. *Hayburn's Case*, 2 U. S. (2 Dall.) 409 (1792).
27. *Hazelwood School Dist. V. Kuhlmeier*, 484 U. S. 260 (1988).
28. *Hobby Lobby Stores, Inc. v. Sebelius*, 723 F. 3d 1114 (10th Cir. 2013).
29. *Island Trees Union Free School Dis. V. Pico*, 457 U. S. 853 (1982).
30. *Jeannette Rankin Brigade v. Chief of Capital Police*, 342 F. Supp. 575 (1972).
31. *Joint Anti-Fascist Refugee Comm. v. McGrath*, 341 U. S. 123 (1950).
32. *Keff v. Milwaukee & St. Paul Railroad Co.*, 21 Minn. 207 (1875).
33. *Keyishian v. Board of Regents*, 385 U. S. 589 (1967).

34. *Lidderdale's Executers v. Executor of Robinson*, 247. 25 U. S. (12 Wheat.) 594 (1827).

35. *Livingston v. Story*, 36 U. S. (11 Peters) 351 (1837) (Baldwin, J., dissenting).

36. *Maritz, Inc. v. Cybergold, Inc.*, 947 F. Supp. 1328 (E. D. Mo. 1996).

37. *Missouri v. Holand*, 252 U. S. 416 (1920).

38. *NAACP v. Button*, 371 U. S. 415 (1963).

39. *NAACP V. Claiborne Hardware Co.*, 458 U. S. 886 (1982).

40. *National Students Association v. Hershey*, 412 F. 2d 1103 (1969).

41. *Old Chief v. United States*, 519 U. S. 172 (1997).

42. *Osborn v. Bank of the United States*, 22 U. S. (9 Wheat.) 738 (1824).

43. *Plessy v. Ferguson*, 163 U. S. 537, 559 (1869). *Plessy v. Ferguson*, 163 U. S. 537 (1996).

44. *Reno v. ACLU*, 521 U. S. 844 (1997).

45. *Roe v. Wade*, 410 U. S. 113 (1973).

46. *Russo v. Central School Dist. No. 1*, 469 F. 2d 623 (1972).

47. *Sioux City & Pennsulvania Railroad Co. V. Stout*, 84 US 657 (1873).

48. *Texas v. Johnson*, 109 S. Ct. 2533 (1989).

49. *Trachtman v. Anker*, 563 F. 2d 512 (1977).

50. *United States v. Associated Press*, 52 F. Supp. 362 (1943).

51. *United States v. AT & T*, 524 F. Supp. 1336 (D. D. C. 1981).

52. *United States v. Socony-Vacuum Oil Co.*, 310 U. S. 150 (1940).

53. *United States v. Thomas*, 74 F. 3d 711.

54. *Universal City Studios, Inc. v. Reimerdes*, 111 F. Supp. 2d 294 (S. D. N. Y. 2000).

55. *University of California Regents v. Bakke*, 438 U. S. 265 (1977).

56. *Watson v. Arkansas*, 13 wall 679 (1872).

57. *Webster v. Reproductive Health Services*, 109 S. Ct. 3040 (1989).

58. *West Virginia State Bd. Of Ed. V. Barnette*, 319 U. S. 624 (1943).

59. *Young v. Hector*, 740 So. 2d 1153 (Fla. Dist. Ct. App. 1998).

60. *Zwickler v. Koota*, 389 U. S. 241 (1967).

后　　记

　　大学教书二十余载,目睹他人研究成果层出不穷,源源不断,时常感到自惭形秽,无地自容。无奈自己天资愚钝,不勤读书与思考,也就只能借口学科特点,难出成果,聊以自慰。

　　但是,内心总有不甘,时常冒出莫名的冲动。由于教书的需要,工作中断断续续阅读了一些西方国家的法律资料,发现英美法律学者数量庞大的论著、司法判例和规范性法律文件中有很多法律隐喻,例如,留置权可以浮动、法人可以拥有财产和居所、公司披着面纱,政府与宗教之间有分离之墙、允诺随土地流转,等等。这些法律隐喻使抽象的法律概念很容易被普通人理解和接受。

　　对法律概念和法律隐喻的这种奇妙关系,伯尔曼有非常准确的认识:"可以说11世纪的法律隐喻便是12世纪的法律类推和13世纪的法律概念。"事实上,隐喻在法律话语中构建法律概念,解释法律现象,帮助解决法律问题,促进法律发展。但是,检视中国当代的相关文献,学者论著讨论这种法律隐喻很少,也不系统,而结合具体司法实践研究者更少,法院判决中也几乎没有使用法律隐喻的先例。法律看上去高高在上,难以理解,与老百姓的言语相差甚远。

　　这似乎是一个有趣的现象,于是就萌发了研究英美法律隐喻的想法,认为"天下事有难易乎?为之,则难者亦易矣。"但是,从立项到完稿出版,历时七年有余,其间经历的各种滋味唯有自知。值得欣慰的是,不少同仁与朋友总能提供些许鼓励与思想的火花,投寄给境内外学术会议的摘要居然能获得参会的邀请,而自己在某些学术会议上阐述的观点也能得到一定的认可,这些都成为最终完成这项工作的动力与意义。最终的结项成果良好,就权且当作是对自己的一种安慰。

　　衷心感谢束定芳教授百忙之中拨冗为本书作序,这令我倍感鼓舞,也使本书增色不少。感谢经济科学出版社的支持,使拙作在2020这个不同寻常的

后 记

年末得以付印。

本书的顺利出版得到了甘肃政法大学的持续支持，也得到了泰州学院高层次人才科研启动基金（TZXY2020QDJJ005）的资助。

水平有限，书中难免有谬误和瑕疵，敬请读者不吝赐教。

杨德祥
2020 年冬于泰州